Christian Bieri
Der Sprung ins kalte Wasser

TVZ

Christian Bieri

Der Sprung ins kalte Wasser

Ein Werkbuch für den Berufseinstieg ins Pfarramt

TVZ
Theologischer Verlag Zürich

Gedruckt mit freundlicher Unterstützung
der Evangelisch-reformierten Landeskirche Aargau und des Pfarrvereins des Kantons Zürich.

Der Theologische Verlag Zürich wird vom Bundesamt für Kultur
für die Jahre 2021–2024 unterstützt.

Bibliografische Information der Deutschen Nationalbibliothek
Die Deutsche Nationalbibliothek verzeichnet diese Publikation
in der Deutschen Nationalbibliografie; detaillierte bibliografische Daten sind im Internet
über http://dnb.dnb.de abrufbar.

Umschlaggestaltung
Simone Ackermann, Zürich
Unter Verwendung eines Bildes von iStock by Getty Images

Druck: gapp print, Wangen im Allgäu

ISBN 978-3-290-18490-2 (Print)
ISBN 978-3-290-18491-9 (E-Book: PDF)

www.tvz-verlag.ch

Inhalt

Dank

Dieses Werkbuch entstand im Sommer und Herbst 2021 im Rahmen eines Weiterbildungsurlaubs. Diese Auszeit war ursprünglich bereits für den Frühling 2020 geplant und musste dann wegen der COVID19-Pandemie um über ein Jahr verschoben werden. Erste Gedanken zu diesem Werkbuch machte ich mir deshalb bereits 2019, eine Umfrage unter den zwei letzten Vikariatsjahrgängen führte ich als ersten Schritt im Winter 2020 durch.

Ich danke der Reformierten Landeskirche Aargau für die Ermöglichung des Weiterbildungsurlaubs. Dies hat mir die nötige Zeit gegeben, intensiv an den Texten dieses Werkbuchs zu arbeiten.

Ich danke meinem ehemaligen Vikariatsleiter Alain Baumgaertner: Von seiner Art, das Pfarramt zu führen, profitiere ich bis heute.

Ich danke meinen bisherigen Vikarinnen und Vikaren Andreas Ladner, Elisabeth Weymann, Michael Rust und Anna Näf: In diesen Ausbildungsbegleitungen habe ich sehr viel gelernt und viel Sicherheit gewonnen.

Ich danke Manuela Liechti-Genge, frisch pensionierte, ehemalige Vikariatsbeauftragte des Konkordats und Studienleiterin des CAS-Ausbildungsgangs: Sie hat mich durch ihr grosses Fachwissen, ihre Erfahrung und ihre fröhliche, bodenständige Art für die Ausbildung begeistert und ein Vorwort zu diesem Werkbuch beigesteuert.

Ich danke allen Kolleginnen und Kollegen für den Austausch und für unzählige Gespräche, die in dieses Werkbuch eingeflossen sind. Insbesondere danke ich den Abgängerinnen und Abgängern der Konkordats-Vikariatsjahrgänge 2017/2018 und 2018/2019, welche die Online-Umfrage ausgefüllt und mir damit wichtige Hinweise gegeben haben.

Ich danke meinen beiden Kirchgemeinden Rheineck SG und Unterentfelden AG, in denen ich seit insgesamt achtzehn Jahren Erfahrungen im Pfarramt sammle.

Ich danke meiner Frau und unseren drei Kindern, die mit mir das Pfarrhaus bewohnen und teilen und damit grossen Anteil haben an meinem eigenen Ergehen im Pfarramt. Sie haben mir auch während der Arbeit an diesem Werkbuch den nötigen Freiraum dafür gelassen.

Ich danke dem Theologischen Verlag Zürich für sein Interesse an der Publikation und besonders Bigna Hauser und Lisa Briner für die Betreuung des Projekts und die zahlreichen Ermutigungen.

Ich danke unserem dreieinigen Gott, der Grund und Ziel unserer Arbeit im Pfarramt ist. Durch seine Gnade bin ich, was ich bin (1Kor 15,10).

Unterentfelden, 30. April 2022
Christian Bieri
Ausbildungspfarrer CAS

Vorwort

Pfarrerin Manuela Liechti-Genge, Studienleiterin WBS Ausbildungspfarrerinnen und Ausbildungspfarrer

Das bekannte Sprichwort «Aller Anfang ist schwer» gilt wohl auch für den Einstieg in den Pfarrberuf. Denn es zeigt sich immer deutlicher, dass die Berufseinstiegsphase nicht selten mit einem hohen Überforderungs- und Frustrationsrisiko verbunden ist, das im Extremfall auch zu einem Ausstieg aus dem Pfarrberuf führen kann. Die Gründe dafür sind vielfältig und können nicht mit einer einfachen Massnahme aus der Welt geschafft werden. Doch vielleicht ist es möglich, da und dort zu unterstützen und praktische Hilfestellung zu leisten bei den zahlreichen und sehr unterschiedlichen Herausforderungen, die Berufseinsteigende zu bewältigen haben. Genau das ist die Absicht dieses Buchs – eine Schwimmhilfe soll es sein beim Sprung ins kalte Wasser. Diese Schwimmhilfe gründet auf den reichen und breit gefächerten Erfahrungen in diesem Beruf, auf die Christian Bieri nach vielen Jahren im Pfarramt zurückblicken kann.

Systematisch bearbeitet er dabei alle wichtigen Felder der Pfarramtsarbeit, stellt dazu gute und weiterführende Fragen zur Selbstreflexion, skizziert, wie er selbst mit entsprechenden Situationen umgegangen ist, und gibt dazu hilfreiche Tipps und Hinweise bis hin zu ganz praktischen Checklisten. Was er da beschreibt, hat Hand und Fuss und ich möchte gerne beifügen: Kopf und Herz. Durch das ganze Buch hindurch ist der versierte Ausbildungspfarrer zu spüren, der die Fragen von Berufsanfängerinnen und Berufsanfängern kennt und einen wachen Blick hat auf das aktuelle Geschehen im kirchlichen Umfeld. Es erstaunt darum nicht, dass diese Tipps und Checklisten bei den Vikarinnen und Vikaren des Konkordats, die ich in meiner Funktion als Beauftragte begleiten durfte, als Geheimtipp gegolten haben. Durch das vorliegende Buch müssen sie nicht mehr geheim bleiben, sondern sind für alle Interessierten zugänglich. Beispielhaft ist dabei, wie freimütig und grosszügig Christian Bieri sein über die Jahre erarbeitetes und gesammeltes Material zur Verfügung stellt.

Man darf ohne Übertreibung sagen, dass er hier einen guten Dienst leistet, und dies tut er mit gesundem Selbstbewusstsein und sympathischer Bescheidenheit zugleich. Eindrücklich ist dabei nicht zuletzt, wie offenherzig er auch über eigene Fehler und Schwächen zu berichten und da und dort eine Anekdote mit einer feinen Prise Humor zu würzen weiss. Dabei scheut sich Christian Bieri auch nicht, Handfestes und Delikates anzusprechen (konkret: Thermounterwäsche bei minus 10 Grad auf dem Friedhof). Darüber mag man schmunzeln, doch manchmal sind es genau diese scheinbaren Nebensächlichkeiten, die Wesentliches zum Wohlbefinden einer Pfarrerin oder eines Pfarrers beitragen – und Hand aufs Herz: Wer sagt einem schon mal sowas?

Natürlich liegen dem Buch persönliche Erfahrungen in einer bestimmten Kantonalkirche und in ganz bestimmten Kirchgemeinden zugrunde. Diese lassen sich nicht überall eins zu eins übertragen. Doch die Grundfragen des Pfarrberufs sind in den verschiedenen Kantonalkirchen und Kirchgemeinden vergleichbar. Und da hilft es, sie an einem konkreten Beispiel exemplarisch durchzubuchstabieren. Dabei muss niemand den vorgeschlagenen Tipps folgen – ausdrücklich freut sich Christian Bieri auch dann, wenn man seine Vorschläge nach vorgenommener Prüfung beiseitelegt.

Es war erklärtermassen nicht die Absicht von Christian Bieri, ein akademisch ausgerichtetes Buch zu schreiben, dieses Buch soll vielmehr ein praktisches Buch für die Praxis sein. In dieser Absicht bleibt er sich treu. Viele Themen können zwar beleuchtet, aber nicht ausgeleuchtet werden. Interessanterweise regt jedoch gerade dieser Umstand an, mit weiterführender (und auch akademischer) Literatur die entsprechenden Fragestellungen zu vertiefen.

Eine Schwimmhilfe für Berufseinsteigende soll das vorliegende Buch sein. Das Schwimmen selbst wird einem diese Schwimmhilfe nicht abnehmen, das betont Christian Bieri ausdrücklich. Aber sie kann helfen, sich über Wasser zu halten. Und das ist schon ganz schön viel.

28. Februar 2022
Manuela Liechti-Genge

1. Einleitung

1.1. Der Sprung ins kalte Wasser

Seit meiner Kindheit treibe ich gerne Sport. Auch als Pfarrer bewege ich mich regelmässig an der frischen Luft: Orientierungslaufen, Joggen, Radfahren oder Skifahren – Sport bedeutet mir sehr viel, hilft mir beim Abschalten und lässt mich Energie und Kraft tanken für den Berufsalltag. Aber ich bin ein schlechter Schwimmer. Schon als Jugendlicher schwamm ich nie gerne und bis heute pflege ich einen Schwimmstil, mit dem ich mich nur knapp über Wasser halten kann. Wenn ich im Schwimmbad einige Längen schwimmen will, so bin ich schon nach wenigen Zügen ausser Atem.

Jahrelang habe ich es deshalb auch nicht mehr gewagt, einen Kopfsprung ins Wasser zu machen. Zwar lernte ich den Kopfsprung einst im Schwimmunterricht, aber sobald ich ihn nicht mehr vorzeigen musste, machte ich ihn auch nicht mehr – und das rund 25 Jahre lang. Erst vor kurzer Zeit entschloss ich mich, meine Angst zu überwinden. In einem Hallenbad, weit weg von zu Hause, wo mich kein Mensch kannte, nahm ich all meinen Mut zusammen und machte einen Kopfsprung ins Wasser – zuerst vom Rand des Schwimmbads, dann sogar vom Startblock – und es ging! Seither mache ich den Kopfsprung immer wieder einmal. Selbst vom Floss in die Wellen des Lago Maggiore hat es geklappt.

Das Schwimmen ist meines Erachtens ein passendes Bild für den Einstieg ins Pfarramt. Wir verwenden «schwimmen» ja auch im übertragenen Sinne: Wenn wir einer Situation nicht gewachsen sind, dann schwimmen wir und können uns teilweise sogar nur mit Mühe über Wasser halten. Es ist sicherlich in allen Berufen so, dass man beim Berufseinstieg gelegentlich einmal schwimmt. Trotz allerbester Ausbildung kann der Berufseinstieg ein Wurf ins kalte Wasser sein, also eine gewisse Schockwirkung haben. Im unerwartet kalten Wasser muss der Körper zunächst den Schrecken dieses Temperaturunterschieds überwinden, aber gleichzeitig auch bereits Schwimmbewegungen machen, um nicht unterzugehen.

Ich bezeichne den Start ins Pfarramt hier als Sprung ins kalte Wasser. Denn hineingeworfen wird niemand: Wer ins Pfarramt geht, entscheidet sich dafür und macht diesen Schritt ganz bewusst und überlegt. Man wird also nicht geworfen, sondern man springt selbst. Aber wie bei meinem ersten Kopfsprung nach unendlich langer Zeit, braucht dieser Sprung Mut und Überwindung. Wir wissen nicht genau, ob es gelingt, wie sich das Wasser anfühlt und ob wir darin wirklich schwimmen können, ohne unterzugehen.

2013 begann ich mit dem CAS, um Ausbildungspfarrer zu werden. Im November 2018 schloss ich die Ausbildung ab. Bis heute habe ich zwei Vikarinnen und zwei Vikare während eines ganzen Jahrs begleitet und ins Pfarramt eingeführt. Diese Erfahrungen und der Austausch mit zahlreichen Ausbildungspfarrerinnen und -pfarrern haben mir einerseits bestätigt, dass unser Modell mit dem einjährigen Vikariat nach dem Studium ein gutes und bewährtes Modell ist. Andererseits wurde mir in vielen Gesprächen klar, dass das Wasser, in das Jungpfarrerinnen und -pfarrer springen, sehr kalt ist. Viele wechseln bereits nach kurzer Zeit ihre Stelle, andere steigen gleich wieder ganz aus oder haben schon bald ihr erstes Burn-out.

Dies weckte den Wunsch in mir, diesen jungen Kolleginnen und Kollegen eine Hilfestellung zu geben. Einen Schwimmring sozusagen, der einem zwar nicht das Schwimmen abnimmt, aber doch hilft, sich über Wasser zu halten. Ein praxisorientiertes Werkbuch, das für den Einstieg ins Pfarramt Ideen und Denkanstösse liefert, zur Reflexion anregt und auf Stolpersteine hinweist.

Dieses Werkbuch ist keine praktisch-theologische Abhandlung. Mein akademisches Wissen ist bescheiden. Es geht mir nicht in erster Linie darum zu zeigen, was der Pfarrer ist und was die Pfarrerin tun soll. Es geht mir auch nicht darum, die Ergebnisse der Forschung der letzten Jahrzehnte zusammenzutragen und auf einer theoretischen Ebene über die Zukunft der Kirche und des Pfarramts zu reflektieren.

Mein Ziel ist es, Berufseinsteigern und Interessierten etwas aus der Praxis für die Praxis zu geben. Es soll ein Werkbuch sein, aus dem man sich einfach bedienen kann, aus dem man Ideen aufnehmen oder verwerfen darf und aus dem man Werkzeuge benutzen oder verändern kann. Denn es gibt nicht *das* Pfarramt, sondern *viele* Pfarrämter. Obwohl sicherlich manches vergleichbar ist, braucht es für jede spezielle Situation eine entsprechende angepasste Lösung. Dennoch glaube ich, dass Hinweise, Tipps oder Checklisten hilfreich sein können, um die ersten Schwimmzüge im Pfarramt leichter und gleichzeitig kraftvoller zu machen. Aus diesem Grund stehen die zusätzlichen Materialien zu diesem Werkbuch digital zur Verfügung. Ohne irgendwelche Copyright-Vorgaben dürfen deren Inhalte verwendet, abgeändert und überarbeitet werden.

Neben den Berufsanfängern als Hauptzielgruppe bietet dieses Werkbuch auch viele interessante Abschnitte für Ausbildungspfarrerinnen und -pfarrer und weitere in der Ausbildung tätige Personen. Auch Theologiestudierende, die noch vor dem Vikariat stehen, finden in diesem Werkbuch bereits viele Denkanstösse zu ihrer möglichen zukünftigen Tätigkeit im Pfarramt.

Meine eigenen Erfahrungen sind geprägt von bisher achtzehn Jahren Einzelpfarramt in den reformierten Landeskirchen St. Gallen und Aargau sowie von vier Vikariatsbegleitungen als Ausbildungspfarrer. Die Situation im «Schweizer Durchschnittskanton» Aargau dient oft als Referenzpunkt. Ich hoffe und bin überzeugt, dass sich die meisten Erkenntnisse, Tipps und Hinweise auf zahlreiche andere Pfarramtssituationen übertragen lassen.

1.2. Die Umfrage unter Pfarramtsanfängerinnen und -anfängern

Im Vorfeld führte ich im Winter 2020 online eine Umfrage unter den Pfarramtsanfängern des Konkordats durch. Ziel war es, mit einigen sehr einfach gehaltenen Fragen ein rudimentäres Panoramabild zu erhalten über den Start ins Pfarramt. Ich fasse die wichtigsten Ergebnisse der Umfrage hier in aller Kürze zusammen:

- Insgesamt sind Berufseinsteigerinnen und Berufseinsteiger gemäss ihrer Selbsteinschätzung vor allem für die klassischen Aufgabenbereiche recht gut vorbereitet. Besonders beim Gottesdienst und bei den Kasualien ist die Vorbereitung sehr gut, etwas weniger im Unterricht und in der Seelsorge. Da die klassischen Aufgaben im Vikariatsjahr viel Zeit einnehmen (es sind Minimalanforderungen zu erfüllen!) und geprüft werden, ist diese Erkenntnis wenig erstaunlich.
- Demgegenüber fühlen sich die Jungpfarrerinnen und -pfarrer auf die Themen «Gemeindebau», «Administration» oder «Arbeit in übergeordneten Strukturen» im Rückblick schlechter vorbereitet. Diese Themen haben im Vikariat eine weniger zentrale Bedeutung. Dies liegt auch daran, dass die Rolle als Vikarin oder Vikar noch nicht dieselbe wie diejenige des Pfarrers und der Pfarrerin ist. Daran ändert auch die vorgesehene eine Woche mit

voller Pfarramtstätigkeit (bei Abwesenheit der Vikariatsleiterin bzw. des Vikariatsleiters) nichts.

- Der jeweiligen Vikariatsleitung wird mit wenigen Ausnahmen ein gutes bis sehr gutes Zeugnis ausgestellt. Das pfarramtliche Praktikum als «Ausbildungstandem» ist ein bewährtes Instrument. Vor allem die grosse Erfahrung der Vikariatsleitung und die gemeinsame Reflexion über Ausbildungsschritte werden geschätzt. Viele vermissen in dieser Praxisausbildung nichts. Am ehesten sind es jedoch Materialien und Praxisideen, schriftliche Vorlagen und Unterlagen, welche die Jungpfarrerinnen und -pfarrer für ihren Berufseinstieg hätten brauchen können und nicht immer erhalten haben.
- Bei den möglichen Erwartungen an ein Werkbuch für den Pfarramtseinstieg werden deshalb gerade Checklisten und Ideensammlungen für die konkrete Arbeit an erster Stelle genannt. Aber auch praktische Tipps für den Umgang mit Mitarbeiterinnen und Mitarbeitern oder für das Leben und Wohnen in der Gemeinde erhalten viel Zuspruch. Ausserdem wurde in der Umfrage die Möglichkeit, selbstständig weitere Themen zu nennen, die in einem Werkbuch besprochen werden sollten, rege benutzt. Zahlreiche dieser Fragen konnte ich im einen oder anderen Kapitel aufnehmen und verarbeiten. Einzelne persönliche Feedbacks, die ich auf die Durchführung der Umfrage erhalten habe, zeigen zudem, dass das Projekt «Werkbuch» sehr begrüsst und als sinnvoll eingestuft wurde.

1.3. Zu diesem Werkbuch

Dieses Werkbuch lässt sich auf vielfältige Weise lesen, verwenden und bearbeiten. Sie als Leserin oder Leser können es selbstverständlich von vorne nach hinten durcharbeiten. Sie dürfen aber auch diejenigen Kapitel herauspicken, die Sie besonders interessieren oder von denen Sie sich gerade eine Inspiration für eine aktuelle Arbeitssituation erhoffen. Als Werkbuch bildet es kein rundum abgeschlossenes und einheitliches Handbuch, sondern Rohmaterial, in dem eine junge Pfarrerin, ein junger Pfarrer, Ideen und Denkanstösse findet. In einigen Punkten werden Sie vielleicht anderer Meinung sein. Doch auch gegensätzliche Meinungen sind oft hilfreich, da man dadurch mehr Klarheit gewinnt über die eigene Position.

Ich freue mich, wenn an diesem Werkbuch gearbeitet wird: Wenn Reflexionsfragen durchdacht, Checklisten an die eigene Situation angepasst, Tipps umgesetzt oder auch mit einem Lächeln verworfen werden. Dieses Werkbuch enthält drei grosse Kapitel:

Das erste grosse Kapitel («Als Pfarrerin und Pfarrer leben») befasst sich mit dem Berufsbild. Wer bin ich als Pfarrerin oder Pfarrer? Welches Pfarrbild hat meine Gemeinde? Wie kann ich als Pfarrerin gleichzeitig Partnerin, Freundin, Nachbarin und Mutter sein? Wie und wo wohne ich, wie gestalte ich meine Freizeit? Wie kleide ich mich? Bin ich immer Pfarrer oder nicht immer? Wie stark will ich Teil einer bereits existierenden Gemeinschaft werden und sein? Wo will ich mich abgrenzen?

Das zweite grosse und deutlich längste Kapitel («Als Pfarrerin und Pfarrer arbeiten») gibt praktische Hilfestellungen zum Berufsalltag im Gemeindepfarramt. Nach einer Darstellung der Vielfältigkeit und Unterschiedlichkeit verschiedener Pfarrstellen und Arbeitsstile werden systematisch die einzelnen Arbeitsfelder besprochen. Zu diesen Abschnitten ist besonders viel Material im Anhang vorhanden. Abschliessend folgen einige Gedanken zur Zusammenarbeit in der Gemeinde.

Das dritte und letzte grosse Kapitel («Als Pfarrerin und Pfarrer schwimmen») thematisiert ganz konkret den Start ins Pfarramt. Von der Bewerbung über die Vorbereitung, Installation bis zu den ersten richtigen «Schwimmzügen» im Pfarramt werden hier die Fragen angesprochen, die beim Start besonders im Vordergrund stehen.

Der Fliesstext wird immer wieder einmal durch einen Werkzeugkasten unterbrochen. Das Zeichen am Rand zeigt an, um welche Art es sich dabei handelt:

Merksätze

Merksätze oder wichtige Zusammenfassungen. Die Merksätze dürfen selbstverständlich auch angepasst oder verworfen werden. !

Fragen zur Reflexion

Einfache, kurze Fragen, die man für sich beantworten darf. Sie helfen, das Gelesene zu reflektieren und auf die eigene Situation anzuwenden. ?

Anekdoten

Hier folgt als Einschub eine Anekdote aus meinem eigenen Pfarralltag. Diese Anekdoten haben manchmal auch eine humorvolle Komponente und dienen der Illustration und Konkretisierung. Selbstverständlich sind die Anekdoten verändert und verfremdet und liegen mit wenigen Ausnahmen allesamt schon längere Zeit zurück, beruhen aber – was vielleicht teilweise erstaunen mag – auf wahren Begebenheiten. Selbstredend kommen nicht nur positive Beispiele vor. Auch mein eigenes Wirken kennt jeden Tag Licht und Schatten!
Einzelne Anekdoten werden mit Reflexionsfragen verknüpft und im Anhang vertieft.

Tipps

Tipps aus meiner Erfahrung. Es ist wie bei allen Tipps: Man kann sie beherzigen oder auch nicht.

Literaturhinweise/ Links

Auch die Literaturhinweise in diesem Werkbuch sind äusserst subjektiv und nicht abschliessend. Ebenso fehlt ein Literaturverzeichnis im Anhang. Deshalb wird nur an wenigen Stellen auf Literatur zu einzelnen Themen hingewiesen sowie vor allem auch auf Webseiten, die helfen, das Thema weiter zu vertiefen oder an einem Beispiel zu konkretisieren.

Material

An vielen Stellen, vor allem im Kapitel 3, wird auf Material im digitalen Anhang verwiesen. Dies sind insbesondere Vorlagen, Checklisten, Tabellen, Ideensammlungen und ähnliche Dinge. Dieses Material steht als Word-Datei zur Verfügung, sodass es bearbeitet und verändert werden kann.

Vielleicht werden in diesem Werkbuch Abschnitte über Theologie und Glaubensleben, über eine mögliche Berufung oder über konkrete Inhalte der Verkündigung vermisst. Die persönliche Theologie spielt für mich im Ausbildungspfarramt und damit beim Lehren und Lernen der pfarramtlichen Handlungsfelder eine untergeordnete Rolle. Ich vertrete die Ansicht, dass in der Landeskirche viele unterschiedliche theologische Haltungen Platz haben müssen. Gewiss wird die eigene Theologie in der konkreten Arbeit sehr zentral sein. Ganz vieles, was für den Berufsanfang wichtig ist, hat jedoch rein gar nichts mit unterschiedlichen Theologien oder mit der Glaubenspraxis zu tun. Darum ist beispielsweise der Abschnitt über die Pflege der persönlichen Spiritualität (3.3.10) sehr kurz gehalten, was nicht bedeutet, dass sie nicht wichtig ist.

An einzelnen Stellen ist meine theologische Einstellung aber bestimmt erkennbar. Darum will ich sie um der Transparenz willen im Voraus offenlegen: Ich habe von Jugend auf eine pietistische Glaubensprägung erhalten. Ich habe zwei Jahre an der STH Basel und drei an den Theologischen Fakultäten in Basel und Zürich studiert. Die Bibel ist für mich Gottes Wort, das immer wieder neu ausgelegt und auf die konkrete Situation bezogen werden muss. Im Pfarramt ist es mir ein Anliegen, dass Menschen Vertrauen in den dreieinigen Gott fassen und im Glauben wachsen können. Als Gemeindepfarrer und Kirchenrat setze ich mich dafür ein, dass die Kirche bei ihrem Proprium bleibt und sich «nahe bei Gott und nahe bei den Menschen»[1] aufhält.

---

1 Meines Wissens stammt diese kurze und eingängige Formulierung ursprünglich aus der Vision der Evangelisch-reformierten Kirche St. Gallen, ist jedoch inzwischen vielerorts bekannt. Ich lernte sie in meinen Pfarramtsjahren in der St. Galler Kirche kennen. Vgl. auch www.ref-sg.ch/st-galler-kirche-2025.html (abgerufen am 21.4.2022).

2. Als Pfarrerin und Pfarrer leben – Praktisches zum Berufsbild

Es gibt nicht *den* Pfarrer oder *die* Pfarrerin. Abgesehen davon, dass das Berufsbild aufgrund der aktuellen Veränderungen in Kirche und Gesellschaft ohnehin im Fluss ist, liegt es an uns selbst, zu entscheiden, wie wir als Pfarrerin und Pfarrer leben wollen. Im Unterschied zu früher wird die Rollenfindung nun schon im Vikariatsjahr gross geschrieben. Man hat die Möglichkeit, darüber nachzudenken, Modelle zu prüfen und auszuprobieren. Allerdings sind immer auch Bilder in der Gemeinde vorhanden, die es ernst zu nehmen gilt. Für die Anpassung an und Abgrenzung von existierenden Vorstellungen ist eine gute Kommunikation unumgänglich.

- Welchen Pfarrerinnen und Pfarrern sind Sie in Ihrer Biografie bisher begegnet?
- Wer ist Ihnen positiv, wer negativ in Erinnerung?
- Haben Sie ein Vorbild oder gar Vorbilder? Warum?

Die Haupttendenzen in der gegenwärtigen Entwicklung des reformierten Pfarramts sollen hier kurz thematisiert werden, auch wenn sie vielen bekannt sein dürften:

- Entwicklung vom *Amt zum Beruf*: Das Pfarramt wird immer weniger als spezielles, das Leben komplett ausfüllendes Amt angesehen und wird mehr und mehr als kirchlicher Beruf anderen Berufsgruppen angeglichen. Das zeigt sich beispielsweise in klaren Fixierungen der Arbeitszeit und in der Abkehr von der Wohnsitz- und Residenzpflicht.
- Entwicklung *von mehr Männern zu mehr Frauen im Beruf*: Obwohl der Übergang in eine weibliche Mehrheit etwas ins Stocken geraten ist, nimmt der Anteil der Frauen bei den Ordinierten weiterhin langsam, aber stetig zu.
- Entwicklung *von der Vollzeit- zur Teilzeitarbeit*: Immer mehr Pfarrerinnen und Pfarrer arbeiten in Teilzeitpensen. Auf dem Stellenmarkt werden zudem immer weniger Vollzeitstellen ausgeschrieben.

- Entwicklung *vom Einzelpfarramt zum Teampfarramt*: Durch vermehrte Gemeindefusionen wird die durchschnittliche Kirchgemeinde in der Schweiz trotz insgesamt sinkender Mitgliederzahlen grösser. Das Einzelpfarramt wird daher seltener.
- Entwicklung *vom Allrounder zur Spezialistin*: Die Angebote der Zusatzausbildungen werden stetig ausgebaut. In vielen Kirchgemeinden arbeiten die Pfarrerinnen und Pfarrer aufgeteilt nach Schwerpunkten. Die Tendenz zur Regionalisierung von Angeboten führt auch zur Regionalisierung und Spezialisierung von Pfarrämtern.
- Entwicklung *von der traditionellen Pfarrbiografie zu «Lebensabschnittspfarrern»:* Viele Pfarrerinnen und Pfarrer kommen heute erst auf dem zweiten oder dritten Bildungsweg als Quereinsteiger ins Pfarramt (Stichworte «Quest» und «ITHAKA»[2]) oder bleiben nicht bis zur Pensionierung im Pfarramt tätig. Während früher viele selber aus Pfarrfamilien oder zumindest aus dem inneren Kern des kirchlich sozialisierten Bürgertums stammten, kommt heute eine Vielzahl der Pfarrerinnen und Pfarrer aus nicht-kirchlichem, freikirchlichem oder katholischem Hintergrund. Die Wahl der reformierten Theologie als Studienrichtung wird wieder zu einer bewussten Entscheidung, auf die nicht unbedingt schon lange hingearbeitet wurde.

Die wichtigsten Auswirkungen davon für das Pfarramt, für die Pfarrschaft und für die Gemeinden sind meines Erachtens die folgenden:

- Viele heutige Pfarrerinnen und Pfarrer sind nicht in der reformierten Landeskirche sozialisiert worden. Sie lernen die Kirche erst während ihrer Ausbildung kennen. Das hat Vorteile (Aussensicht), aber auch Nachteile (wenig eigene Erfahrung als «normales» Gemeindeglied).
- Während die extreme Vielfalt der Pfarrerinnen und Pfarrer untereinander meistens geschätzt und als gegenseitige Ergänzung wahrgenommen wird, hinkt das kirchgemeindliche Pfarrbild demgegenüber hinterher: Viele Gemeindeglieder wünschen sich einen traditionellen Pfarrer, der mit seiner Familie vor Ort präsent ist, die Kirche kennt und das Bestehende

2 www.theologiestudium.ch/quereinstieg (abgerufen am 22.4.2022).

wertschätzt und weiterführt, bzw. eine traditionelle Pfarrerin, die sich ins Dorf integriert und mit Leidenschaft der Kirchgemeinde vorangeht.

- Die Aufsplittung von Vollzeitstellen in Teilzeitstellen und die Spezialisierungen führen zu komplexeren Strukturen und grösserem Verwaltungs- und Sitzungsaufwand. Für das eigentliche Gemeindeleben bleibt weniger Zeit und Energie. Die gerechte Verteilung der anfallenden Aufgaben ist zu diskutieren und zu koordinieren. Gespräche über Überzeit und deren Kompensation und über eine gesunde Work-Life-Balance nehmen zu.
- Der Pfarrmangel verschärft sich, nicht nur weil weniger Personen Theologie studieren, sondern auch weil diese beruflich im Durchschnitt weniger Stellenprozente abdecken, in höherem Alter ins Pfarramt kommen oder früher aussteigen und dadurch insgesamt weniger lang im Pfarramt tätig sind.
- Das Pfarramt hat an gesellschaftlicher Anerkennung eingebüsst bei weiterhin hoher zeitlicher und psychischer Arbeitsbelastung. Die Kirchen versuchen demgegenüber, die Attraktivität des Pfarramts zu erhöhen durch klarere arbeitsrechtliche Vorgaben und durch Abschaffung umstrittener Faktoren wie der Wohnsitzpflicht.
- Das Pfarramt wird aber vor allem deshalb immer unattraktiver, weil nicht nur die Karrierechancen sehr überschaubar sind, sondern weil auch die Zukunft der Volkskirche akut gefährdet ist: Wenn derzeit unklar ist, ob es in zwanzig Jahren diesen Beruf überhaupt noch gibt, wieso sollte man ihn dann erlernen?
- Die Vereinbarkeit von Familie und Beruf wird im Pfarramt immer schwieriger, weil komplexere Familienformen und unregelmässige Arbeitszeiten sowie die hohe emotionale Belastung schlecht zusammenpassen.

?

Über viele dieser Tendenzen haben Sie bestimmt schon mit anderen diskutiert.

- Was denken Sie darüber?
- Welche Entwicklungen sehen Sie positiv, was erfüllt Sie mit Sorge?
- Was fehlt in dieser Aufzählung?
- Was motiviert Sie, trotz einiger schwieriger Perspektiven, zuversichtlich in die Zukunft zu schauen?

2.1. Das eigene Berufsbild entwickeln

Da der Pfarrberuf insgesamt im Wandel begriffen ist, gibt es kein einheitliches Berufsbild mehr, das man sich einfach wie einen Talar überziehen kann. Als Pfarrerin oder Pfarrer ist man zunächst einmal gefordert, für sich selbst zu definieren, wer man ist und wie man arbeitet.

Studieren Sie in der folgenden Aufzählung die Begriffe. Überlegen Sie sich positive und negative Assoziationen zu den Charakterisierungen. Ergänzen Sie die Liste durch weitere mögliche Bezeichnungen! Wählen Sie zum Schluss drei Begriffe, die Ihrer eigenen Vorstellung, wie Sie Pfarrer, Pfarrerin sein möchten, am ehesten entsprechen.[3]

Begriff	Positive Assoziation	Negative Assoziation
Seelsorgerin/Seelsorger		
Hirtin/Hirte		
Lehrerin/Lehrer		
Coach		
Priesterin/Priester		
Lebensbegleiterin/ Lebensbegleiter		

3 Einzelne Begriffe sind aus verschiedenen pastoraltheologischen Konzepten übernommen. Eine schöne Zusammenstellung verschiedener pastoraltheologischer Entwürfe mit den entsprechenden Bezeichnungen findet sich in: Michael Klessmann, Das Pfarramt. Einführung in Grundfragen der Pastoraltheologie, Neukirchen-Vluyn 2012, S. 149–174.

Begriff	Positive Assoziation	Negative Assoziation
Religiöse Expertin/ Religiöser Experte		
Theologin/Theologe		
Gemeindeanimatorin/ Gemeindeanimator		
Verkündigerin/Verkündiger		
Dienerin/Diener am Wort Gottes (VDM)		
Geistliche/Geistlicher		
Übergangskundige/ Übergangskundiger		
Missionarin/Missionar		
Erzieherin/Erzieher		
Ratgeberin/Ratgeber		
...		
...		

Diese drei Bezeichnungen decken sich am besten mit meinem eigenen Berufsbild als Pfarrer/Pfarrerin:

1.

2.

3.

Wie sind Sie zu Ihrer Auswahl gekommen? Es ist zu vermuten, dass Ihr Berufsbild aus einer Kombination verschiedener Faktoren entstanden ist. Es sind – kurz gefasst – vier Komponenten, die auf unser eigenes Pfarrbild einwirken:[4]

1. Die biblisch-christlichen Traditionen zum Verständnis des Amts
2. Praktisch-theologische Leitbilder
3. Die Situation und Erwartungen des Arbeitsfelds/der Öffentlichkeit[5]
4. Der Glaube/das Selbstverständnis/die Stärken und Schwächen/die Vorlieben des Pfarrers bzw. der Pfarrerin

Michael Klessmann wünscht in seiner Pastoraltheologie als logische Konsequenz, «dass Pfarrerinnen und Pfarrer immer neu in Fort- und Weiterbildungen Gelegenheit gegeben wird, ihr Pfarrbild aus diesen Komponenten zu entwickeln und – wenn sich Bedingungen verändern, z. B. durch einen Pfarrstellenwechsel, durch eine Gemeindefusion oder durch die kontinuierlich zunehmende Lebens- und Berufserfahrung – auch neu anzupassen»[6].

---

4 A. a. O., S. 184.

5 Vgl. dazu das Kapitel 2.2. «Das Berufsbild der Gemeinde ernst nehmen» in diesem Werkbuch.

6 A. a. O., S. 184.

2.2. Das Berufsbild der Gemeinde ernst nehmen

Jede Gemeinde hat bereits ihre eigene Vorstellung von einem Pfarrer oder einer Pfarrerin. Diese Vorstellung ist geprägt von den Kolleginnen und Kollegen (falls Teampfarramt) und/oder vom Amtsvorgänger, von der Amtsvorgängerin (insbesondere im Einzelpfarramt).

Als ich in meiner zweiten Gemeinde startete, spürte ich in den ersten Monaten eine starke emotionale Distanz der Sigristin mir gegenüber. Zuerst war mir das total fremd, da ich die Gemeinde und auch die Mitarbeitenden als sehr aufgeschlossen erlebte und alle sich freuten, dass ein junger Pfarrer mit Familie die vorhergehende Pfarrfamilie ersetzt.
Erst mit der Zeit und nach mehreren Gesprächen fand ich heraus, dass meine Sigristin eine schwierige Beziehung zu meinem Vorgänger hatte. Dieser hatte manchmal den «Chef» gespielt und war öfters laut geworden. Meine Sigristin getraute sich nicht, ihre Meinung einzubringen und lebte mit einem grossen Respekt – wenn nicht sogar Angst – vor dem «Pfarrer» und damit eben auch vor mir. Sie projizierte ihr durch Erfahrung gewachsenes Pfarrbild auf mich.
Es gelang mir erst mit der Zeit, ihr Vertrauen zu gewinnen. Dieser Prozess war jedoch sehr wichtig. Bald hatten wir dadurch ein völlig unverkrampftes und vertrautes Verhältnis.

Jede Gemeinde hat eine Vorstellung von einem «Pfarrer» – jedoch nicht nur die Gemeinde als Ganzes, sondern auch jedes einzelne Gemeindeglied. Diese unzähligen und verschiedenen Vorstellungen prallen auf die eigene Vorstellung, wie man sich selbst als Pfarrer oder Pfarrerin sieht und wirken möchte. Da diese Vorstellungen oft auch unausgesprochene Erwartungen sind, bleibt vieles unklar und führt zu Irritationen. Dem kann durch verschiedene Massnahmen vorgebeugt und entgegengewirkt werden:

- Diskutieren Sie bereits in den Gesprächen mit der Pfarrwahlkommission und danach auch in den ersten Gesprächen mit der Kirchenpflege bezüglich Ihrer Anstellung über die gegenseitigen Erwartungen und auch über die (vermuteten) Erwartungen der Gemeinde. Erkundigen Sie sich, wie Ihre Kolleginnen und Kollegen (im Teampfarramt) oder Ihr Vorgänger/Ihre Vorgängerin (besonders im Einzelpfarramt) ihr Pfarramt ausüben. Legen Sie für sich fest, was Ihnen unabdingbar wichtig ist und kommunizieren Sie das den verantwortlichen Personen gegenüber.

- Treffen Sie mit der Kirchenpflege in den entsprechenden Verträgen klare Abmachungen, was von Ihnen als Pfarrperson erwartet wird und was nicht.[7] Die meisten Landeskirchen haben heute Vorlagen für Anstellungsverfügungen und Funktionsbeschriebe, in denen auch vermeintliche Details geregelt werden.
- Nutzen Sie die Möglichkeiten, wenn Sie sich der Gemeinde vorstellen, um Ihr Berufsbild zu platzieren (z. B. im Vorstellungsgottesdienst oder in den schriftlichen Unterlagen zur Pfarrwahl). Wenn Sie bereits erkannt haben, dass es grosse Differenzen gibt und viele Erwartungen enttäuscht werden müssen, dann kommunizieren Sie das offen, sympathisch, bescheiden, und weisen Sie auf die Chancen hin, die ein anderes Pfarrbild mit sich bringt.

?

Vielleicht kennen Sie bereits verschiedene Kirchgemeinden von innen, zum Beispiel Ihre Heimatgemeinde, Ihre Praktikumsgemeinde aus dem EPS, Ihre Vikariatsgemeinde oder Ihre erste Kirchgemeinde als Pfarrerin:

- Welche Pfarrbilder werden in diesen Gemeinden vertreten?
- Worin unterscheiden sie sich und woran liegt das?

Fazit: Nehmen Sie die vorhandenen Pfarrbilder ernst, die explizit oder implizit vorhanden sind. Erkundigen Sie sich danach und vergleichen Sie sie mit Ihrem Modell. Handeln Sie dann entsprechend: Wo braucht es kommunikative Schritte? Wo ist Gesprächsbedarf?

---

7 Vgl. dazu das Kapitel 4.2. «Die Vorbereitung oder: Das Aufwärmen» in diesem Werkbuch.

2.3. Partnerschaft, Familie, Wohnsituation, Freizeit, Kleidung

Erster Frühlingstag in der Kirchgemeinde: Meine Frau hängt erstmals die Wäsche im Pfarrhausgarten auf. Die Katechetin sieht aus dem Kirchgemeindehaus zu und sagt in der Kaffeepause mit Tränen in den Augen zu mir: «Das hat seit Frau Pfarrer W. keine Frau Pfarrer mehr gemacht!»

Nicht nur an die Pfarrerin und den Pfarrer, sondern an das ganze Umfeld werden Erwartungen gestellt! Die langjährige Katechetin in der Anekdote hatte als ideales Berufsbild eines Pfarrers bis heute meinen Vor-vor-vor-... gänger vor Augen, der über dreissig Jahre im Amt war und diese Kirchgemeinde für alle Zeiten (positiv und negativ) geprägt hatte. Die nachfolgenden Pfarrerinnen und Pfarrer konnten ihm aus ihrer Sicht aus vielen Gründen das Wasser nicht reichen – unter anderem auch, weil sie (bzw. ihre Familie!) die Wäsche nicht im Garten aufhängten. Dass meine Frau nun ohne Absicht dem unausgesprochenen Idealbild einer Pfarrfrau entsprach und die Wäsche im Garten aufhängte, bewirkte, dass ich bei meiner Katechetin ab sofort einen Stein im Brett hatte. Auch ich entsprach nun ihrem Pfarrbild. Alles wird gut!

Viele Kolleginnen und Kollegen ärgern sich (nicht zu Unrecht) darüber, dass sie selbst und ihre Arbeit auch danach beurteilt werden, in welcher Lebenssituation sie stehen, wie sich ihr Partner, ihre Partnerin verhält, ob die Kinder wohlerzogen sind, wie man seine Freizeit verbringt, oder allgemein gesagt: Ob das gesamte Leben (und nicht nur die Arbeitsstunden für die Kirchgemeinde) dem Bild der Kirchgemeinde oder von einzelnen Gemeindegliedern entspricht. Selbstverständlich hängt dies wiederum sehr von der konkreten Situation ab: Wer Teilzeit in einem grossen Teampfarramt in einer Stadt arbeitet, wird diese Problematik wohl nicht so stark wahrnehmen. Wer aber mit seiner Familie in das grosse Pfarrhaus auf dem Land einzieht, muss sich einfach von vornherein bewusst sein, dass man unter einer gewissen Beobachtung steht. Und dass dieser Beruf Auswirkungen hat auf die Partnerschaft, auf die Kinder, ja selbst auf die Haustiere.

Mein Vorgänger im Pfarramt hatte eine sehr aktive Pfarrfrau, die in vielen Bereichen mitarbeitete. Obwohl die Kirchenpflege die Gemeinde aus-

drücklich davor warnte, dass dies von der neuen Pfarrfrau nicht 1:1 erwartet werden dürfe, gab es dennoch Gruppen, die sich das erhofften. Insbesondere der serbelnde Missionsverein, der von der Frau meines Vorgängers sogar präsidiert worden war, rechnete fest damit, dass meine Frau die Leitung übernehmen würde. Ebenso hoffte der Kirchenchor auf Verstärkung. In beide Gruppen schaute meine Frau bereitwillig hinein, entschied sich aber, ihre Kräfte in andere Bereiche der Kirchgemeinde zu investieren, die ihr näher lagen. Für den Missionsverein und den Kirchenchor war das psychologisch ein schwerer Schlag. Beide lösten sich innerhalb weniger Jahre auf (was aber nicht direkt mit meiner Frau zu tun hatte).
Fast das Gegenteil erlebten wir andernorts. Die Kirchenpflege betonte mehrfach ausdrücklich, dass an die Pfarrfrau überhaupt keine Erwartungen gestellt würden und dass alle Arbeitsgebiete durch freiwillige Mitarbeitende gut abgedeckt seien. Das lag daran, dass meine Vorgänger, ein Pfarrehepaar, beide angestellt waren und die Rolle der Pfarrfrau einige Jahre nicht besetzt war. Meiner Frau kam das mit drei kleinen Kindern entgegen. So konnte sie in den ersten Jahren am neuen Ort ihre Energie für die Familie reservieren.

Partnerschaft und Familie

Pfarrerinnen und Pfarrer sind ein Spiegelbild unserer Gesellschaft. Es gibt Verheiratete und Ledige, Kinderlose und Kinderreiche, überzeugte und unfreiwillige Singles, Verwitwete und Geschiedene, Homo- und Heterosexuelle, Alleinerziehende, Wohngemeinschaften, Patchworkfamilien und vieles mehr.

In unserer Gesellschaft und in den meisten Berufen sind diese Unterschiede in der Lebenssituation nicht der Rede wert. Im Pfarramt sind sie es zumindest öffentlich auch nicht mehr. Historisch allerdings schwingen im Berufsbild einige Vorstellungen oder Ideale mit, die sich auch nach Jahren und Jahrzehnten nicht so leicht aus der Welt schaffen lassen:

- Auf der einen Seite das katholische Vorbild des *Zölibats*, der Ehelosigkeit und sexuellen Enthaltsamkeit des Priesters, der Vorbedingung ist für ein segensreiches Wirken in der Kirche.
- Auf der anderen Seite das reformierte Vorbild der *kinderreichen Pfarrfamilie*, die durch ihr Wirken im Dorf eine positive erzieherische Funktion auf die ganze Gesellschaft hat.

Eine Kirchenpflegerin wendet sich kurz vor meinem Stellenwechsel vertrauensvoll an mich und berichtet von einer Bewerbung auf meine Nachfolge. Der entsprechende Bewerber habe unter Zivilstand geschrieben: «in eingetragener Partnerschaft». Die Kirchenpflegerin fragt mich ungläubig: «Ist das wirklich *das*, was ich darunter zu verstehen meine? Will der mit seinem Partner in unserem Pfarrhaus wohnen!? Das kommt überhaupt nicht infrage!» Wie würden Sie auf diese Äusserung reagieren? Einige Gedanken dazu finden Sie im Anhang unter ?1.

Die Gesellschaft kennt zwar in ihrem persönlichen Umfeld alle möglichen Lebensformen und sieht sie in der Regel als gleichberechtigt und gleichwertig an, aber wenn es um bestimmte Funktionen wie das Pfarramt oder um Institutionen wie die Kirche geht, herrscht regelmässig ein grosses Erstaunen über das Abweichen von der traditionellen Norm oder sogar – besonders bei sexuellen Verfehlungen – eine grosse Empörung. Diese innere Gespaltenheit und Unlogik zeigt sich auch im kirchgemeindlichen Leben. Im Zweifelsfall bleibt man konservativ: Die Pfarrwahlkommission geht lieber «auf Nummer sicher» und wählt einen Pfarrer mit traditioneller Familienkonstellation als eine alleinerziehende Pfarrerin. Man erhofft sich (implizit) vermutlich mehr Beständigkeit und Konstanz, eine höhere Arbeitsleistung und womöglich auch noch die freiwillige Mitarbeit der Ehepartnerin. Man hat zudem Freude, «wenn es wieder lebt im Pfarrhaus»!

Als Direktbetroffene stellt sich für uns Pfarrerinnen und Pfarrer die Frage, ob wir diese teilweise etwas archaischen Zustände aktiv bekämpfen sollen oder einfach die Zeit wirken lassen. Denn es ist ja allgemein bekannt, dass in der Kirche alles ein bisschen länger dauert …

Ich empfehle, die eigene Familiensituation – wie traditionell oder aussergewöhnlich sie auch immer sein mag – auf jeden Fall bereits in den Bewerbungsgesprächen zu thematisieren. Versuchen Sie herauszufinden, wie wichtig dieses Thema für die entsprechende Kirchgemeinde ist. Ich glaube nicht, dass es Sinn macht, bei zu geringer Unterstützung der Kirchenpflege dagegen anzukämpfen. Ich bin überzeugt, dass es in unserer Kirchenlandschaft mittlerweile sehr viele, sehr unterschiedliche Kirchgemeinden und

Pfarrstellen gibt, sodass jede und jeder einen Platz findet, wo man sich wohl und akzeptiert fühlt:

- Verschweigen Sie Ihre Familiensituation in den Bewerbungsunterlagen nicht. Denn Sie werden in Ihre neue Gemeinde ziehen. Ihr unmittelbares Umfeld ist immer irgendwie betroffen. Es gibt Ausnahmen bei kleineren Teilzeitstellen ohne Wohnsitzpflicht. Aber auch da macht es Sinn, dass die Kirchgemeinde weiss, in welcher familiären oder partnerschaftlichen Situation Sie leben. Ohne Transparenz kann kein Vertrauen entstehen.
- Thematisieren Sie Ihr Umfeld im Bewerbungsgespräch. Gibt es ausgesprochene oder unausgesprochene Erwartungen an Ihren Partner, Ihre Partnerin, an Ihre Familie? Sind sie erfüllbar oder nicht? Braucht es klare Abmachungen?

Die Pfarrerin und der Pfarrer als Objekt der Begierde

Ein heikles Thema muss an dieser Stelle unbedingt angesprochen werden: Nämlich engere Beziehungen[8] – und im speziellen Fall intime Beziehungen – des Pfarrers oder der Pfarrerin mit einem Kirchgemeindeglied.

Früher war es absehbar und fast üblich, dass ein lediger Pfarrer, der in seine erste Gemeinde kam, nicht lange ledig blieb. Noch heute gibt es Pfarrerinnen und Pfarrer, die ihren Ehepartner in der ersten Kirchgemeinde kennengelernt, sich verliebt und geheiratet haben. Dies erstaunt nicht weiter: Denn der Arbeitsplatz ist die Partnerbörse Nummer eins in der Schweiz. Warum also sollte sich eine Pfarrerin, ein Pfarrer am Arbeitsplatz nicht verlieben dürfen?

Da sich aber Arbeit und Freizeit im Pfarramt nicht so leicht voneinander trennen lassen wie in anderen Berufen, ist die Thematik brisant, besonders wenn der Beziehung ein seelsorgerliches Verhältnis vorausgeht.

Derzeit ist eine Diskussion in den Landeskirchen darüber im Gang, zu welchem vorbildlichen Verhalten sich die Angestellten der Kirchen verpflichten müssen (Stichwort «Verhaltenskodex»).[9] Es ist unabdingbar, dass sexueller

---

8 Vgl. dazu auch den kurzen Abschnitt *Freundschaften und Beziehungen innerhalb der Kirchgemeinde* im Kapitel 2.4. in diesem Werkbuch.

9 Die Reformierten Landeskirchen Aargau und Zürich hatten im Jahr 2021 einen Verhaltenskodex in der Pipeline. Im Aargau führte die erste Version zu grossem Widerstand und musste zwecks Überarbeitung zurückgezogen werden.

Missbrauch und Ausnutzung von Abhängigkeiten in seelsorgerlichen Situationen ausgeschlossen und die Kirche und ihre Angestellten als vertrauenswürdige Personen wahrgenommen werden.

Hingegen bleibt dabei aus pfarramtlicher Sicht oft unthematisiert, dass Liebesgefühle bis hin zu offensichtlichen Avancen auch von Kirchgemeindegliedern ausgehen können (und dies vermutlich sogar in der Mehrzahl der Fälle). Besonders junge Pfarrerinnen und Pfarrer sind darauf nicht immer vorbereitet. Frisch im Pfarramt freut man sich, wenn Personen einem das Vertrauen schenken, in die Seelsorge kommen und Komplimente oder Anerkennung zusprechen. Dass dahinter manchmal auch mehr stecken kann, erkennt man nicht auf Anhieb – man rechnet ja auch nicht damit.

Umgekehrt ist es ebenso schwierig, in heiklen Situationen das Richtige zu sagen und sich richtig zu verhalten, ohne dass man selbst in den Verdacht kommt, jemandem zu nahe zu treten. Das kann vor allem im Unterricht und in der Jugendarbeit der Fall sein, wo heute alle sensibilisierter sind und viel genauer hingeschaut wird als in den Zeiten, in denen der «Herr Pfarrer» eine nicht hinterfragbare Autorität war.

Ich thematisiere hier einige Situationen aus meiner Perspektive, die ich in meinen ersten Amtsjahren ungefähr so erlebt habe. Ich bin überzeugt, dass solche Situationen glücklicherweise zwar nicht gerade Alltag sind, aber doch im Laufe einiger Jahre vielen Kolleginnen und Kollegen in irgendeiner ähnlichen Form begegnen.

- Eine ältere Witwe, die zu den aktivsten und sehr «frommen» Gemeindegliedern gehört, ist fasziniert von meiner ziemlich fülligen Haarpracht. Sie betrachtet meine Haare und sagt: «Ich möchte gerne einmal deine vielen Haare berühren.» Und ohne abzuwarten fährt sie mir durch meine Frisur.
- Eine ledige Frau äussert mir gegenüber mehrmals: «Mein grösster Wunsch ist, dass ich zu dir in den Konfirmandenunterricht kommen dürfte.»
- Mehrmals erscheinen Konfirmandinnen im Unterricht, deren Kleidung nicht den Normen der Schulordnung entspricht, zum Beispiel bauchfrei.
- Der Grossvater eines Religionsschülers ruft mich an. Seine Tochter (die Mutter des Schülers) sei ausser sich, da ihr Mann ihr die Trennung angekündigt habe. Er bittet mich, dort vorbeizugehen. Ich kündige mich tele-

fonisch bei der Frau an. Sie empfängt mich verheult im leichten Pyjama an der Haustüre und wünscht, im Schlafzimmer mit mir zu sprechen, da sie sich so müde und durcheinander fühle.

- Eine Familienfrau in meinem Alter, die sich ohne ersichtlichen Grund mehr und mehr aus der Gemeinde zurückgezogen hat, gesteht mir nach langem Hin und Her per SMS, dass sie bereits seit längerer Zeit unsterblich in mich verliebt sei und sich jetzt umbringen werde, wenn ich ihre Gefühle nicht erwidere.

Stellen Sie sich die entsprechenden Beispiele abgewandelt auf Ihre Person vor. Wie reagieren Sie in diesen Situationen? Welche Situationen empfinden Sie als besonders anspruchsvoll? Kurze Reflexionen zu diesen fünf Geschichten finden Sie im Anhang unter ?2.

- Wenn Ihnen unangenehme Situationen begegnen (wie beispielsweise in den obigen Anekdoten), dann formulieren Sie Ihre Grenzen klar und sprechen Sie ein deutliches Nein aus. Auch wenn Ihre Gemeindeglieder Ihre Stelle finanzieren, dürfen sie nicht alles mit Ihnen machen! Wenn Sie sich hilflos fühlen, dann ziehen Sie beispielsweise Supervision oder Intervision bei, oder, wenn es dem Seelsorgegeheimnis nicht widerspricht, auch Ihre Kirchenpflege. Können Sie in Ihrer Kirchgemeinde mit niemandem offen darüber sprechen, so ist das Dekanat oder die Landeskirche die richtige Adresse.
- Wenn Sie in einer Beziehung leben, dann sprechen Sie mit Ihrem Partner, Ihrer Partnerin über schwierige Vorfälle, die Sie beschäftigen. Eine offene Kommunikation in der Partnerschaft schützt Sie und stärkt Sie in Ihrem Vorgehen.
- Wenn Sie in eine Kirchgemeinde kommen und offen sind für eine Beziehung, ist es natürlich nicht verboten, sich in ein Gemeindeglied zu verlieben, wenn dies unabhängig von der Seelsorge und von Machtausübung und Druck geschieht. Wichtig ist dann aber eine klare und offene Kommunikation gegen aussen. Lassen Sie sich auf jeden Fall von einer erfahrenen Person über das Vorgehen beraten. Besonders heikel sind auch Beziehungen innerhalb des Teams von Angestellten.

Das Seelsorgegeheimnis bedeutet nicht, dass die Gemeindeglieder unter dem Vorwand der Seelsorge Ihre Grenzen überschreiten dürfen!

Wohnsituation

Auch in der Wohnsituation ist ein Wandel eingetreten. Die Zeiten, in denen der Pfarrer mit seiner Familie selbstverständlich im Pfarrhaus wohnte, sind vorbei. Viele Kirchgemeinden haben ihre Pfarrhäuser aus unterschiedlichen Gründen verkauft oder umgenutzt. So trifft man heute ganz unterschiedliche Situationen an: Pfarrerinnen im Pfarrhaus oder in der Pfarrwohnung, Pfarrer mit Wohneigentum oder in einer Mietwohnung innerhalb des Kirchgemeindegebiets, Pfarrerinnen, die von auswärts in die Gemeinde pendeln. Die genaue Wohnsituation hat Konsequenzen bei der Entlöhnung. Besteht eine Wohnsitz- und Residenzpflicht, so ist der Mietpreis im Gegenzug oft durch Subvention künstlich tief gehalten. Stellt die Kirchgemeinde keine Pfarrwohnung zur Verfügung, so hilft sie manchmal bei der Wohnungssuche oder beteiligt sich (aus Fairness) am Mietpreis. Die Regelungen dazu sind kantonal unterschiedlich und im Fluss.

Wohnsitz- und Residenzpflicht und alle genauen Bestimmungen dazu sind normalerweise im Anstellungsvertrag festgehalten:

- *Wohnsitzpflicht*: Die Pfarrperson ist verpflichtet, ihren Wohnsitz *innerhalb des Kirchgemeindegebiets* zu haben.
- *Residenzpflicht*: Die Pfarrperson ist verpflichtet, *in einem bestimmten Haus* (Pfarrhaus) oder einer bestimmten Wohnung Wohnsitz zu nehmen.

Nicht alle Kirchenpflegen wissen Bescheid über die genauen landeskirchlichen Regelungen. Vieles wird einfach aus dem Vertrag des Vorgängers übernommen oder für selbstverständlich gehalten («Wir haben das schon immer so gemacht!»). Insbesondere was die Nebenkosten angeht, herrscht oft Wildwuchs. Beachten Sie deshalb bei Ihrer Anstellung die Details: Wie sind Heizkosten, Wasser und Strom sowie Reinigungskosten für Büroräume oder Gartenpflege geregelt? Entsprechen die Regelungen den Vorgaben der Landeskirche oder müssen Anpassungen diskutiert und vorgenommen werden?

Als Beispiel zwei Dokumente der Reformierten Landeskirche Aargau:

- Vorlage Pfarramts- und Wohnungsvertrag[10]
- «Spesen und Entschädigungen für die ordinierten Dienste». Diese sind allerdings nur Empfehlungen, keine verbindlichen Richtwerte.[11]

Die Wohnsitz- und Residenzpflicht ist wegen ihrer vielen Vor- und Nachteile höchst umstritten und dürfte in den nächsten Jahren vielerorts diskutiert, aufgeweicht oder sogar abgeschafft werden.

- Welches ist für Sie der grösste Vorteil der Wohnsitz- und Residenzpflicht? Welches der grösste Nachteil?
- Wie möchten Sie im Pfarramt wohnen und arbeiten, wenn Sie frei wählen könnten?
- Gibt es Dinge, die in Ihrer Wohnsituation ungenügend oder zu Ihrem Nachteil geregelt sind? Gibt es Dinge, über die Sie gar nicht so genau Bescheid wissen und die Sie überprüfen möchten?

Freizeit

Die Wohnsituation hat einen grossen Einfluss auf die Trennung von Arbeit und Freizeit. Wer sein Büro im Pfarrhaus hat, muss Wege finden, um diese Trennung deutlicher zu gestalten. Wer hingegen privat wohnt und einen Arbeitsweg zurücklegt, hat es diesbezüglich sicher einfacher. Allerdings ist das Pfarramt auch ein Beruf, der einem – je nach Persönlichkeit – nahe gehen kann und einen deshalb auch in der Freizeit noch beschäftigt. Dann wird es schwierig, wirklich abzuschalten und sich gedanklich frei zu machen.

10 www.ref-ag.ch/wikiref/441%20Mietvertraege%20-%20Pfarramts-%20und%20Wohnungsvertrag%20-%20Formular.docx (abgerufen am 22.4.2022)

11 www.ref-ag.ch/wikiref/530%20Allgemeines%20-%20Spesen%20und%20Entschaedigungen%20-%20Empfehlungen%20des%20Kirchenrats.pdf (abgerufen am 22.4.2022)

- Erkundigen Sie sich nach Ihrem genauen Ferienanspruch, planen Sie die Ferien frühzeitig im Rahmen Ihrer gesamten Jahresplanung[12] und verbringen Sie Ihre Ferien nach Möglichkeit auswärts. Ferien zu Hause sind nur dann wirklich empfehlenswert, wenn Sie befreit von der Wohnsitzpflicht nicht im Gebiet der Kirchgemeinde wohnen. Sonst werden Sie Mühe haben, Ihre Ferien wirklich einhalten und geniessen zu können.
- Planen Sie auch Ihre freien Sonntage im Rahmen Ihrer Jahresplanung bewusst. Im Einzelpfarramt sind diese nicht sehr häufig: Nutzen Sie sie für Ausflüge, für Ihre Hobbies und fürs Zusammensein mit Ihrer Familie und das Pflegen von Freundschaften. Auch im Teampfarramt sind Sie nicht verpflichtet, alle Sonntagsgottesdienste Ihrer Kolleginnen und Kollegen zu besuchen (auch wenn das ab und zu natürlich ein schönes Zeichen ist).
- Pflegen Sie Beziehungen zu Menschen, die nichts mit Ihrer Kirchgemeinde zu tun haben.
- Pflegen Sie Hobbies, die Ihnen Spass machen, Sie abschalten und auftanken lassen.
- Wenn Sie in ortsansässigen Vereinen mitmachen (z. B. Feuerwehr, Musik- oder Sportverein), dann nehmen Sie dort als Privatperson teil und versuchen Sie, sich von Ihrer beruflichen Rolle zu distanzieren. Geniessen Sie es, die Menschen aus Ihrem Dorf in einem anderen Kontext zu erleben und sich mit ihnen auf derselben «Hierarchie-Stufe» zu bewegen. Nicht immer wird dieser Rollenwechsel gelingen!

Kleidung

Zwar sind die Zeiten vorbei, da der Pfarrer stets in Anzug und Krawatte unterrichtete und seine Hausbesuche machte. Dennoch gilt weiterhin: Kleider machen Leute! Viele Jungpfarrerinnen und -pfarrer sind verunsichert, in welcher Situation sie sich wie kleiden sollen. Gibt es heutzutage überhaupt noch gewisse Dresscodes? Absolut verbindliche sicherlich nicht – und gerade darum

12 Vgl. dazu das Kapitel 3.3.8.3. «Planungsaufgaben» in diesem Werkbuch.

ist es sinnvoll, wenn Sie sich gut überlegen, in welcher Arbeits- und Freizeitsituation Sie sich wie kleiden.

A) Kleidung im Gottesdienst

Talar oder kein Talar? Mir scheint der Talar gewisse wellenförmige Popularitätsbewegungen durchzumachen. Im Gefolge der 68er-Jahre verschwand der Talar vielerorts. Ich bekam als Kind nie einen Talar zu Gesicht und wusste bis in meine Studienzeit hinein gar nicht, was ein Talar ist. Um die Jahrtausendwende feierte der Talar allmählich ein Comeback. Ende Vikariat entschloss ich mich relativ spontan, mir auch einen Talar zuzulegen. Zwei Gründe sprachen für mich damals für diesen vielleicht etwas unerwarteten Entscheid: Theologisch schien es mir wertvoll, eine Berufskleidung zu tragen, die ausdrückt, dass ich im Gottesdienst nicht einfach mein Wort predige, sondern in einem höheren Auftrag unterwegs bin. Und ich hielt es für praktisch, als ungewohnt junger Pfarrer gut erkennbar zu sein.

An einer Urnenbeisetzung in der Nachbargemeinde im ersten Amtsjahr verzichtete ich darauf, den Talar mitzunehmen. Denn es war eine Beisetzung auf dem Friedhof ohne Trauergottesdienst in der Kirche und ich zog deshalb den schwarzen Anzug mit Krawatte an. Als sich die Angehörigen auf dem Friedhof begrüssten – offensichtlich hatten sich diese seit Jahren nicht mehr gesehen– kam einer auch auf mich zu und sagte: «Ciao, ich bin der Roger, und wer bist du?»
Ähnliche Erlebnisse berichteten mir junge Kolleginnen aus ihrem Vikariat. Neben dem deutlich älteren Pfarrer sorgte ihre Mitwirkung ärgerlicherweise manchmal für einen gewissen «Jöh-Effekt». Sie kauften sich darauf einen Talar, um klar zu signalisieren, dass sie nicht einfach eine herzige Praktikantin sind, sondern eine vollwertige Pfarrerin und genauso viel Respekt erwarten dürfen wie der altgediente Herr Pfarrer.[13]
Ich trage den Talar normalerweise in Gottesdiensten, bei Trauungen und bei Abdankungen. Es gibt Ausnahmen vor allem bei modernen Gottes-

---

13 Selbstverständlich wäre dieser Respekt auch ohne den Talar zu erwarten und einzufordern. Das Beispiel zeigt jedoch, dass die bewusst gewählte Kleidung in bestimmten Situationen eine Hilfe sein kann.

diensten, in denen der Talar mich in der Bewegungsfreiheit einschränkt, oder bei Outdoor-Gottesdiensten, wo der Talar sehr unpraktisch sein kann.

- Welche biografischen Erlebnisse verbinden Sie mit dem Talar?
- Was drückt er für Sie aus?
- Was spricht aus Ihrer Sicht für den Talar, was dagegen?
- Wie entscheiden Sie sich?

- Alternativ zum Talar ist es richtig und wichtig, wenn die Kleidung dem Anlass entsprechend würdig ist. Für den Gottesdienst kann es zum Beispiel eine gute Idee sein, die liturgischen Farben des Kirchenjahres zu beachten. Insbesondere bei Beerdigungen ist dezente, dunkle Kleidung angemessen.
- Nicht ganz einfach ist die Ausgangslage für Anlässe bei Wind und Wetter. Beisetzungen auf dem Friedhof können selbst im Schweizer Mittelland das ganze Spektrum zwischen Schneesturm bei minus 10 Grad und brütendem Sonnenschein bei plus 35 Grad abdecken. Da braucht es etwas Kreativität und Durchhaltevermögen. Allerdings haben die Trauergäste dasselbe Problem. Für den Stilberater wäre ein schwarzes Kurzarmhemd vermutlich ein No-Go, für mich ist es das nicht, wenn ich im Hochsommer eine Beisetzung auf dem Friedhof ohne Hitzekollaps überstehen will. Ebenso können Thermounterwäsche und Faserpelz zum Einsatz kommen – jedoch gut verpackt unter dem schwarzen Mantel. Im Zweifelsfall gilt: Einsatzfähigkeit geht vor Stil!

Der Talar ist immer wieder eine kurze Reportage in kirchlichen Medien wert. Folgende «Presseschau» informiert eingehender über die Geschichte und Bedeutung des Talars und gibt Überlegungen von Pfarrerinnen und Pfarrern wieder, warum sie den Talar tragen oder eben auch nicht:[14]

- https://reformiert.info/de/recherche/der-talar-n-modisches-fuer-die-kanzel_0-17154.html

14 Alle Quellen abgerufen am 22.4.2022.

- www.ref.ch/news/warum-tragen-reformierte-pfarrer-schwarz-katholische-weiss/
- www.kath.ch/medienspiegel/talar-ein-gewand-das-zu-reden-gibt/
- www.refbejuso.ch/grundlagen/liturgie-und-kirchenmusik/liturgie/liturgische-kleidung/ (hier werden auch Bezugsquellen für Talare angegeben)

B) Kleidung im pfarramtlichen Alltag

Der kirchliche Talar ist ganz eindeutig ein Gottesdienstgewand. Dadurch ist seine Anwendung begrenzt. Im pfarramtlichen Alltag zwischen Unterricht und Seelsorge, Sitzungen und Besuchen gilt es immer wieder neu zu entscheiden, welche Kleidung der jeweiligen Situation angemessen ist. Vorschriften gibt es nicht und in der heutigen Zeit wird damit bedeutend lockerer umgegangen als noch vor einigen Jahrzehnten. Auch in vielen anderen Branchen (z. B. Banken und Büros) wurden die Dresscodes stark vereinfacht und gelockert. Darum nur ein paar allgemeine Tipps:

- *Authentisch sein und bleiben*: Auch als Pfarrerin oder Pfarrer sind Sie in erster Linie Mensch. Kleiden Sie sich so, wie es Ihrer Persönlichkeit entspricht und nicht so, wie Sie denken, dass Sie sich als Pfarrperson kleiden müssen.
- *Dem Anlass angemessene Kleidung*: Ein Trauergespräch, eine Sitzung mit dem Gemeinderat und ein Abend in der Jugendgruppe sind unterschiedliche Settings. Das Pfarramt lebt auch vom Kleiderwechsel. Es gibt Tage, an denen ich mich mindestens fünfmal umziehe. Die Vielfältigkeit unseres Berufs bedingt auch vielfältige Kleidung!
- In der *Unterrichtssituation* kann es disziplinarisch sinnvoll sein, sich durch die Kleidung von den Jugendlichen abzuheben. Wer sich kleidungsmässig den Jugendlichen anbiedert, fällt tendenziell eher durch. Ich unterrichte meistens im Hemd.
- Manchmal ist *Kleidung zum Wechseln* angebracht. Besonders bei Abdankungen an heissen Tagen schwitze ich unter dem Talar. Oft ziehe ich dann unter dem Talar nur ein schwarzes T-Shirt an und wechsle für den anschliessenden Apéro, falls ich daran teilnehme, zum frischen Hemd.

C) Kleidung in der Freizeit

In der Freizeit sind Sie an solche Überlegungen natürlich kaum mehr gebunden. Ich denke aber, dass es sehr darauf ankommt, wo und wie man seine Freizeit verbringt. Sind Sie für Ihre Freizeitbeschäftigungen im Gebiet Ihrer Kirchgemeinde, so werden viele Menschen Sie erkennen und je nach Wahl Ihrer Kleidung können Sie auch in Ihrer Freizeit Anstoss erregen. Der Pfarrer, der in seiner Freizeit an Heavy-Metal-Konzerte geht, kann sich überlegen, ob ein Totenkopf-T-Shirt auch für den Einkauf im Dorflädeli geeignet ist. Oder die Pfarrerin, die sich in ihren Badeferien am Mittelmeer gerne im Tanga sonnt, kann sich fragen, ob dieser Bikini auch das richtige Outfit für das örtliche Schwimmbad ist.

Es gibt Pfarrerinnen und Pfarrer, die ausgefallen sind und darin authentisch – bei denen passt es und man nimmt es ihnen ab! Bei anderen passt es hingegen nicht. Finden Sie für sich heraus, was in welcher Situation die richtige Kleidung ist. Ihr Umfeld ist sicherlich ein guter Ratgeber.

Ausbildungspfarrerin Sandra Abegg-Koch hat zum ganzen Thema «Kleidung im Pfarramt» anlässlich ihrer Ausbildung eine Zertifikatsarbeit verfasst. Die lesenswerte Arbeit ist auf der Homepage des Pfarrvereins als PDF abrufbar.[15]

2.4. Teil einer existierenden Gemeinschaft sein

Was vermutlich in jeder konkreten Wohn- und Arbeitssituation eines Pfarramts bleibend gilt: Niemand macht einfach seinen Job völlig losgelöst von seinem sonstigen Leben. Der Beruf bringt es allein schon aufgrund seiner Arbeitsbereiche mit sich, dass wir es als Pfarrerin, als Pfarrer mit Menschen zu tun haben, die im unmittelbaren Umfeld leben und handeln. Selbst wenn man auswärts wohnt, so ist es doch der Arbeitsort und damit ist man verwoben mit einer konkreten Gemeinschaft an einem konkreten Ort. Man wird zu einem Teil einer bereits existierenden Gemeinschaft. Die Frage stellt sich aber, wie stark man

15 www.pfarrverein.ch/dok/845 (abgerufen am 22.4.2022).

sich mit dieser Gemeinschaft identifizieren darf und will. Gehört man wirklich zu hundert Prozent dazu, oder sorgt die Rolle doch immer noch irgendwie für eine gewisse Distanz?

- In meiner ersten Kirchgemeinde kannte ich vorher keinen einzigen Menschen. Ich lebte und arbeitete nun 150 Kilometer von meiner Heimat entfernt in einem anderen Kanton und in einem mir zuvor gänzlich unbekannten Städtchen. Zwar fühlten meine Frau und ich uns in dieser Region und auch in der Kirchgemeinde bald einmal recht gut zu Hause. Aber im Städtchen hatte ich auch acht Jahre später noch das Gefühl, ein gewisser Fremdkörper zu sein. Trotz meiner Funktion als Gemeindepfarrer und guter Vernetzung kam ich nicht so recht an die alteingesessene Bevölkerung und deren wichtigste Vertreter heran.
- Ganz anders in meiner zweiten Gemeinde, in der ich auch im Dorf sehr schnell integriert war und mich so auch auf der Strasse sofort wohl fühlte! Worin lag der Unterschied? Vielleicht einerseits an der geografischen Nähe zu meiner Heimat (inklusive dem ähnlichen Dialekt), vielleicht andererseits an den zahlreichen und vielfältigen Kontakten durch die wachsende eigene Familie, vielleicht aber auch an der grösseren Erfahrung, die bei mir selber die Hemmschwelle senkte, mich aktiv einzubringen und Kontakte zu knüpfen. Vielleicht gibt es auch Unterschiede in der Dorfbevölkerung!

Innerhalb und gegenüber der Kirchgemeinde leben

Insgesamt bleibt für mich die Frage offen, wie stark ich innerhalb der Kirchgemeinde stehe wie alle anderen Gemeindeglieder und wie stark ich mit meiner eben doch speziellen Funktion ausserhalb, beziehungsweise der Kirchgemeinde gegenüber stehe. Das hat nicht nur damit zu tun, dass ich Angestellter der Kirchgemeinde bin, sondern es hat wirklich in erster Linie mit meiner besonderen Funktion als Pfarrer zu tun. Ich weise auf eine Instanz hin, die deutlich grösser ist als wir selber. Es geht nicht nur um einen innerweltlichen Dienst (das zwar auch), sondern um die Verkündigung des Wortes Gottes. Ausserdem bin ich nicht einfach nur Gemeindepfarrer, sondern Mitglied eines kantonalen Ministeriums. Meine Aufgaben leiten sich nicht nur von den Bedürfnissen und Wünschen der Gemeinde ab, sondern aus der Bibel, aus dem Ordinationsgelübde[16] und aus den Bestimmungen der kantonalen Kirchenordnung bzw. der darunter angesiedelten Reglemente. Die Propheten im Alten Testament sagen auch die unangenehmen Dinge bis hin zur Verkündigung des Gerichts. Sie gehören zu diesem Volk und leiden mit diesem Volk mit – und doch stehen sie mit ihrer Verkündigung auch immer dem Volk gegenüber.

- Beurteilen Sie für sich auf einer Skala von 0 bis 10: Fühlen Sie sich eher innerhalb der Kirchgemeinde (0) oder eher ihr gegenüber (10)?
- Wie kommen Sie zu Ihrer Selbsteinschätzung? In welchen Bereichen zeigt sich besonders das «Innerhalb», in welchen besonders das «Gegenüber»?
- Wie gehen Sie damit um, dass Sie einerseits in einer Kirchgemeinde angestellt sind, und andererseits VDM – Dienerin am Wort Gottes?

- Es kann hilfreich und erhellend sein, diese Spannung in der Kirchenpflege oder in der Kirchgemeinde in einer konkreten Situation einmal anzusprechen. Oft sind Kirchenpflege oder Gemeindeglieder der Meinung, die Pfarrperson sei nur der Gemeinde gegenüber verantwortlich. Gerade das flache Hierarchieverständnis in der Reformierten Kirche begünstigt dieses Denken.
- Lernen Sie für sich den Umgang zwischen Nähe und Distanz. Es wird Ihnen nie gelingen, dieses Verhältnis für alle denkbaren Situationen im Voraus genau festzulegen. Aber die Erfahrung hilft Ihnen mit der Zeit. Reflektieren Sie solche Situationen deshalb bewusst. Diskutieren Sie sie in der Super- oder Intervision.

16 Das Ordinationsgelübde der Reformierten Landeskirche Aargau lautet beispielsweise: «Ich gelobe vor Gott, dem Allmächtigen und Barmherzigen, Christus und seiner Kirche in Treue zu dienen, sein Wort nach der Heiligen Schrift zu lehren und zu predigen und mich im Leben vom Geist des Evangeliums bestimmen zu lassen.» (Kirchenordnung der Reformierten Landeskirche Aargau, www.ref-ag.ch/srla/151.100_Kirchenordnung_KO.html#ue503, § 70.2., abgerufen am 22.4.2022. Das Ordinationsgelübde nimmt also keinen konkreten Bezug auf die Arbeit in der Kirchgemeinde.

Freundschaften und Beziehungen innerhalb der Kirchgemeinde
Für den Pfarrer, die Pfarrerin und die Kerngemeinde gehören Beziehungen innerhalb der Kirchgemeinde selbstverständlich zu ihrem Leben. Wie andere Menschen ihre Freizeit mit den Vereinskollegen verbringen, so verbringen aktive Gemeindeglieder Teile ihrer Freizeit mit anderen Gemeindegliedern. In der Kirchgemeinde entstehen viele tiefe Beziehungen und Freundschaften. Da bilden Pfarrerin und Pfarrer und ihre Familie keine Ausnahmen. Sie gehören dazu und die Kirchgemeinde möchte das auch. Doch wie tief können Freundschaften und Beziehungen innerhalb der Kirchgemeinde gehen, wenn der Pfarrer gleichzeitig der Seelsorger ist und wenn er durch das Amts- und das Seelsorgegeheimnis auch in verschiedenen Situationen nicht so offen sprechen kann, wie man das unter Freunden gewohnt ist?

- Im Smalltalk erlebe ich regelmässig schwierige Situationen. So wird zum Beispiel beim Kirchenkaffee gefragt: «Warum ist Frau B. heute nicht im Gottesdienst gewesen? Jemand hat mir gestern gesagt, sie sei im Spital. Wissen Sie etwas, Herr Pfarrer?» Ich als Pfarrer habe Frau B. tatsächlich gestern im Spital besucht. Aber das darf ich nicht sagen, denn es untersteht dem Seelsorgegeheimnis. Ich kann mich also nur beschränkt am offenen Gespräch beteiligen.
- In einer noch stärkeren Form erlebte ich solche Situationen, als meine Frau und ich in unserer ersten Kirchgemeinde Mitglied eines Hauskreises waren. Gerade im Hauskreis werden gerne und mit viel Gewinn persönliche Anliegen ausgetauscht und dafür gebetet. Viele meiner persönlichen Anliegen betreffen aber die Arbeit in der Kirchgemeinde und einiges davon darf ich deshalb nicht sagen, obwohl ich im Hauskreis mit Freudinnen und Freunden zusammen bin, denen man eigentlich viel oder sogar alles sagt.

Insgesamt lässt sich also sagen: Die Beziehungspflege innerhalb der Kirchgemeinde enthält Stolpersteine. Es gilt in ganz vielen Situationen gut abzuwägen, ein wie enges Verhältnis man pflegen möchte. Denn man gehört dazu und irgendwie doch nicht so ganz.

Beurteilen Sie für sich als Übung die folgenden Situationen mit folgenden Fragen: Würden Sie das machen? Was sind dabei die Chancen, was die Gefahren?

- Sie werden mit Ihrer Familie von einer Kirchenpflegerin und ihrer Familie eingeladen, die Skiferien im gemeinsamen, grossen Ferienhaus zu verbringen.
- Ein junger Vater, der in der Gottesdienstband spielt, fragt Sie, ob Sie Götti/Gotti seines Kindes werden möchten.
- Beim Kirchenkaffee verabreden sich drei Gemeindeglieder für den Fussballmatch am Nachmittag im Stadion und laden Sie ein, auch mitzukommen.

Einen kurzen Kommentar dazu finden Sie im Anhang unter ?3.

Engagement vor Ort ausserhalb der Kirche

Als Gemeindepfarrer sind wir nicht nur Teil der Kirchgemeinde, sondern auch der gesamten Gemeinschaft vor Ort. Dabei gibt es grosse Unterschiede: Als Pfarrerin oder Pfarrer in der Grossstadt werden Sie unabhängig von Ihrer Arbeit im Alltag nicht automatisch erkannt werden. Ebenso könnte es in einer weitläufigen Diaspora-Gemeinde sein. Andres ist es in kleineren Ortschaften: Dort ist die Pfarrperson auch als Privatperson «der Pfarrer/die Pfarrerin».

- Kontakt und Mitwirkung in der Dorfpolitik: Als Dorfpfarrer pflege ich den Kontakt und den Austausch mit dem Gemeinderat. Ich nehme regelmässig an den Gemeindeversammlungen teil und befasse mich mit den Themen, die das Dorf beschäftigen. Ich lese die Zeitung und informiere mich über das, was im Dorf und in der Region läuft.
- Früher war es allgemein üblich, dass der Pfarrer auch noch in der einen oder anderen Kommission oder Funktion im Dorf mitwirkte (z.B. als Schulinspektor). Heute kann eine solche Aufgabe weiterhin sehr wertvoll sein, jedoch kann es auch Missfallen erzeugen (Einmischung der Kirche ins Dorfleben). Es gilt abzuwägen, ob ein Engagement sinnvoll ist. In unserer Gemeinde war ich mehrere Jahre Mitglied der Integrationskommission.

- Eine Mitwirkung in Vereinen ist auf jeden Fall denkbar und wird geschätzt.[17] Es gilt aber hier dasselbe wie bei den Beziehungen innerhalb der Kirchgemeinde: Ihre Anwesenheit kann auch Hemmungen auslösen. Vielleicht ist es eine Überlegung wert, sich dem Fussballclub oder dem Musikverein eines Nachbardorfes anzuschliessen.

17 Vgl. dazu den Abschnitt «Freizeit» im Kapitel 2.3. in diesem Werkbuch.

3. Als Pfarrerin und Pfarrer arbeiten – Praktisches zum Berufsalltag

3.1. Meer oder Badewanne? – Die Unterschiedlichkeit des Gemeindepfarramts

Als ich mit meiner Familie in den Sommerferien vor einigen Jahren am Lago Maggiore eintraf, wagten sich meine damals elfjährige Tochter und ich gleich ins Wasser. Wir wollten hinaus zum Floss schwimmen. Dem relativ hohen Wellengang schenkten wir kaum Beachtung. Etwa in der Hälfte der Strecke meldete meine Tochter aus heiterem Himmel: «Papi, i mag nümm!» Und ehe ich reagieren konnte, klammerte sie sich derart fest an mich, dass sie mich unter die Wasseroberfläche drückte. Versuchen Sie mal, mit einem halbwüchsigen Kind, das sich an Sie klammert, zurück ans Ufer zu schwimmen! Im ersten Moment wollte ich um Hilfe rufen, doch dann versuchte ich, Ruhe zu bewahren. Wir schafften es unter Zittern zurück an Land, doch für mich und meine Tochter war es eine Lehre: Ab sofort zog sie wieder eine Schwimmweste an, wenn sie sich im See weiter hinauswagte.

Ein See mit über 200 Quadratkilometern Fläche ist nicht vergleichbar mit einem Schwimmbecken im Freibad und erst recht nicht mit einer Badewanne. Wagt man den Sprung ins kalte Wasser des Pfarramts, stellt man das Gleiche fest: Es gibt sehr unterschiedliche Teiche! Zwar bildet das Vikariat *allgemein* zum Gemeindepfarramt aus, aber das *konkrete* Gemeindepfarramt kann ganz verschieden sein. Es gibt flache Schwimmteiche, in denen man den Boden unter den Füssen kaum verlieren kann. Es gibt aber auch stürmische Meere mit hohem Wellengang. Und nicht für alle liegen die Herausforderungen am gleichen Ort. Im Folgenden sollen darum zuerst die wesentlichsten Unterschiede zwischen den unzähligen reformierten Gemeindepfarrämtern der Deutschschweiz kurz herausgestellt werden.

3.1.1. Einzel- oder Teampfarramt

Einer der markantesten Unterschiede ist die Grösse der Kirchgemeinde und damit verbunden die Frage, ob es sich um ein Einzel- oder ein Teampfarramt handelt.

Das Teampfarramt ist erst im 20. Jahrhundert entstanden und hat sich heute weitgehend durchgesetzt. Während einzelne Zukunftsprognosen davon ausgehen, dass das Einzelpfarramt langfristig komplett verschwinden wird, vermute ich jedoch, dass mit dem absehbaren Ende des volkskirchlichen Systems das Einzelpfarramt in anderer Form wieder aufleben wird. In der heutigen Situation ist es aber auf alle Fälle so, dass die meisten Berufsanfängerinnen und -anfänger in einem Teampfarramt arbeiten.

Ein Überblick über den «Schweizer Durchschnittskanton» Aargau zeigt, dass von 75 Kirchgemeinden zwar 39 eine einzige Pfarrstelle haben (inklusive Pfarrehepaare), und nur 36 mehrere Pfarrstellen. Insgesamt arbeiten im Aargau aber etwa 140 reformierte Pfarrerinnen und Pfarrer im Gemeindepfarramt. Das heisst: Wenn man die Pfarrehepaare als «Team» betrachtet, so sind von rund 140 Pfarrerinnen und Pfarrern weniger als 35 im Einzelpfarramt – also rund 25 % – mit klar sinkender Tendenz.

Die Unterschiede zwischen Einzel- und Teampfarramt sind gross! Hervorzuheben sind besonders die folgenden, wobei ich darauf hinweise, dass damit keine Wertung verbunden ist und dass es sich in Einzelfällen natürlich längst nicht immer exakt so verhält:

Einzelpfarramt	Teampfarramt
Mehr Verantwortung und Einfluss	Weniger bzw. geteilte Verantwortung, weniger Einflussmöglichkeiten
Eher Allround-Pfarramt: Man sollte alles einigermassen beherrschen	Spezialisierungen, im Idealfall gabenorientiert, sind eher möglich
Mehr Handlungs- und Gestaltungsfreiraum	Mehr Absprachen und Anpassungen sind nötig
Mehr Gottesdienste	Mehr Kasualien (da oft mehr Gemeindeglieder pro Pfarrstelle)
Dauer-Flexibilität für Abdankungen	Amtswochen-System erleichtert die Planung
Oft weniger Professionalität; man muss sich um vieles selber kümmern	Professionellere Verwaltung; Delegation ist leichter möglich

Einzelpfarramt	Teampfarramt
Präsenz im Dorf und vor Ort ist sehr wichtig	Wohnsitz ist oft zweitrangig; zwischen Beruf und Familie/Freizeit kann leichter getrennt werden
Gefahr der Vereinsamung	Gefahr des Leerlaufs in (zu) vielen Sitzungen; grösseres Konfliktpotenzial

Die enormen Unterschiede zwischen Einzel- und Teampfarramt bedeuten aber auch: Trotz einer einheitlichen Ausbildung zum Pfarramt sind in der konkreten Arbeitssituation von Anfang an sehr unterschiedliche Gaben gefordert! Als ich mit 26 Jahren in einem Einzelpfarramt begann, war diese Gemeinde geprägt von meinem Vorgänger, einem älteren Lutheraner aus Deutschland, der nach altem Schrot und Korn und mit gesundem Selbstbewusstsein sein Pfarramt geführt hatte. Ausser drei Wochen Sommerferien war er immer in der Kirchgemeinde präsent und brauchte keine Vertretungen. Obwohl die Kirchenpflege wusste und auch öffentlich kommunizierte, dass dies mit einem neuen, jungen Pfarrer anders sein würde, zeigt folgendes Beispiel sehr gut, wie die Erwartungen in einem Einzelpfarramt an die Präsenz hoch sind:

> Ich halte meinen allerersten Sonntagsgottesdienst in meiner ersten Kirchgemeinde. Ein evangelikal-charismatischer, älterer Mann ist begeistert und verlässt unter «Halleluja»-Rufen die Kirche. Am kommenden Sonntag sage ich an, dass der folgende Sonntag als «Suppen-Sonntag» einen Gastprediger haben wird trotz meiner Präsenz und dass ich in zwei Wochen dann meinen monatlichen Freisonntag einziehen werde. Derselbe Mann, der noch eine Woche zuvor von mir als neuem Pfarrer begeistert war, schleudert mir am Ausgang ins Gesicht: «Ein Hirte gehört zu seiner Herde!» Seit diesem Tag sah ich ihn nie mehr im Gottesdienst.
> Was hätten Sie spontan geantwortet? Einige Gedanken finden Sie im Anhang unter?4.

- Sind Sie eher der Typ für ein Einzel- oder ein Teampfarramt? Warum?
- Was schätzen Sie an Ihrer jetzigen Situation? Was vermissen Sie?
- Wo sehen Sie Möglichkeiten, die negativen Seiten Ihrer jetzigen Situation zu verbessern?

Nicht zu vergessen ist natürlich, dass jede Pfarrerin, jeder Pfarrer auch im Einzelpfarramt eingebettet ist in ein Team: Oft sind da andere Angestellte (z.B. eine Sekretärin, ein Sozialdiakon, ein Sigrist oder eine Katechetin), vor allem aber auch zahlreiche Freiwillige und die Gemeindeleitung (Kirchenpflege). Dennoch macht es einen wesentlichen Unterschied, ob man im Einzel- oder im Teampfarramt angestellt ist und noch andere Pfarrerinnen und Pfarrer mit einem zusammenarbeiten.

3.1.2. Stadt oder Land

Die Schweiz ist ein Land der Gegensätze. Das zeigt sich beispielsweise regelmässig in den politischen Abstimmungen. Der Stadt-Land-Graben scheint sich in den letzten Jahrzehnten eher noch vertieft zu haben. Auch im kirchlichen Leben sind die Unterschiede gross:

Kirchgemeinde in der Stadt	Kirchgemeinde auf dem Land
Bevölkerung ist tendenziell höher gebildet (z.B. höhere Maturitätsquote) und arbeitet mehr im 3. Sektor	Bevölkerung arbeitet mehr im 1. und 2. Sektor
Höhere Mobilität der Bevölkerung; Agglomerationen wachsen	Höhere Stabilität der Bevölkerung; jedoch Abwanderung aus den Dörfern; teilweise Überalterung
Bevölkerung und Gemeindeglieder denken politisch tendenziell progressiver und linker	Bevölkerung und Gemeindeglieder denken politisch tendenziell konservativer und rechter
Oft grössere Kirchgemeinden; professionelle Verwaltung; grössere Anonymität, höhere Austrittszahlen; stärkere «Entkirchlichung»; mehr Teilzeitstellen	Oft kleinere Kirchgemeinden; höhere Identifikation und Mitarbeit durch die Gemeindeglieder, hohe Sozialkontrolle; mehr Verbundenheit mit der Kirche; mehr Vollzeitstellen
Pfarrperson wird auf der Strasse kaum erkannt; weniger Erwartungen an ihre Präsenz im öffentlichen Raum	Pfarrperson als Dorfpersönlichkeit; ihre Teilnahme an Dorfanlässen wird erwartet
Höhere Experimentierfreudigkeit; viele Zielgruppen-Anlässe	Viel Tradition; Stärke der Gemeinschaft über Generationen hinweg; klassische Angebote

Kirchgemeinde in der Stadt	Kirchgemeinde auf dem Land
Diakonie und Kultur sind Eckpfeiler des kirchlichen Handelns	Kasualien und Gottesdienste sind Eckpfeiler des kirchlichen Handelns
Zusammenarbeit mit Kunst und Kultur (z. B. Musik und Literatur) hat einen höheren Stellenwert	Zusammenarbeit mit Dorfvereinen hat einen höheren Stellenwert

Ordnen Sie Ihre bisherigen Erfahrungen in Ihrer Heimatgemeinde, Praktikumsgemeinde und/oder aktueller Kirchgemeinde ein:

- Wo treffen die Beschreibungen zu, wo sehen Sie Widersprüche? Was wäre unbedingt noch zu ergänzen?
- Welche Auswirkungen hat(te) die entsprechende Stadt- oder Landsituation auf das kirchliche Leben und auf das Pfarramt? Was freut Sie dabei und was macht Ihnen manchmal Mühe?

Ich gehe davon aus, dass sich der Stadt-Land-Graben besonders in Bezug aufs Pfarramt verschärft. Viele kleinere Landgemeinden kommen verstärkt in finanzielle Probleme. Mit der Auflösung der Vollzeit-Pfarrstelle oder einer Fusion sind existenzielle Sorgen der kleineren Kirchgemeinden verbunden. Bei Pfarrstellenausschreibungen zeigt sich, dass Landgemeinden manchmal lange erfolglos auf der Suche sind, während Stadtpfarrämter nach wie vor begehrter sind und mehr Bewerbungen erhalten.[18]

In Bezug auf die Stellenwahl ist die geografische Lage (Stadt/Land; Zentrum/Peripherie) sehr entscheidend. Es gibt viele Kolleginnen und Kollegen, die sich nur das eine oder das andere vorstellen können. Überlegen Sie sich, ob Sie klare Prioritäten haben oder ob Sie flexibel sind. Die Unterschiede zwischen Stadt und Land können schwerwiegender sein als theologische Unterschiede!

18 Ein aktuelles Beispiel aus meinem Umfeld: Auf eine Doppel-Pfarrstelle in einer Stadtgemeinde kamen fünfzig Bewerbungen rein. Auf das Einzelpfarramt zehn Kilometer weiter östlich, im Dorf, gab es über ein halbes Jahr lang keine einzige passende Bewerbung.

3.1.3. Die einzelnen Landeskirchen der Deutschschweiz[19]

Das föderalistische System der politischen Schweiz spiegelt sich im System der reformierten Landeskirchen wider. Die einzelnen Deutschschweizer Landeskirchen haben traditionell eine hohe Selbständigkeit und pflegen dies auch. Die Unterschiede zwischen den einzelnen Landeskirchen sind dadurch gross. Dazu zunächst einige Hinweise:

- *Die Grösse*: Zwischen der grössten Deutschschweizer Landeskirche (Bern-Jura-Solothurn, 580 000 Reformierte, 217 Kirchgemeinden) und der kleinsten (Uri, 1700 Reformierte, 1 Kirchgemeinde)[20] liegt ungefähr der Faktor 340.
- *Der Anteil der Reformierten*: Als letzter Kanton hatte im Jahr 2018 der Kanton Bern noch immer eine knappe reformierte Mehrheit (52 %), die kleinste reformierte Minderheit hatte erneut der Kanton Uri (5 %). Insgesamt betrug der Anteil der Reformierten in der ganzen Schweiz im Jahr 2019 noch 23,7 %.[21] Damit steht einerseits fest: Die reformierte Kirche ist eine Minderheitskirche. Und andererseits: Die Unterschiede zwischen den einzelnen Landeskirchen sind sehr gross, sie werden aber tendenziell kleiner.
- *Die theologische Tradition*: Die einzelnen Landesteile der Schweiz sind, nicht nur historisch bedingt, unterschiedlich theologisch geprägt. Es gibt einzelne reformierte Kantonalkirchen mit einer eher positiven Tradition (z. B. Thurgau) und andere mit einer stärkeren liberalen Tradition (z. B. Bern). Einige sind durch ihre Diasporasituation geprägt (z. B. alle Innerschweizer Kirchen). Dann gibt es innerhalb der Kantone einzelne Gegenden mit speziell stark verankerten theologischen Richtungen (z. B. der evangelikal geprägte sogenannte «Bible Belt» im Zürcher Oberland oder Altstadtgemeinden mit einem traditionellen Kulturprotestantismus).

---

19 Die Landeskirchen der französischen und italienischen Schweiz werden hier ausser Acht gelassen, da sie nochmals ganz anders funktionieren als in der Deutschschweiz. Ausserdem richtet sich dieses Werkbuch primär an Pfarramtseinsteigerinnen und -einsteiger im Konkordat und in der Berner Kirche.

20 Quelle: www.evref.ch/mitgliedkirchen/ (abgerufen am 22.4.2022).

21 Quelle: de.wikipedia.org/wiki/Religionen_in_der_Schweiz (abgerufen am 22.4.2022).

Diese Gegebenheiten, die sich trotz der massiven gesellschaftlichen Veränderungen nur langsam, aber stetig, verändern, haben Auswirkungen auf das Selbstverständnis der jeweiligen Landeskirche, auf ihre Führungskultur und auf die konkrete Gesetzgebung in den kirchlichen Reglementen.

- In den grossen Landeskirchen sind die Theologinnen und Theologen am Ruder (z. B. im Kirchenratspräsidium) und die hierarchischen und professionellen Strukturen ausgeprägter. In den kleineren Landeskirchen sind mehr Laien in Führungspositionen und die Wege allgemein kürzer.
- Der «Kantönligeist» zeigt sich dann sehr konkret und zum Teil kaum logisch nachvollziehbar in unterschiedlichsten Ordnungen zu einzelnen Themen des Gemeindelebens. So ist beispielsweise der Pfarrer, die Pfarrerin in einzelnen Landeskirchen vollwertiges und stimmberechtigtes Mitglied der Kirchenpflege, in anderen Mitglied ohne Stimmrecht und in wieder anderen gar nicht Mitglied. Sozialdiakoninnen und Sozialdiakone werden teilweise ordiniert, in anderen Landeskirchen kennt man das Berufsbild kaum. Kirchliche Handlungen gibt es nur für Mitglieder, oder für alle, oder nur unter Bedingungen … Die Reglemente unterscheiden sich von der Feier des Abendmahls über die Weiterbildung bis zum Rekursgericht manchmal in kleinsten Details und manchmal auch in fundamentalen Punkten.

Genau aus diesem Grund lohnt es sich, einmal die Kirchenordnung *Ihrer* Landeskirche von vorne bis hinten durchzulesen.[22]

Es ist zu vermuten, dass Sie bei Ihrer Lektüre einige Überraschungen erleben werden. Notieren Sie hier ein paar Punkte, die Sie nicht gewusst haben, die Sie fragwürdig finden oder die Sie sich merken möchten:

22 Zum Beispiel die Kirchenordnung der Reformierten Landeskirche Aargau: www.ref-ag.ch/srla/151.100_Kirchenordnung_KO.html (abgerufen am 22.4.2022).

Viele Pfarrerinnen und Pfarrer konzentrieren sich sofort und ausschliesslich auf ihre Kirchgemeinde. Die Landeskirche scheint oft weit weg. Die Vernetzung der Gemeinden untereinander und mit der Landeskirche ist jedoch wichtig und wird immer wichtiger. Nutzen Sie das Informations- und Weiterbildungsangebot Ihrer Landeskirche! Wenn Sie neu in eine Kantonalkirche kommen, können Sie vielleicht eine Einführungsveranstaltung besuchen, an der Sie mehr über die Geschichte, die Funktionsweise und die Besonderheiten Ihrer Landeskirche erfahren. Es ist sehr empfehlenswert, die eigene Landeskirche kennenzulernen. Schlüsselpersonen in der Landeskirche können Ihnen auch Fragen beantworten, die zu Beginn sicherlich immer wieder auftauchen.

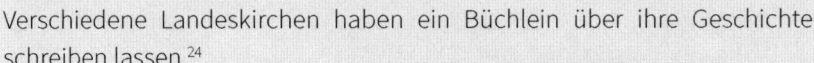

«Neu im Aargau, neu im Amt» heisst beispielsweise die regelmässige Begrüssungsveranstaltung für die «Neuen» im Aargau.[23]
Verschiedene Landeskirchen haben ein Büchlein über ihre Geschichte schreiben lassen.[24]

Melden Sie sich bei Ihrem Kirchenratspräsidium für ein Kennenlerngespräch, wenn Sie neu in einen anderen Kanton kommen![25]

3.1.4. Die Geschichte und die Theologie der Gemeinde

Jede Kirchgemeinde hat ihre Geschichte und ihre Eigenheiten. Manchmal völlig unbewusst ziehen sich gewisse Traditionen und Kulturen über Generationen durch Kirchgemeinden hindurch. Als Pfarrerin oder Pfarrer kommen Sie von aussen in diese Geschichte hinein und wissen normalerweise noch so gut wie nichts darüber. Das ist Chance (Unvoreingenommenheit) und Gefahr (Fettnäpfchen) zugleich. Es ist darum wichtig, sich zu informieren, um so die Prozesse verstehen und einordnen zu können.

23 www.ref-ag.ch/veranstaltungen/neu-im-aargau-neu-im-amt (abgerufen am 22.4.2022).

24 Wiederum das Beispiel aus dem Aargau: Kurt Walti, Vom Werden und Wirken der Kirche. Ein kurzer Überblick über die Geschichte der reformierten Kirche im Aargau, Baden 1996.

25 Vgl. dazu auch Kapitel 4.2. «Die Vorbereitung oder: Das Aufwärmen» in diesem Werkbuch.

- Beim Start in der Kirchgemeinde sprach ich mit einem älteren, kirchlich sehr engagierten Ehepaar. Sie gaben ihrer Hoffnung Ausdruck, einen guten Pfarrer gefunden zu haben. Darauf entgegnete ich (aufgrund meiner bisherigen Gespräche und Informationen ehrlich und ungeheuchelt), dass doch auch meine Vorgängerin sehr gute Arbeit geleistet habe und geschätzt gewesen sei. Da verfinsterten sich die Mienen des Ehepaars merklich und ich spürte sofort, dass ich einen wunden Punkt getroffen haben musste. Erst in den folgenden Wochen erfuhr ich von den massiven Konflikten, welche zwischen Einzelpersonen, verschiedenen Gruppen und meiner Vorgängerin ausgetragen wurden. Der ältere Mann hatte damals als Präsident der Pfarrwahlkommission meine Vorgängerin in die Gemeinde «geholt» und wurde dann später, aus seiner Sicht, enttäuscht. Die beiden waren sogar mehrmals heftig aneinandergeraten und er war bei Weitem nicht der Einzige, der im Streit mit meiner Vorgängerin auseinandergegangen war. All dies war mir in den Gesprächen mit der Pfarrwahlkommission nicht gesagt worden, im Gegenteil: Die Arbeit meiner Vorgängerin wurde immer nur positiv erwähnt.
- Während in meiner ersten Kirchgemeinde die Kirchgemeindeversammlungen immer in totaler Harmonie und in kürzester Zeit ohne Wortmeldungen abgehalten wurden, stellte ich erstaunt fest, dass in meiner zweiten Gemeinde das pure Gegenteil der Fall war: Kritische bis angriffige Wortmeldungen gegenüber der Kirchenpflege waren nicht einzelne Ausnahmen, sondern schon fast die Regel. Die Gemeinde hatte über die Jahre hinweg eine problematische Diskussionskultur entwickelt, die auch über mehrere Personalwechsel hinweg weitergepflegt wurde, als wäre es das Normalste der Welt.

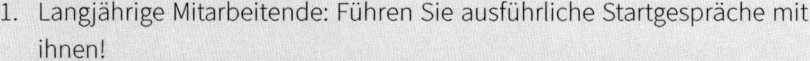

Lernen Sie die *Geschichte Ihrer Kirchgemeinde* möglichst bald kennen! Dazu stehen Ihnen verschiedene Quellen zur Verfügung:

1. Langjährige Mitarbeitende: Führen Sie ausführliche Startgespräche mit ihnen!
2. Treue Gemeindeglieder, die seit Jahrzehnten diese Gemeinde mitgeprägt haben: Besuchen Sie einige besonders engagierte, ältere Gemein-

deglieder und lassen Sie sich von ihnen die Geschichte der Kirchgemeinde aus ihrer Sicht erzählen!
3. Protokolle der Kirchgemeindeversammlungen und der Kirchenpflegesitzungen der letzten Jahre (oft im Archiv aufbewahrt und zum Nachschlagen für Amtsträger zugänglich): Notieren Sie sich die wichtigsten Themen, die in den letzten zehn Jahren die Kirchenpflege und die ganze Gemeinde beschäftigten!
4. Ihre Kolleginnen und Kollegen vor Ort (falls Teampfarramt) und in den Nachbargemeinden: Wie schätzen diese die Kultur Ihrer Kirchgemeinde ein?
5. Ihre Amtsvorgängerin/Ihr Amtsvorgänger: Dabei kommt es allerdings stark darauf an, ob diese Person im Frieden oder im Streit aus der Kirchgemeinde weggegangen ist.
6. Vielleicht eine ältere Kirchgemeindechronik: Insbesondere zu Jubiläen werden manchmal Festschriften verfasst, welche die gesamte Geschichte der Kirchgemeinde ausführlich dokumentieren.

?

Die *theologische Ausrichtung der Kirchgemeinde* ist oft schon während der Bewerbung ein Thema. Versuchen Sie, sich in Ihren ersten Gesprächen und Begegnungen ein ungefähres Bild zu verschaffen:
1. Wo stehen Ihre Kolleginnen und Kollegen (falls Teampfarramt) und die weiteren engen Mitarbeitenden theologisch?
2. Wo stehen die Mitglieder der Kirchenpflege theologisch?
3. Gab es in den letzten zehn Jahren theologische Verschiebungen innerhalb der Kirchgemeinde und der wichtigsten Personen?
4. Was wird von Ihnen theologisch erwartet? Ist die Theologie ein Kriterium bei Ihrer Wahl? Sollten Sie eher das Bestehende ergänzen oder einen Gegenpol zum Vorhandenen setzen? Wie gehen Sie damit um?

Wenn Sie noch nicht im Pfarramt arbeiten, können Sie diese Fragen auch für Ihre Heimatgemeinde oder Ihre Praktikumsgemeinde beantworten.

Dabei ist selbstverständlich zu beachten, dass ein Bild immer unvollständig bleiben wird und dass es auch nie einheitlich ist: In jeder Kirchgemeinde gibt es Personen, die so oder anders ticken, die zum Beispiel theologisch liberaler oder evangelikaler denken. Ein Wechsel im Pfarramt weckt gerade auch bei denjenigen, die sich in der Minderheit fühlten, Hoffnungen auf Änderungen. Hoffnungen können sich erfüllen – aber sie können auch enttäuscht werden!

- Lassen Sie sich nicht gleich von der einen (vielleicht dominierenden, lauten und in der Pfarrwahl siegreichen) Gruppe vereinnahmen. Versuchen Sie, besonders am Anfang, ganz neutral und unvoreingenommen die Kirchgemeinde kennenzulernen. Zeigen Sie Interesse an den stilleren Gemeindegliedern, die sich vermutlich eher in der Minderheit befinden. Behalten Sie den Blick fürs Ganze!
- Bleiben Sie in Bezug auf vergangene Richtungsstreitigkeiten neutral. Sie waren damals nicht dabei und erhalten deshalb immer nur ein subjektiv geprägtes Bild. Selbst öffentliche Protokolle von Kirchgemeindeversammlungen sind nie hundertprozentig objektiv und neutral verfasst.
- Beachten und würdigen Sie das Vergangene! Bauen Sie auf dem Positiven auf, schlagen Sie aber auch bewusst ein neues Kapitel auf. Das Pfarramt ist der Schlüsselberuf in der Kirchgemeinde und deshalb ist jeder Stellenwechsel auch wieder ein gewisser Neuanfang. Es ist für die Kirchgemeinde immer eine Chance, Schwieriges aus der Vergangenheit hinter sich zu lassen und den Weg der Versöhnung zu gehen.

Konflikte in der Kirchgemeinde – vor allem wegen personellen oder theologischen Fragen – können extrem verletzend und belastend sein. Ein Gemeindeglied führte mit meiner Vorgängerin einen richtigen Kampf aus und verliess die Kirchenpflege und dann auch die Kerngemeinde in offenem Streit. Danach engagierte er sich in einer anderen Gemeinde. Ich wusste um diese Geschichte aufgrund der Erzählungen von älteren Gemeindegliedern und von Protokollen der Kirchenpflege. Nach einigen Jahren musste ich den Bruder dieser Person beerdigen. Ebenso betreute ich die Mutter seelsorgerlich. So kam ich in Kontakt mit diesem Gemeindeglied. Dabei versuchte ich stets, das Vergangene nicht zu werten, sondern dieser Person zu vermitteln, dass die Situation jetzt eine andere sei und das Thema und die beteiligten Personen des damaligen Streits allesamt verschwunden seien. Auch wenn die Beziehung zur Kirchgemeinde wohl nie wieder ganz normalisiert werden kann, ergab sich so doch, Schritt für Schritt, wenigstens eine gewisse Versöhnung in dieser Geschichte.

3.1.5. Die unzähligen weiteren Unterschiede oder: Keine zwei Wasser sind gleich

Neben den in den vorhergehenden Abschnitten erörterten grundlegenden Unterschieden zwischen einzelnen Kirchgemeinden kommen noch viele andere, vielleicht etwas weniger wichtige und offensichtliche Punkte hinzu, die aber genauso Beachtung verdienen. Denn nicht nur zwischen dem Meer und einer Badewanne gibt es Unterschiede, sondern Wasser ist nie einfach nur Wasser. Selbst das Hahnenwasser unterscheidet sich in seiner hohen Qualität in der Schweiz teilweise von Gemeinde zu Gemeinde in seiner Zusammensetzung und in seinem Geschmack!

Einige der wesentlichsten weiteren Unterschiede sollen deshalb hier mindestens noch kurz angetippt werden:

- *Die Zusammensetzung des Personals*: Wie viele Stellenprozente eine Kirchgemeinde für welche kirchlichen Dienste reserviert hat, unterscheidet sich nicht nur wegen der unterschiedlichen Grössen erheblich, sondern ist oft auch Resultat von vor Jahren getroffenen personellen Entscheidungen. Für die Arbeit in der Gemeinde und das konkrete Stellenprofil im Pfarramt ist es entscheidend, erstens, für wie viele Gemeindeglieder eine Pfarrperson verantwortlich ist, und zweitens, wie viele Stellenprozente in anderen Diensten zur Verfügung stehen und die Gemeindearbeit unterstützen. Zur Zusammenarbeit unter den Angestellten verweise ich auf das Kapitel 3.4.1. «Die Zusammenarbeit mit den anderen Angestellten».
- *Der Pool der Freiwilligen*: Es gibt Kirchgemeinden, die praktisch von der Freiwilligenarbeit leben (das betrifft natürlich noch viel stärker die Freikirchen), andere, in denen es nur wenige Grüppchen von Freiwilligen gibt, die sich engagieren. Die Aktivität der Freiwilligen hat grosse Auswirkungen auf die konkrete Arbeit im Pfarramt. Hängt vieles oder fast alles an der Pfarrerin, am Pfarrer? Sind die Freiwilligen sehr selbstständig oder brauchen sie viel Coaching? Zur Zusammenarbeit mit den Freiwilligen verweise ich auf das Kapitel 3.4.3.

- *Die Aktivitäten der Kirchgemeinde*: Die einen Kirchgemeinden beschränken sich praktisch auf die Grundversorgung, andere sind extrem umtriebig und bieten viele regelmässige Angebote und Gruppen an. Ob das Stellenprofil eher die klassischen pfarramtlichen Aufgaben umfasst oder auch viel Raum für spezielle Projekte und Gruppen enthält, beeinflusst die tägliche Arbeit im Pfarramt enorm.
- *Die Geografie*: Neben den bereits angetönten Unterschieden zwischen Stadt und Land oder Mehrheits- und Diasporasituation spielt auch die konkrete Geografie einer Kirchgemeinde eine Rolle. Ist das Kirchgemeindeterritorium kleinräumig oder weitläufig? Davon hängt ab, ob Sie im Pfarramt viel unterwegs sind oder ob die Mobilität sich in Grenzen hält. Bei einer weitläufigen Gemeinde ist auch der Aufwand für die Gemeindeglieder viel grösser, die Anlässe der Kirchgemeinde zu besuchen. Also braucht es Pfarrerinnen und Pfarrer, die zu den Menschen hinausgehen, denen die Besuche vor Ort wichtig sind und Freude machen.

- Welche weiteren, signifikanten Unterschiede zwischen den einzelnen Kirchgemeinden fallen Ihnen ausserdem noch ein? Was finden Sie ebenfalls unbedingt beachtenswert?
- Überlegen Sie sich als Übung in Bezug auf die zahlreichen in Kapitel 3.1. genannten Unterschiede: Wie schätzen Sie die Situation in Ihrer aktuellen Gemeinde (Heimatgemeinde, Vikariatsgemeinde oder erste Pfarramtsgemeinde) ein? Wo steht Ihr Pfarramt beispielsweise in Bezug auf …
  … Einzel- und Teampfarramt?
  … Stadt und Land?
  … konkrete Landeskirche?
  … Geschichte der Kirchgemeinde?
  … Theologie der Kirchgemeinde?
  … Angestellte und Freiwillige?
  … Aktivitäten der Kirchgemeinde?
  … Geografie?
  …?

Im Vikariatskurs oder in der Intervision in den ersten Amtsjahren ist Gelegenheit, sich gegenseitig über die eigene Situation auszutauschen und gemeinsam zu überlegen, was das für die konkrete Pfarramtsführung bedeutet: Was schätze ich an meiner Situation, was hätte ich lieber anders? Wo muss ich mein Schwimmen dem Gewässer anpassen?

3.2. Kraul oder Delphin? – Die verschiedenen Arbeitsstile

Zwar hatten wir in unserer Schule regelmässig Schwimmunterricht bis Ende Oberstufe. Dennoch habe ich einige Schwimmstile irgendwie nie richtig gelernt und mich eher durchgemogelt. Heute pflege ich daher fast nur noch das Brustschwimmen und einen selber entwickelten Schwimmstil auf dem Rücken … Einzelne Versuche, ein paar Schwimmzüge zu kraulen, im Delphinstil oder mit Rückenkraul zurückzulegen, scheiterten jeweils nach ein paar Sekunden an meiner fehlenden Technik. Ich habe mich damit abgefunden und schwimme trotzdem!

Auch im Pfarramt gibt es die unterschiedlichsten Schwimmstile. Es ist richtig und nötig, einen eigenen Arbeitsstil zu entwickeln, einen Rhythmus, mit dem man sich wohl fühlt und mit dem man sich vorwärtsbewegen kann.

3.2.1. Die Pfarrerin und der Pfarrer als Abbild der Gesellschaft

- Eine Kollegin hat am Samstagnachmittag keine Zeit für ein Telefongespräch. Sie muss sich nun endlich hinter ihre Sonntagspredigt setzen, hat aber noch keine Ahnung, worüber sie predigen will. Ich bin erstaunt: Denn bei mir liegt nicht nur die Predigt vom morgigen Sonntag bereits ausgedruckt im Gottesdienstordner, sondern auch der Gottesdienst vom Sonntag in einer Woche ist längstens in den Grundzügen vorbereitet.
- Meine Organistin fühlt sich jeweils etwas unsicher und möchte den Gottesdienstablauf gerne zwei Wochen im Voraus haben. Das geht auch mir als frühem Predigtschreiber zu weit: Ich will die Lieder erst passend zur Predigt auswählen, wenn ich die Predigt geschrieben habe. Ich verspreche meiner Organistin, die Lieder und den Ablauf jeweils spätestens am Dienstagmorgen vor dem Gottesdienst zuzustellen.

- Mein Kollege aus der Nachbargemeinde sendet seine Mails meistens kurz vor oder nach Mitternacht ab. Für mich ist das völlig unverständlich und undenkbar. Um diese Zeit bin ich ausnahmslos immer im Bett. Sitzungen, die viel länger als bis 22 Uhr dauern, werden für mich zur Herausforderung. Ich stehe dafür früh auf und bin bereits kurz nach sechs Uhr, vor dem Frühstück, im Büro.
- Wenn um sechs Uhr mein Wecker klingelt und ich den Fensterladen meines Schlafzimmers öffne, um Licht hereinzulassen, stelle ich fest, dass im Büro meiner Vikarin im Kirchgemeindehaus bereits Licht brennt. Und das, obwohl sie aus dreissig Kilometer Entfernung angereist ist. Seltsam: Mein vorheriger Vikar kam nie freiwillig vor neun Uhr ins Kirchgemeindehaus.

In der Schlafforschung spricht man von «Eulen» und «Lerchen». Wir Menschen funktionieren unterschiedlich. Die einen fühlen sich am Morgen viel besser, andere laufen erst so richtig zur Höchstform auf, wenn es wieder dunkel wird. Ebenso gibt es Menschen, die ihre Arbeit weit im Voraus planen und lieber einen Schritt weiter sind als nötig, und andere, die immer auf den letzten Drücker die anstehenden Arbeiten erledigen, wenn ihnen das Wasser schon bis zum Hals steht.

Im Pfarramt haben wir jedoch im Unterschied zu vielen anderen Berufsgruppen einen grossen Vorteil: Wir können, mindestens zum Teil, die Arbeitszeit selber planen und einteilen. Da unsere Arbeit nur teilweise zeitlich terminiert ist, ist es möglich, den nicht terminierten Teil dann zu erledigen, wenn man sich selber am produktivsten und motiviertesten fühlt. Für viele ist das aber auch ein Nachteil: Selber gut zu planen und seine Arbeit zu strukturieren, ist eine Herausforderung, die nicht allen liegt. Dieses Problem kennen in unserer Gesellschaft auch viele selbstständig Tätige, insbesondere Kunst- und Kulturschaffende.

Die Zerstreuungs- und Ablenkungsgefahr ist bei Bürojobs besonders hoch (Internet!), und da auch die Pfarramtsarbeit zum Teil im Büro stattfindet, muss man Eigeninitiative aufbringen und Strategien entwickeln, damit man produktiv bleibt und die Arbeit rechtzeitig und in guter Qualität erledigt.

3.2.2. Den eigenen Arbeitsstil entwickeln

Die folgenden Abschnitte sind individuell zu lesen und anzuwenden. Sie sollen Ihnen helfen, Ihren eigenen Arbeitsstil zu entwickeln. Probieren Sie aus, wenden Sie an, verwerfen Sie und probieren Sie es anders!

3.2.2.1. Arbeitstage und -zeiten grundsätzlich bestimmen

Ganz unabhängig von Ihren genauen Stellenprozenten: Sie haben ein Anrecht darauf, mehr oder weniger genau zu definieren (oder definiert zu bekommen), an welchen Tagen Sie arbeiten und an welchen nicht. Natürlich sind diese Arbeitszeiten abhängig von Ihrer Situation (Pfarrteam, genaue Stellenprozente, Stellenbeschrieb). Und Ausnahmen müssen möglich sein. Das heisst: Es kann Situationen geben (diese sollen aber die Ausnahmen bleiben!), in denen Sie auch mal an einem eigentlich nicht vorgesehenen Arbeitstag an einer Sitzung teilnehmen müssen oder ein spontanes Trauergespräch abhalten. Bei Kaderfunktionen (und das Pfarramt ist eine Kaderfunktion) darf man eine gewisse Flexibilität erwarten.

Einige konkrete Tipps zur Festsetzung der Arbeitstage und –zeiten:

- Im klassischen 100%-Pfarramt, und speziell im Einzelpfarramt, ist es üblich und sinnvoll, den Sonntagnachmittag sowie den Montag (traditionell der «Pfarrsonntag») oder je nach familiärer Situation den Samstag als freie Tage zu wählen. Eineinhalb freie Tage pro Woche sollten auch im 100%-Amt minimal machbar sein.[26] Persönlich nehme ich oft den Samstagnachmittag noch hinzu.
- Im Teampfarramt braucht es eine gute Absprache, damit die Präsenz gewährleistet ist. Je nach Anzahl und Umfang der Stellen sind dann viele verschiedene Varianten denkbar.
- Die Belegung der Abende wird unterschiedlich sein, da verschiedene Veranstaltungen unregelmässig stattfinden. Versuchen Sie, maximal zwei bis drei Abende pro Woche zu füllen. An Tagen, an denen Sie vom frühen Morgen bis am späten Abend Termine haben, können Sie viel-

26 Die Reformierte Landeskirche Aargau beispielsweise schreibt den Anspruch auf mindestens eineinhalb freie Tage deutlich fest im Dienst- und Lohreglement für die Ordinierten Dienste, § 26.2: www.ref-ag.ch/srla/371.300_DLD.html#ue296 (abgerufen am 22.4.2022).

leicht zwischendurch einmal eine längere Pause einfügen und einem Hobby nachgehen.
- Bei grösseren Wochenend-Veranstaltungen wie Gemeinde-Weekends oder Konfirmandenlager ist es wichtig, dass Sie einen anderen Tag finden, an dem Sie dafür einen Ruhetag einziehen können.
- Insgesamt rechne ich persönlich aber weniger in den genauen Arbeitstagen und -sequenzen, sondern in der Wochen- und Jahresarbeitszeit.[27]

3.2.2.2. Arbeitsanfang und Arbeitsende ritualisieren

Im Pfarramt und insbesondere bei einem Büro im Pfarrhaus können sich Arbeit und Freizeit vermischen. Es hilft deshalb, einen normalen Arbeitstag durch ein Ritual abzugrenzen: mit einem bewussten Anfang und Ende.

- Finden Sie für sich heraus, welche Arbeitszeiten Ihnen entsprechen. Was nicht vorgegeben ist, können Sie selbst bestimmen. Wann beginnen Sie am Morgen? Wann hören Sie am Abend auf? Legen Sie ungefähre Richtzeiten fest. Je nach Familiensituation können diese auch flexibel sein, wenn Sie damit umgehen können.
- Der Start könnte ein kurzer Spaziergang draussen, eine Gymnastikübung oder die klassische «Stille Zeit» sein – ein spiritueller, geistlicher Einstieg, der Sie auf die Aufgaben für diesen Tag konzentriert.[28] Erst dann wird der Computer hochgefahren.
- Zum Abschluss könnte ein stets gleiches Abendgebet, eine kurze Meditation oder ein Tagebucheintrag geeignet sein. Und dann ist die Arbeit abgeschlossen und gedanklich zur Seite gelegt.
- Wenn Ihr Büro auswärts liegt, ist die Abgrenzung einfacher: Der Arbeitsweg hilft vermutlich bereits beim Trennen von Arbeit und Freizeit. Trotzdem kann es auch dann Sinn machen, ganz bewusst anzufangen und aufzuhören. Vielleicht gibt es sogar einen Arbeitsbeginn als Team?

27 Vgl. dazu das Kapitel 3.2.3. «Arbeitszeitkontrolle» in diesem Werkbuch.

28 Vgl. dazu das Kapitel 3.3.10. «Die Pflege der persönlichen Spiritualität» in diesem Werkbuch.

Eine derartige deutliche Abgrenzung ist allerdings leichter gesagt als getan. Ich gehöre zu denjenigen, die manchmal ganz schlecht abschalten können. Dinge, die mich beschäftigen, gehen mir bis in den Schlaf nach. So besteht die Gefahr, dass man eigentlich immer irgendwie an der Arbeit ist.
Wenn solche Zeiten zu lange andauern, sind sie ein Thema für die Supervision.

- Welche Rituale helfen Ihnen, den Tagesablauf zu strukturieren?
- Was hilft Ihnen, abzuschalten?
- Was macht Ihnen Mühe?

3.2.2.3. Ablenkungen vorbeugen

An einem Thema oder einer Aufgabe dranzubleiben, ist in der heutigen Zeit deutlich schwieriger als noch bei den Pfarrern in ihren Studierstuben vor hundert Jahren. Ständig stören hereinkommende E-Mails und Whatsapp-Nachrichten. Und dann klingelt das Telefon. Vieles ist wichtig und sollte sogleich beantwortet und bearbeitet werden. Darunter leidet die Effizienz. Wir müssen immer wieder neu in die Unterrichtslektion oder die Predigt einsteigen, die wir eigentlich gerade vorbereiten.

- Als Pfarrerin oder Pfarrer müssen Sie nicht ständig erreichbar sein. Wenn Sie auf Besuch sind oder in einer Unterrichtslektion, können (oder sollen!) Sie das Telefon ja auch nicht abnehmen (oder nicht einmal mitnehmen). Kaum eine Angelegenheit ist so dringend, dass sie innerhalb einer Stunde beantwortet werden müsste.
- Folglich können Sie bewusst WLAN- und Telefonfreie Zeiten schaffen, um auch im Büro einige Stunden am Stück konzentriert zu arbeiten. Wichtig ist eine klare und verständliche Nachricht auf dem Telefonbeantworter bzw. auf der Combox und das zuverlässige Zurückrufen einige Stunden später!
- Eine ständige, sofortige Beantwortung aller Mails und Anrufe fördert zudem eine Erwartungshaltung an Sie, die Sie auf Dauer nicht erfüllen können. Warten Sie deshalb auch einmal bewusst etwas zu mit Ihrer Antwort. E-Mails, die nicht pressieren, können auch erst 24 Stunden spä-

ter beantwortet werden. E-Mails, die Sie dagegen innerhalb von drei Minuten beantworten, wecken den Anspruch, dass Sie immer so schnell auf alles reagieren.

- Teilen Sie Ihr Büro mit anderen Angestellten, ist die Ablenkungsgefahr ebenfalls viel grösser. Für Aufgaben, die mehr Konzentration erfordern, wie beispielsweise das Vorbereiten einer Abdankung, brauchen Sie Ruhe. Vielleicht finden Sie einen Raum im Kirchgemeindehaus, wo Sie ungestört sind. Oder Sie können diese Aufgabe zu einem Zeitpunkt anpacken, an dem Sie allein im Büro sind. Oder das Team weiss, dass Sie immer dann Kopfhörer tragen, wenn Sie gerade nicht gestört werden sollten.

3.2.2.4. Strukturierte Pausen machen

Als Pfarrerin und Pfarrer könnte man pausenlos arbeiten. Es gibt immer noch irgendetwas zu tun. Auf der anderen Seite besteht bei Pausen (insbesondere im Team) die Gefahr, dass sie ausufern und zu lang werden, da Gespräche sich oft auch um die Arbeit drehen.

- Machen Sie bei Büroarbeiten jede Stunde eine ganz kurze Pause – einmal kräftig den Raum lüften, ein paar Schritte gehen, ein paar Körperübungen, aufs WC gehen … und dann wieder an die Arbeit.
- In der Mitte des Morgens und des Nachmittags ist eine richtige Pause von 15–30 Minuten angebracht, wenn Sie sonst voll durcharbeiten. Verlassen Sie bewusst das Büro. Trinken und essen Sie etwas. Machen Sie gedanklich etwas anderes – lesen Sie die Zeitung, sprechen Sie mit Ihrem Ehepartner oder hören Sie ein Musikstück.
- Auch im Team kann man eine gemeinsame Pause bewusst gestalten. Trinken Sie gemeinsam einen Kaffee und sprechen Sie über alles andere als über die Kirchgemeinde.

3.2.2.5. Effizient Aufgaben bündeln und kombinieren

Neben den Terminen in der Agenda gibt es viele Kleinigkeiten im Pfarramtsalltag, die auch noch so schnell zwischendurch erledigt sein müssen. Diese vielen kleinen Dinge lenken ab von den grossen und wichtigen Aufgaben. Doch es gibt Strategien, wie man der unnötigen Zerstreuung in Details wehren kann.

- Versuchen Sie, ähnliche Aufgaben zu bündeln und je nach Menge und Dringlichkeit einmal am Tag oder einmal in der Woche am Stück zu erledigen. Beispielsweise:
  - Alle Telefonate hintereinander ausführen.
  - Tägliche Post und E-Mails an einem Stück lesen.
  - Einmal am Tag die aktuellen Mails beantworten.
  - Besuche nach Möglichkeit hintereinander legen («Besuchsnachmittag»).
  - Notizen führen, was mit den engsten Mitarbeitenden besprochen werden muss, und diese an der wöchentlichen Arbeitsbesprechung vorbringen und nicht dann, wenn es Ihnen gerade in den Sinn kommt.
  - Handyfreie Zeiten schaffen, Whatsapp nur ein- oder zweimal täglich beantworten (wenn es nicht pressiert).
  - Druck- und Kopierarbeiten bündeln und am Stück ausführen.
  - … usw.
- Nutzen Sie Randzeiten für die «kleinen Dinge»: Zum Beispiel gleich nach der Morgenpause oder direkt nach dem Mittag. So haben Sie trotzdem noch einen grossen Arbeitsblock am Stück, um konzentriert an den grösseren Aufgaben zu arbeiten.
- Wenn Sie eine detaillierte Wochenplanung machen,[29] können Sie solche kurzen Blöcke zum Erledigen des «Krimskrams» bewusst einplanen. Dann sind Sie auch gedanklich frei für anderes.

Notieren Sie sich nun zum Schluss dieses Kapitels 3.2.2., wie Sie bisher Ihre Arbeit strukturieren und wo Sie Handlungsbedarf erkennen:

Frage	Mein aktueller Stand	Änderungsbedarf?
An welchen Wochentagen und zu welchen Zeiten arbeite ich normalerweise?		
Entsprechen meine Arbeitszeiten den Stellenprozenten und Vorgaben meines Funktionsprofils?		

29 vgl. dazu das Kapitel 3.3.8.3. «Planungsaufgaben» in diesem Werkbuch.

Frage	Mein aktueller Stand	Änderungs-bedarf?
Wie beginne ich und beende ich meine tägliche Arbeit?		
Wie trenne ich Arbeit und Freizeit: örtlich/zeitlich/mental?		
Wie beuge ich möglichen Ablenkungen bei der Arbeit vor?		
Wie oft mache ich Pausen und wie gestalte ich diese?		
Wie erledige ich den «Krimskrams»? Kann ich Aufgaben bündeln?		
Wie beurteile ich insgesamt meinen eigenen Arbeitsstil?		

?

Stellen Sie sich vor: Gott sieht Ihnen eine Woche lang bei Ihrer Arbeit zu und führt nachher ein qualifiziertes Mitarbeitergespräch mit Ihnen. Was würde er Ihnen sagen? Was würde er loben, was kritisieren, was raten?
Wenn Ihnen Gott eine zu hohe Instanz für diese Aufgabe ist, können Sie auch Ihren Partner, Ihre Familie und Ihre Mitarbeitenden fragen.

3.2.3. Arbeitszeitkontrolle

Eine Arbeitszeitkontrolle scheint auf den ersten Blick mühsam und lästig. Wird sie aber klug und effizient gestaltet, ist sie in vielerlei Hinsicht hilfreich:

- Sie hilft Ihnen, besser einzuschätzen, wofür Sie wie viel Zeit benötigen.
- Sie schützt Sie vor zu viel Arbeit und trägt so einen Teil zur Work-Life-Balance bei.
- Sie zeigt der Kirchenpflege als Arbeitgeberin an, wie viel Zeit welche Aufgaben in Anspruch nehmen und wie die Stellenprozente der Kirchgemeinde genau eingesetzt werden.
- Sie ist so für Stellenwechsel und Neubesetzungen ein wichtiges Hilfsmittel für faire und realistische Stellenprofile.

Mein eigenes Erfassungstool finden Sie im Anhang unter M01, hier in analoger Form.
Ich habe von meiner ersten Arbeitswoche an nach einem eigenen System die Netto-Arbeitszeit notiert. Diese habe ich wöchentlich ausgewertet und, nach Arbeitsgebieten sortiert, statistisch erfasst. Für mich ist dabei verblüffend, wie über Jahre hinweg Arbeitszeiten in einzelnen Bereichen relativ konstant bleiben, obwohl einzelne Wochen und Monate sich total unterscheiden. Ebenso erstaunt mich immer wieder, wie sich sehr strenge Wochen und sehr lockere Wochen insgesamt etwa die Waage halten und die Gesamtarbeitszeit mit etwas Disziplin recht gut im Griff gehalten werden kann.

Einzelne Landeskirchen bieten Tabellen und Tools zur Budgetierung und/oder Erfassung der Arbeitszeit an.[30] Da Verallgemeinerungen schwierig sind, sind diese Tools jedoch mit Vorsicht zu geniessen.

- Erkundigen Sie sich bei Ihren Kolleginnen und Kollegen nach ihrer Art und Weise, die Arbeitszeit zu erfassen. Sammeln Sie verschiedene Ideen und probieren Sie aus.
- Erfassen Sie Ihre Arbeitszeit in gerundeten Werten. Es kommt nicht auf die exakte Minute an und darf nicht zu kompliziert werden.
- Entscheiden Sie sich für ein System, mit dem Sie gut arbeiten können und ziehen Sie es eine längere Zeit durch. Wenn Sie das Gefühl haben, die Resultate seien unerwartet, unbefriedigend oder gar ungesund, dann besprechen Sie sie in der Supervision oder mit der Personalverantwortung Ihrer Kirchgemeinde.

30 Die Datei zur Arbeitszeitberechnung in der Reformierten Landeskirche Aargau als Beispiel finden Sie hier: www.ref-ag.ch/wikiref/arbeitszeitberechnung.html (abgerufen am 22.4.2022).

3.3. Im Schwimmbecken – Die einzelnen Arbeitsfelder

Nun wird es konkret: Im deutlich längsten Kapitel dieses Werkbuchs geht es um die einzelnen Arbeitsfelder im klassischen Gemeindepfarramt. Zahlreiche Reflexionsfragen und Tipps, Literaturhinweise und Material im Anhang sollen Ihnen helfen, Ihre bisherigen Grundlagen und Erfahrungen zu erweitern.

Eine Aufteilung aller einzelnen Handlungen im Pfarramt in einzelne Arbeitsfelder ist gar nicht so einfach, wie es scheint. Viele Aktivitäten könnten unterschiedlichen Arbeitsfeldern zugeordnet werden: Gehört zum Beispiel ein Gottesdienst mit Kindern aus dem Unterricht eher zum Unterricht, zum Gottesdienst oder zur Familienarbeit? Und ist die Leitung einer Gebetsgruppe dem gottesdienstlichen Leben oder der Erwachsenenarbeit zuzuordnen? Für die Einteilung und Darstellung der einzelnen Arbeitsfelder mussten deshalb gewisse Vorentscheidungen getroffen werden.

3.3.1. Der Gottesdienst

Ich bin überzeugt, dass der Gottesdienst trotz aller Kritik und Klischees das Herzstück des Gemeindelebens ist und bleiben wird. Darum ist es auch richtig, dass der Gottesdienst in der Ausbildung einen hohen Stellenwert hat. Doch gerade das kann zu Frustration und Enttäuschung führen, wenn man viel Zeit und Aufwand investiert, aber nur wenig Resonanz erhält. In diesem Abschnitt möchte ich Ihnen deshalb auch Materialien und Ideen an die Hand geben, die Ihnen helfen, gute Gottesdienste vorzubereiten.

3.3.1.1. Planung des Gottesdienstjahrs

Wie die Planung im Pfarramt allgemein ein wichtiges Thema ist,[31] so braucht auch die Planung eines Gottesdienstjahrs einiges an Zeit und Aufwand. Je nach Situation (Einzel- oder Teampfarramt) haben Sie mehr oder weniger Einfluss darauf.

Ich habe mir angewöhnt, jeweils nach den Sommerferien das nächste Gottesdienstjahr zu planen. Als engste Mitarbeiterin hilft mir dabei die Sekretä-

31 Vgl. dazu das Kapitel 3.3.8.3. «Planungsaufgaben» in diesem Werkbuch.

rin. Sie plant mit meinen Entscheidungen weiter und organisiert die Musikerinnen und Sigristen.

- Im *Einzelpfarramt* fragen Sie nach der bisherigen Praxis. Erkundigen Sie sich, wie es bis anhin gemacht wurde und wie die Erfahrungen damit waren. Überprüfen Sie, ob die Anzahl der Gottesdienste und der Vertretungen Ihrem Pensum entspricht. Stellen Sie nicht gleich alles auf den Kopf, sondern bringen Sie Ihre Änderungswünsche überlegt und Schritt für Schritt ein. Sehr wahrscheinlich werden Sie relativ viel Freiheit erhalten.
- Im *Teampfarramt* fügen Sie sich in die bisherige Praxis des Pfarrkonvents ein. Aber auch da haben Sie selbstverständlich die Möglichkeit, Bisheriges zu hinterfragen und Neuerungen vorzuschlagen. Mehr noch als im Einzelpfarramt hängt es stark vom konkreten Stellenbeschrieb ab, wie viele und welche Arten von Gottesdiensten Sie verantworten.

Auch wenn die bisherige Praxis vielleicht anders war: Die Planung sollte nicht zu spät erfolgen, denn Sie haben ein Anrecht darauf, genügend weit im Voraus zu wissen, wann Sie Ihre Ferien und Freisonntage beziehen können. Gerade wenn Sie eine Familie haben, sind Sie nicht so flexibel und spontan, sondern müssen beispielsweise eine Ferienwohnung genügend früh verpflichtend buchen können!

Hingegen sind spätere Änderungen nach Absprache ja immer wieder möglich. In einem grösseren Team können Gottesdienste relativ einfach abgetauscht werden, sofern sich die Kolleginnen und Kollegen kooperativ verhalten.

?

- Wie wird in Ihrer aktuellen Gemeinde der Gottesdienstplan erstellt?
- Was finden Sie gut daran und wo besteht Optimierungspotenzial?
- Welchen Schritt wollen Sie zuerst machen?

3.3.1.2. Auswahl und Planung von Texten und Themen

Im Inhalt der Verkündigung sind reformierte Pfarrerinnen und Pfarrer weitgehend frei. Das ist ein grosses Privileg – und gleichzeitig auch ein hoher Anspruch: Denn worüber sollen wir Sonntag für Sonntag predigen? In meinen ersten eigenen Gottesdiensten während des Studiums und auch im Vikariat hatte ich noch genügend Ideen. Als ich dann im Einzelpfarramt anfing und wusste, dass ich bis Ende Jahr rund 45 Gottesdienste und Predigten zu halten habe, versuchte ich, etwas systematischer zu planen.

Lectio continua

Der reformierten Tradition entspricht am ehesten die Predigt nach einer *lectio continua*, also eine fortlaufende Predigtreihe zu einem biblischen Buch oder zu einem bestimmten Thema. Haben Sie viele Gottesdienste zu halten (besonders im Einzelpfarramt), so ist diese Methode relativ naheliegend. Aber auch in einem funktionierenden Pfarrteam kann sehr gut nach der *lectio continua* gepredigt werden, wenn man dies so plant und abspricht.

- Wenn ich jeweils eine Predigtreihe plane, so erstelle ich eine kurze Tabelle mit den entsprechenden Sonntagen und versuche die Texte sinnvoll einzuteilen. Manchmal können auch Feiertage und spezielle Gottesdienste (z. B. Familiengottesdienste) gut in eine *lectio continua* einbezogen werden.
- Zu bedenken ist, dass viele Gemeindeglieder nicht jeden Sonntag den Gottesdienst besuchen und deshalb die Predigten auch für sich einzeln abgeschlossen und aussagekräftig sein müssen.

Zwei Beispiele für eine Predigtreihe nach *lectio continua* finden Sie im Anhang unter M02. Ebenso finden Sie mehrere Ideen für Predigtreihen unterschiedlichster Art für Ihre ersten Amtsjahre unter M03.

Perikopenreihen

Das Gegenstück zur *lectio continua* ist die Orientierung an Perikopenreihen. Viele Jahre lang habe ich mich überhaupt nicht um die Perikopen gekümmert – Asche über mein Haupt! Doch mehr und mehr habe ich entdeckt, dass die Perikopenreihen wirklich gut durchdacht sind. Ende 2018 wurden die überarbeiteten Reihen in Deutschland in Kraft gesetzt, wobei Schwächen (z. B. der geringe Anteil alttestamentlicher Texte) verbessert wurden. Die Vorteile des Predigens nach Perikopen liegen auf der Hand:

- Sie treffen die Textwahl nicht selber, sondern lassen sich den Text vorgeben bzw. schenken. Dadurch vermeiden Sie das wiederholte Predigen über Lieblingsthemen und -texte.
- Predigttext und -thema sind gut abgestimmt auf das Kirchenjahr.
- Sie finden in Literatur und Internet bereits viele Gestaltungshilfen dazu (Predigtentwürfe, Paralleltexte für die Lesung, Liedvorschläge, Gebete).

Allerdings – und das ist ein grosser Nachteil – wiederholen sich die Perikopen alle sechs Jahre. Die Auswahl ist also im Vergleich zur dicken Bibel relativ klein! Gerade im Einzelpfarramt habe ich deshalb in den letzten Jahren eine Mischform aus Predigtreihen und (manchmal als «Lückenbüsser») Predigten nach der Perikopenordnung geplant.

- Die exakte Übersicht über die aktuelle Perikopenordnung finden Sie im Internet.[32]
- Sehr hilfreich ist ausserdem die Website «Kirchenjahr evangelisch», die neben kurzen einführenden Texten zum jeweiligen Sonntag im Kirchenjahr auch gleich sinnvolle Lied- und Gebetsvorschläge macht und weitere Informationen versammelt.[33]

Weniger empfehlenswert ist es meiner Ansicht nach, für jeden Sonntag separat und unabhängig vom Kirchenjahr irgendein Thema oder einen Text auszuwählen. Die Gefahr dabei ist gross, dass Sie dann vorwiegend Ihre Lieblingstexte wählen, Schwieriges übergehen und auch bald an Ihre Grenzen stossen.

Ist eine langfristige Planung nicht möglich oder springen Sie irgendwo kurzfristig ein, so empfehle ich Ihnen deshalb den Griff zur Perikope des Sonntags. Damit sind Sie immer auf der sicheren Seite. Dies lohnt sich übrigens auch für den Prüfungsgottesdienst im Vikariat, wo der Text seit einigen Jahren frei gewählt werden kann.

Im Zweifelsfall und im «Notfall» ist die Orientierung an einer bewährten Perikopenreihe immer eine gute Entscheidung.

32 de.wikipedia.org/wiki/Perikopenordnung (abgerufen am 22.4.2022).

33 www.kirchenjahr-evangelisch.de (abgerufen am 22.4.2022).

Lied- oder Bildpredigten

Ab und zu wähle ich nicht einen eigentlichen Bibeltext als Predigttext, sondern ein Lied aus dem Kirchengesangbuch oder ein Bild. Lied- und Bildpredigten sind interessante Alternativen zu einer klassischen Textpredigt. Wenn sie gezielt eingesetzt werden (und nicht zu häufig), dann können sie eine grosse Wirkung entfalten.

Besonders an Festtagen sind die möglichen Predigttexte begrenzt. Wer will schon an jedem Heiligabend über Lukas 2 predigen? Eine Liedpredigt kann hier eine gute Möglichkeit sein. Ebenso illustrieren viele bekannte Bilder aus der Kunstgeschichte das Evangelium sehr schön.

- Nach welchen Kriterien haben Sie Ihre bisherigen Predigttexte ausgewählt?
- Wie sehen Sie das im Nachhinein?
- Was haben Sie noch nie ausprobiert?

3.3.1.3. Die konkrete Predigtvorbereitung

Wenn Sie Ihre Predigtthemen und -texte im Voraus planen, haben Sie einen weiteren grossen Vorteil: Sie sitzen am Tag Ihrer Predigtvorbereitung nicht vor einem komplett leeren Blatt. Sondern Sie wissen bereits, über welchen Text Sie Ihre Predigt schreiben wollen. Vielleicht haben Sie sogar im Lauf der letzten Zeit schon vorbereitend über diesen Text nachgedacht.

Zur konkreten Predigtvorbereitung lernen Sie viel im Homiletik-Seminar und an den Homiletik-Tagen im Vikariat. Wann und wie Sie sich an die Arbeit machen, ist höchst individuell. Es führen viele Wege zu einer guten Predigt.

Trotzdem möchte ich Ihnen hier einige Tipps aus meiner Erfahrung als Vielprediger[34] und als Ausbildungspfarrer mitgeben:

- Es gibt Kolleginnen und Kollegen, welche die Predigt erst in der Nacht vor dem Gottesdienst schreiben. Das sagt nichts über die Qualität ihrer Predigt aus – mich aber würde das enorm stressen. Ich schreibe die Pre-

34 In 18 Jahren Einzelpfarramt hielt ich rund 650 Predigten an Sonn- und Feiertagen. Nicht eingerechnet sind die Kasualpredigten.

digt meist mehr als eine Woche im Voraus, lege sie dann zur Seite, nehme sie zwei Tage vor dem Gottesdienst wieder hervor, bereite sie ganz fertig vor und übe sie auch ein. Finden Sie für sich heraus, welche Vorbereitungsart Ihnen am meisten entspricht! Probieren Sie auch einmal eine unvertraute Weise aus – vielleicht entdecken Sie eine neue Methode, die ebenso zum Ziel führt!

- Den Bibeltext in der Ursprache zu lesen, ist für mich eine Selbstverständlichkeit. Auch wenn mein Hebräisch und Griechisch nicht mehr auf demselben Niveau sind wie vor zwanzig Jahren, versuche ich dennoch, den Text wenigstens grob in der Ursprache zu erfassen. Die deutsche Übersetzung daneben hilft ebenso wie manchmal ein Wörterbuch. Warum tue ich mir das an? Weil gerade die Kenntnis der Sprachen dasjenige ist, was wir der Gottesdienstgemeinde voraus haben. Mir geht oft bei einem bestimmten Wort und Begriff ein Licht auf. Wer sich nur auf Übersetzungen verlässt, vergibt sich eine grosse Chance auf spontane und überraschende Entdeckungen am Text. Ein Beispiel dafür finden Sie in der Anekdote am Schluss dieses Abschnitts.
- Das Lesen von Kommentaren zum Bibeltext ist eine bewährte Methode der Exegese. Allerdings ist sie auch zeitaufwändig. Ich habe mich auf eine einzige Kommentarreihe beschränkt, die sich für mich bewährt hat, die mir theologisch entspricht und die ich regelmässig zur Hand nehme bei der Vorbereitung.
- Im Internet findet man zu fast allen Predigttexten eine Vielzahl von Predigten. Es ist nicht verboten, zur Inspiration einmal ein paar andere Predigten zu lesen und eine gute Idee zu übernehmen – solange man im Nachhinein nicht behauptet, es sei ein eigener Einfall gewesen! Besonders zu den Predigttexten in den Perikopenreihen ist die Auswahl sehr gross. Viele gute Predigten finden Sie hier:
  - Göttinger Predigten (Archiv)[35]
  - Predigtsammlung von evangelisch.de[36]
  - Deutscher Predigtpreis (wird offenbar nicht mehr aktualisiert)[37]

35 www.theologie.uzh.ch/predigten/altepredigten/archiv.php (abgerufen am 22.4.2022).

36 predigten.evangelisch.de/ (abgerufen am 22.4.2022).

37 www.predigtpreis.de/predigtdatenbank.html (abgerufen am 22.4.2022).

- Ob man seine gesamte Predigt praktisch wörtlich niederschreibt, nur eine ungefähre Niederschrift macht oder sich nur Stichworte oder womöglich gar nichts notiert, ist eine individuelle Sache. Was aber aus meiner Sicht wichtig ist: Eine Predigt braucht eine einigermassen erkennbare Struktur, einen nachvollziehbaren Aufbau, damit sie verständlich und eingängig ist. Deshalb macht es Sinn, mindestens eine rudimentäre Disposition zu verfassen, bevor man in die Details geht.
- Als Ausbildungspfarrer erkenne ich eine gute Predigt auch daran, wenn die Predigerin, der Prediger, ihre Hauptaussage in einem einzigen Satz zusammenfassen kann und wenn auch die Besucherinnen und Besucher nach dem Gottesdienst dazu in der Lage sind. Vielleicht sind dann diese Hauptaussagen gar nicht deckungsgleich – aber es ist gewiss etwas hängengeblieben.
- Sie sind «Verbi divini minister/ministra» und der Dienst am Wort Gottes ist Ihre Hauptaufgabe, zu der Sie berufen sind. Vertrauen Sie darauf, dass Ihnen der Geist Gottes beisteht in der Predigtvorbereitung. Seien Sie offen für seine Einfälle in Ihr Denken und Schreiben! Machen Sie sich bewusst, dass das Wort, welches Sie predigen, auch ganz unabhängig von Ihrem persönlichen Effort nicht leer zurückkommen wird (Jes 55,11).
- Dialog- oder Teampredigten, Predigten in Gedicht- oder anderen literarischen Formen können eine spannende Abwechslung sein, sind aber auch für viele erheblich aufwändiger als die klassische Predigtform.

Die bekannte Geschichte von der Fürbitte Abrahams für Sodom (Gen 18,16–33) sollte mein Predigttext sein. Beim Studieren des verhältnismässig einfachen hebräischen Prosatextes fällt mir im textkritischen Apparat zu Vers 22 («Abraham aber blieb vor dem HERRN stehen.») eine seltsame Bemerkung auf: «Tiq soph». Dank beigezogener Literatur finde ich heraus, dass es sich um eine von mutmasslich nur 18 «Verbesserungen der Schreiber» («Tiqqune sopherim») handelt, welche anstössige Aussagen über Gott aus dem Alten Testament beseitigen wollten. Ursprünglich habe der Text nämlich vielleicht gelautet: «Der HERR blieb stehen vor Abraham» und nicht umgekehrt. Diese Feststellung ist derart spannend und theologisch brisant, dass ich sie unbedingt in die Predigt aufnehmen muss – und das auch tue.

- Hatten Sie auch schon ungewöhnliche Predigterkenntnisse und -einfälle?
- Wie sind diese zustande gekommen?
- Mit welchen Methoden können Sie Ihre Predigtideen erweitern?
- Wie finden Sie eine gesunde Mischung zwischen Routine und Inspiration?

3.3.1.4. Die gesamte Liturgie

Die Liturgie ist von der Predigt abhängig und nicht die Predigt von der Liturgie!

Im reformierten Gottesdienst steht die Predigt im Zentrum. Ich versuche darum, zuerst die Predigt fertig vorzubereiten, bevor ich mich an die gesamte Gottesdienstliturgie mache. Das ist in der Praxis nicht immer so einfach: Denn Organist und Sigristin möchten den Gottesdienstablauf oft einige Zeit im Voraus. Mich freut es, wenn Organisten zum Gottesdienstthema und Predigttext auch ihre Instrumentalstücke auswählen. Aber es kann auch ein zusätzlicher Zeitdruck sein.

Kommunizieren Sie allen Mitwirkenden klar, wann sie normalerweise mit dem Gottesdienstablauf rechnen dürfen (z. B. vier Tage im Voraus). Halten Sie sich unbedingt daran, denn die gute Zusammenarbeit mit Ihren Mitarbeitenden ist in Ihrem eigenen Interesse.[38]

Für die Vorbereitung der Liturgie empfehle ich folgendes Vorgehen:

1. Fixierung des Ablaufs, Auswahl der Lieder und Bibeltexte
2. Detaillierte Vorbereitung aller Gottesdienstelemente

---

38 Vgl. dazu das Kapitel 3.4. «Synchronschwimmen – Die Zusammenarbeit in der Gemeinde» in diesem Werkbuch.

Eine Vorlage für den Ablauf eines traditionellen Sonntagsgottesdiensts finden Sie im Anhang (M04), ebenso eine Vorlage für einen Abendmahls- und einen Taufgottesdienst (M05 und M06). Beachten Sie dazu auch die untenstehenden Einzelfragen zum Gottesdienstablauf, ebenso beim Thema Abendmahl und Taufe.[39]

Einzelfragen zum Gottesdienstablauf

Wie bei so vielem in der reformierten Kirche gibt es auch beim Gottesdienstablauf wenig wirklich Bindendes. Das bringt viele Freiheiten mit sich, erschwert aber die Wiedererkennbarkeit eines reformierten Gottesdiensts. Der Fünfschritt gemäss Nummer 150 im Reformierten Gesangbuch (Sammlung/Anbetung/Verkündigung/Fürbitte/Sendung) ist deshalb zwar nicht verbindlich, aber ein sinnvolles Gerüst. Es bildet eine gute Grundlage, lässt jedoch viele Möglichkeiten offen – selbst für moderne, freikirchlich oder charismatisch geprägte Gottesdienste.

Zur Ablaufvorlage in M04 gebe ich zusätzlich folgende Tipps mit:

- Grusswort: Im Grusswort hat zwar vieles Platz. Mir persönlich ist es aber ein Anliegen, gleich mit den ersten Worten im Gottesdienst klarzustellen, warum wir hier sind. Darum beginne ich fast ausnahmslos jeden Gottesdienst mit dem trinitarischen Votum: «Mir fiire dä Gottesdienst im Name vo Gott em Vater, em Sohn und em Heilige Geist. Amen»[40] Erst danach fahre ich mit der eigentlichen Begrüssung und eventuell einem zum Sonntag und zur Predigt passenden Bibelvers weiter. Keinesfalls sollte die Begrüssung missbraucht werden zu einer ersten Kurzpredigt oder einer vorangehenden Zusammenfassung des Gottesdiensts.
- Psalmlesung (im Wechsel): Unser Gesangbuch bietet eine schöne Auswahl an bekannten Psalmen. Eine thematisch passende Psalmlesung mit der Gemeinde verbindet uns mit dem jahrtausendealten Lob der jüdischen und christlichen Gläubigen. Eine Gemeinde, die sich eine Wechsellesung noch nicht gewohnt ist, muss sorgfältig herangeführt

39 Vgl. dazu die Kapitel 3.3.1.5. «Das Abendmahl» und 3.3.2.1. «Taufe und Kindersegnung» in diesem Werkbuch.

40 Selbstverständlich sind dabei viele verschiedene Varianten denkbar.

werden. Oft macht die Gemeinde aber sehr begeistert mit. Die Psalmlesung kann eventuell mit einem entsprechenden Psalmlied oder einem sogenannten Leitvers[41] verbunden werden.

- Schriftlesung: Mir ist in den letzten Jahren aufgefallen, dass jüngere Kolleginnen und Kollegen oft keine eigentliche Schriftlesung machen. Die Schriftlesung ist im Idealfall ein geeigneter Paralleltext zum Predigttext – wenn möglich aus dem anderen Testament. Damit zeigt man auch an, dass die beiden grossen Teile der Bibel in einer engen Beziehung stehen. Wer nach Perikopen predigt, findet im Internet[42] jeweils sehr einfach die passenden parallelen Texte zum Sonntag.
- Lesung des Predigttextes: Ist der Predigttext eher lang, kann er auch vor der Predigt an der Stelle der Schriftlesung gelesen werden, um den Gottesdienst nicht zu überladen. Andernfalls wird die Lesung des Predigttextes meistens in die Predigt integriert – entweder ganz am Anfang oder nach einem kurzen Einstieg.
- Abkündigungen: Der Platz der Abkündigungen kann unterschiedlich gewählt werden. Viele nehmen die Abkündigungen vor den Fürbitten, weil sie die Angehörigen dann auch ins Gebet aufnehmen wollen. Werden die Abkündigungen hingegen erst im Sendungsteil erwähnt (vor den Mitteilungen), scheint der «Bruch» zu den weiteren Mitteilungen etwas hart. Auf alle Fälle lohnt es sich, nach den Abkündigungen ein kurzes Musikstück (ca. eine Minute) zur Besinnung spielen zu lassen.
- Fürbitte: Das normalerweise zweite Gebet des Gottesdiensts (nach dem Eingangsgebet) wird üblicherweise als «Fürbitte» bezeichnet. An dieser Stelle hat aber auch viel anderes Platz. Ich wechsle hier immer wieder etwas ab: Manchmal ist es eher ein «Predigtgebet», das Gedanken aus der Predigt aufnimmt und im Gebet und in der Fürbitte weiterführt; manchmal ist es eine klassische Fürbitte; manchmal gibt es einen kurzen Teil der Stille für das persönliche, individuelle Gebet. Oft kombiniere ich verschiedene Elemente davon. Manchmal wird das Unservater als Abschluss dieses Gebetsteils genommen, meistens nehme ich es aber separat im Sendungsteil, damit die Fürbitte nicht überladen wird und

41 Die Leitverse sind im Reformierten Gesangbuch im Anhang verzeichnet.

42 www.kirchenjahr-evangelisch.de/ (abgerufen am 22.4.2022).

das Unservater nicht einfach als «Anhängsel» oder Zusammenfassung erscheint, sondern seine gebührende Stellung hat.

- Sendung und Segen: Auch der Schlussteil des Gottesdiensts wird sehr unterschiedlich gehandhabt. Einige Kolleginnen und Kollegen machen eine sehr ausführliche, immer wieder andere Sendungsformel, andere gar keine. Ich halte die Sendung sehr kurz und schlicht und spreche immer den Aaronitischen Segen. Meine genaue Formulierung steht im Anhang unter M07.

Einige Gedanken zur Liedauswahl

Mit der Auswahl der Lieder kämpfen viele unerfahrene Pfarrerinnen und Pfarrer. Wer selber nicht schon jahrelang regelmässig Gottesdienste besucht, hat wohl ein relativ beschränktes Repertoire im Kopf. Dies führt zu folgenden Problemen:

- Man findet keine thematisch passenden Lieder, beziehungsweise braucht enorm viel Zeit für die Suche danach.
- Man will auf der sicheren Seite sein und lässt die Gemeinde immer wieder dieselben Klassiker singen.

Unser Gesangbuch ist jedoch ein grosser Schatz! Ausserdem gibt es viele Gemeindeglieder, die erstaunlich viele Lieder kennen oder musikalisch in der Lage sind, auch bei weniger bekannten Liedern mitzusingen.

Ich ermutige Sie darum, eine gute Mischung aus bekannten und weniger bekannten Liedern zu wählen. Folgende Hinweise können dabei eine Hilfe sein:

- Oft können Sie in der Kirchgemeinde auf erfahrene Organistinnen und Organisten zurückgreifen. Wenn Sie in der Liedauswahl unsicher sind, dann fragen Sie Ihre Kirchenmusiker. Diese wissen, wie bekannt ein Lied ist und wie leicht singbar für die Gemeinde.
- Lesen Sie das Gesangbuch bewusst einmal von vorne bis hinten durch. Verinnerlichen Sie sich den Aufbau des Gesangbuchs, denn das erleichtert Ihnen späteres Suchen enorm. Notieren Sie sich interessante Lieder, die Sie gerne einmal ausprobieren möchten.

- Wenn Sie regelmässig Gottesdienst halten: Wählen Sie ein Monatslied, das die Gemeinde über eine längere Zeit singt. So erweitern Sie für sich und Ihre Gemeinde das Repertoire.

- Andreas Marti: Singen Feiern Glauben. Hymnologisches, Liturgisches und Theologisches zum Gesangbuch der Evangelisch-reformierten Kirchen der deutschsprachigen Schweiz. Friedrich Reinhart Verlag, Basel, 2001. Dieses Buch schrieb Marti kurz nach Erscheinen des (damals neuen) Gesangbuches. Es führt hervorragend knapp und einleuchtend in das Gesangbuch ein.
- Das Songtool der Liturgie- und Gesangbuchkonferenz[43] hat ein gutes Filtersystem, mit welchem man nach eigenen Kriterien Lieder suchen kann. Zu jedem Lied bietet es Informationen über den Anspruchsgrad und mögliche Verwendungszwecke. Mit der Stichwortsuche findet man alle Lieder auf einen Blick, die ein bestimmtes Stichwort enthalten.
- Ebenfalls von der Liturgie- und Gesangbuchkonferenz stammt die sogenannte Kernliederliste.[44] Diese fünfzig Lieder aus dem Gesangbuch verdienen besondere Beachtung. Sie sind allgemein bekannt und können ohne Bedenken ausgewählt werden.

Detaillierte Vorbereitung aller Gottesdienstelemente

Erst wenn ich den Ablauf fixiert habe, arbeite ich alle Gottesdienstelemente fertig aus. Ich formuliere die Begrüssung, die Gebete, die einleitenden und überleitenden Teile und Verknüpfungen. Ich achte darauf, dass ein roter Faden durch den ganzen Gottesdienst hindurch sichtbar wird und die Übergänge sorgfältig gestaltet sind.

Natürlich gilt auch hier dasselbe wie für die Predigt: Längst nicht alles muss fertig ausformuliert sein. Viele Kolleginnen und Kollegen gestalten einzelne Gottesdienstelemente mit ihrer Erfahrung ganz spontan. Ausserdem: Bleiben Sie offen für kurzfristige Änderungen!

43 www.gottesdienst-ref.ch/musik/rg/songtool (abgerufen am 22.4.2022).

44 www.gottesdienst-ref.ch/musik/rg/kernlieder (abgerufen am 22.4.2022).

Die Gebete

Auch die Gebete gilt es sorgfältig zu formulieren und zu wählen. Sie sind keine «Überleitungstexte» zwischen Liedern und Predigt, sondern Rede der Gemeinde mit Gott.

- Ein Gebet ist nicht einfach ein schönes Gedicht, ein schöner Text oder frommes Selbstgespräch, sondern im Gebet wird Gott angesprochen. Darum braucht ein Gebet eine – wie auch immer geartete – Anrede. Wer Mühe hat mit einer persönlichen Gottesvorstellung, findet das vielleicht schwierig. Es stellt sich dann die Frage, ob man ehrlicherweise darauf verzichten sollte, den Text «Gebet» zu nennen.
- Ein Gebet ist ein besonderer Moment im Gottesdienst. Die Gemeinde steht gerne auf dazu. Insbesondere beim Unservater ist es noch verbreiteter Konsens, dass dazu aufgestanden wird.
- Auch wenn Sie als Pfarrer oder Pfarrerin als Einzige laut beten, ist es nicht einfach *Ihr* Gebet, sondern das Gebet *der ganzen Gemeinde*, die still mitbetet. Achten Sie deshalb gut darauf, wann Sie mit Ich und wann mit Wir formulieren.
- Einzelne Kolleginnen und Kollegen halten ein vorbereitetes Gebet für zu wenig geistlich oder bereiten ihre Gebete aus anderen Gründen nicht vor und beten spontan. Ich halte das selbstverständlich auch für eine gute Möglichkeit. Die Gefahr besteht jedoch, dass man – wie man es vermutlich vom eigenen, persönlichen Gebet gut kennt – sehr häufig in die ähnlichen und gleichen Formulierungen und Themen gerät und die sprachliche Sorgfalt verlorengeht. Ein vorbereitetes Gebet ist aus meiner Sicht nicht ungeistlicher als ein spontanes Gebet. Und man hat ja immer die Möglichkeit, ein vorbereitetes Gebet spontan der Situation angepasst zu verändern.

- Viele Sammlungen von Eingangs- und Fürbittegebeten finden Sie in den einschlägigen Liturgiebänden.
- Sehr empfehlenswert finde ich die Gebetssammlung: Jörg Buchna: Gebete für Gottesdienst und Kasualien. Edition Sonnenweg, Neukirchen-Vluyn, 1997.

- Wie bereiten Sie die gottesdienstlichen Gebete vor?
- Was fällt Ihnen leicht, was macht Ihnen Mühe?

3.3.1.5. Das Abendmahl

Das Abendmahl wird in den reformierten Kirchen vorwiegend an den Feiertagen gefeiert. Die Regelungen dazu sind jedoch sehr unterschiedlich. Zum Ablauf der Abendmahlsliturgie gibt es keine fixen Vorgaben. Theologisch gehen die Meinungen weit auseinander. Darum wird das Abendmahl auch sehr verschieden gestaltet und es ist schwierig, hier allgemeingültige Hinweise zu geben. Viele angehende Pfarrerinnen und Pfarrer verlassen sich diesbezüglich auf die Form, wie sie sie im Vikariat sehen und lernen. Zudem hat jede Kirchgemeinde ihre eigene Abendmahlstradition. Der Einfachheit halber lohnt es sich, diese Formen vorerst zu übernehmen und dann, Schritt für Schritt, Anpassungen vorzunehmen, wo man das Bedürfnis dazu hat oder die Gepflogenheiten der Gemeinde dies nahelegen.

Mir persönlich ist wichtig, dass die Gottesdienstgemeinde einen Weg beschreitet durch die Abendmahlsliturgie. Sie soll sich innerlich darauf vorbereiten können und das Abendmahl bewusst in einer Haltung der Freude und der Dankbarkeit zu sich nehmen.

Eine Vorlage für den Ablauf eines Abendmahlsgottesdiensts steht im Anhang (M05). Beachten Sie dazu auch die untenstehenden Einzelfragen zum Ablauf der Abendmahlsliturgie.

Einzelfragen zur Abendmahlsliturgie

Aufgrund der biblischen Texte zum Abendmahl sind es die Stichworte «Erinnerung», «Vergebung», «Gemeinschaft» und «Dank», die bei mir in jeder Abendmahlsliturgie mehr oder weniger stark vorkommen: Die Erinnerung an Jesus Christus («Das tut zu meinem Gedächtnis», 1Kor 11,24); das Bewusstwerden der Vergebung durch den Tod und die Auferstehung Jesu; die Gemeinschaft untereinander und mit Christus, die wir im Abendmahl erfahren; der eigene Dank für alle diese Tatsachen. Je nach Abendmahlssonntag (Feiertag) und Gottesdienstthema kommen diese vier Aspekte stärker oder weniger stark zum Zug.

Ausgehend vom Ablaufgerüst in M05 hier einige Tipps zur praktischen Durchführung:

- Einladung zum Abendmahl und Eingangsworte: Normalerweise beginnt der Abendmahlsteil nach der Predigt und dem Zwischenspiel oder nach der Fürbitte im Anschluss an die Predigt. Die einleitenden Worte weisen auf die Bedeutung des Abendmahls hin. Der Bezug zum Feiertag wird erklärt. Eventuell gibt es bereits hier einen Hinweis auf die Art und Weise der Austeilung. In einzelnen Gemeinden wird es den Gottesdienstbesuchern hier auch freigestellt, am Abendmahl teilzunehmen, sodass während eines folgenden kurzen Musikstücks oder Lieds einige Personen den Gottesdienst verlassen.
- Gebet oder Schuldbekenntnis: Meistens mit Bezug zum entsprechenden Feiertag treten wir hier in die Gegenwart Gottes und bekennen unsere Schuld. Oft baue ich an dieser Stelle eine kurze Stille für ein persönliches Gebet ein. Das Gesangbuch bietet einige kollektive Schuldbekenntnisse, die gemeinsam gebetet werden können.
- Gnadenzuspruch: Im Falle eines vorhergehenden Schuldbekenntnisses spreche ich hier im Namen Jesu Christi der Gemeinde und jedem einzelnen Gemeindeglied die Vergebung zu, meistens in Form eines Bibelverses und einer Absolutionsformel.
- Einsetzungsworte: Diese sollten unbedingt in jeder Abendmahlsliturgie vorkommen. Denn sie fassen in komprimierter Form die Bedeutung des Abendmahls zusammen. Zur genauen Formulierung der Einsetzungsworte stehen einige Gedanken im Anhang unter M08. Während der Einsetzungsworte teile ich Brot und Traubensaft den Abendmahlshelferinnen und -helfern aus und nehme das Abendmahl auch selbst ein.
- Im Anschluss an die Einsetzungsworte folgen verschiedene kürzere Elemente, die unterschiedlich oft verwendet werden: Die Bitte um den Heiligen Geist (Epiklese), die Vergegenwärtigung des Heils, das Unservater (dieses auf jeden Fall!) und der Friedensgruss.
- Danach folgt die eigentliche Austeilung. Diese geschieht – je nach lokaler Tradition – auf unterschiedliche Weise: Sitzend in den Bänken; wandelnd unterwegs (alle kommen einzeln am Abendmahlstisch vorbei); in einzelnen kleineren Kreisen um den Abendmahlstisch. Oft werden die

Formen auch wechselnd verwendet. Ich bevorzuge die Durchführung in Kreisen um den Abendmahlstisch. Dabei teile ich das Brot aus und die Abendmahlshelfer den Traubensaft. Anschliessend geben sich alle die Hände im Kreis und ich spreche mit einem Entlassungswort den Segen zu. Manchmal folgt noch eine separate Austeilung an diejenigen Personen, die nicht nach vorne kommen konnten (Gehbehinderte oder auch der Organist).

- Dankgebet: Zum Abschluss des Abendmahlsteils erfolgt normalerweise ein kurzgehaltenes Dankgebet.
- Abendmahlshelfer: Für die Austeilung sind meistens Abendmahlshelfer im Einsatz. An vielen Orten stehen die Mitglieder der Kirchenpflege dazu zur Verfügung. Es kann aber auch ein schönes Zeichen sein, wenn unterschiedliche Gemeindeglieder im Wechsel beim Abendmahl helfen.
- Musik/Lieder: Normalerweise spielt die Organistin während der Austeilung kurze Musikstücke. In meiner Abendmahlsliturgie singen wir zudem bei den einführenden Teilen oft mehrmals eine kurze Liedstrophe, meistens einen Taizé-Gesang.
- Wein oder Traubensaft: An dieser Grundfrage scheiden sich bis heute die Geister. Einzelne Gemeinden bieten beides zur Auswahl an. Hier ist nicht Raum für eine theologische Behandlung dieser Frage. Da es Personen gibt, die Alkohol schlecht vertragen oder ein Problem mit dem Alkoholgenuss haben und da heutzutage auch Kinder zum Abendmahl zugelassen sind, bin ich der Meinung, dass beim Abendmahl Traubensaft angeboten werden sollte.
- Gemeinschaftskelch oder Einzelkelche: Schon vor der COVID 19-Pandemie stellte sich die Frage, wie hygienisch Gemeinschaftskelche sind. Es ist wichtig, dass der Kelch einigermassen sauber bleibt (Serviette mitgeben!) und immer eine genügende Menge Saft enthält. Das Zeichen, das man mit dem Trinken aus einem gemeinsamen Kelch setzt, ist meiner Meinung nach gross. Ich bin gespannt, ob es nach COVID 19 überhaupt Gemeinden gibt, die den Gemeinschaftskelch wieder verwenden.

?

- Was für eine Abendmahlstheologie vertreten Sie? Was ist Ihnen beim Abendmahl besonders wichtig? Wie kommt das zum Ausdruck in Ihren Worten, in Ihrer Liturgie, in der Wahl Ihrer Texte, Lieder und Gebete?

- Wie verstehen Sie Ihre Rolle beim Abendmahl? Sind Sie eher Teil der Gemeinde oder eher Mittlerin, Mittler zum Göttlichen? Woran zeigt sich das?
- Was entspricht Ihnen gut und was passt Ihnen nicht an der lokalen Abendmahlstradition in Ihrer Gemeinde? Welche Schritte planen Sie, um vielleicht eine Veränderung zu erreichen?

3.3.1.6. Besondere Gottesdienste

Spezialgottesdiensten gilt ein spezielles Augenmerk! Sie sind das Tor hinaus aus der Kerngemeinde hinein in die Gesellschaft.

Als besondere Gottesdienste bezeichne ich hier alle Sonntagsgottesdienste – also nicht Kasualien[45] und nicht andere Gottesdienstformen[46] –, die über die eigentliche Gottesdienst-Kerngemeinde hinaus besondere Besucher ansprechen. Dazu gehören zunächst Gottesdienste mit anderen Kirchen zusammen (Ökumene und evangelische Allianz), dann auch Gottesdienste unter Mitwirkung von Unterrichtsklassen oder Gruppen der Kirchgemeinde sowie Gottesdienste unter Mitwirkung von Dorfvereinen oder besonderen Gästen.

- Wie viele und welche Art solcher Gottesdienste kommen in Ihrer Kirchgemeinde regelmässig vor?
- Wie sind Ihre Erfahrungen damit?
- Was schätzen Sie daran, wo haben Sie Vorbehalte?
- Wo sehen Sie noch brachliegendes Potenzial?

Gottesdienste mit anderen Kirchen

Als reformierte Kirchgemeinde eines bestimmten Orts ist man nicht allein unterwegs. Es ist enorm wichtig, sich über die eigene Gemeindegrenze hinaus zu vernetzen und die Gemeinschaft mit anderen Konfessionen zu pflegen. Diese Zusammenarbeit ist aber erfahrungsgemäss nicht immer einfach.

45 Vgl. dazu das Kapitel 3.3.2. «Die Kasualien» in diesem Werkbuch.
46 Vgl. dazu das Kapitel 3.3.1.7. «Verschiedene Gottesdienstformen» in diesem Werkbuch.

In meiner Kirchgemeinde gab es eine starke evangelische Allianz mit den drei Freikirchen des Orts und der Nachbargemeinde. Da ich vielfältige Allianzerfahrungen ins Pfarramt mitbrachte, war mir dies sehr sympathisch und ich ging völlig unverkrampft in diese Beziehungen hinein. Sehr schnell merkte ich aber, dass diese Zusammenarbeit nicht so fröhlich-fromm war, wie ich mir erhofft hatte:

- Auf der einen Seite gab es Spannungen zwischen zwei der drei Freikirchen. Die eine hatte der anderen praktisch die gesamte Jugendarbeit «ausgespannt». Ich lernte schnell, dass die inner-freikirchliche Konkurrenz um einiges höher ist als die Konkurrenz zwischen Landeskirche und Freikirchen. Denn Gemeindewechsel der Mitglieder wirken sich in den zahlenmässig viel kleineren Freikirchen fatal aus in Bezug auf die Finanzen und die freiwillige Mitarbeiterschaft.
- Auf der anderen Seite waren die beiden Pfarrkolleginnen meiner reformierten Nachbargemeinde theologisch um einiges liberaler eingestellt als ich. Der gemeinsame jährliche Allianzgottesdienst bereitete ihnen immer mehr Mühe, sodass nach wenigen Jahren zunächst die eine, dann auch die andere Pfarrerin ausstieg und sich damit die Nachbargemeinde ganz aus dieser Vernetzungsarbeit zurückzog. Später war es dann möglich, über gemeinsame Jugendarbeitsprojekte die Nachbargemeinde wieder ins «Allianz-Boot» zurückzuholen.
- Schliesslich gab es auch in meiner eigenen Kirchgemeinde geteilte Meinungen. Die einen hatten selber vielfältigen Bezug zu den Freikirchen und fanden diese Arbeit wichtig. Andere waren «gebrannte Kinder» und von den Freikirchen enttäuscht, weil auch aus unserer Jugendarbeit zahlreiche junge Leute in den letzten Jahren in die eine, florierende Freikirche abgewandert waren.
- Ich selbst schätzte jedoch den jährlichen Allianzgottesdienst und habe immer wieder festgestellt, dass es auch in den Freikirchen sehr liberale Bibelauslegungen gibt. Die theologischen Unterschiede sind manchmal gar nicht so gross – und schon gar nicht unüberwindbar.[47]

47 Das Klischee der theologisch konservativen Freikirchen stimmt ohnehin nur bedingt. Besonders in der jüngeren Generation werden mittlerweile auch viele progressive Ansichten vertreten – Stichwort «Postevangelikalismus».

Welche positiven und negativen Erfahrungen aus Ökumene und Allianz bringen Sie mit? Wo sehen Sie die Chancen, wo die Grenzen?

Je nach Gemeindesituation (konfessionelle Mehrheitsverhältnisse; Stärke der Freikirchen) ist die Ausgangslage sehr unterschiedlich. In katholisch geprägten Gegenden sind wir in den ökumenischen Beziehungen eher die «Bittsteller» und passen uns aus der Minderheitsposition heraus stärker an. In den ehemals reformierten Gegenden sind es hingegen tendenziell die Katholiken, die sich uns anschliessen, wobei schwerlich verallgemeinert werden kann. Was jedoch klar ist: Angesichts der sich rasant wandelnden gesellschaftlichen Verhältnisse werden die Christinnen und Christen aller Konfessionen ganz grundsätzlich zur Minderheit. Exoten sind wir bald einmal alle! Umso wichtiger ist eine offene, von Respekt getragene Zusammenarbeit. Gerade in gemeinsamen Gottesdiensten wird dabei ein starkes Zeichen gesetzt.

Als die katholische Schwesterkirche ein offenes Kirchenchorprojekt für den ökumenischen Bettagsgottesdienst anbot (natürlich auch als Werbemittel für den serbelnden Kirchenchor!), meldete ich mich an. Denn unsere eigene Kirchgemeinde hatte keinen Chor und überhaupt kein klassisches Kirchenmusik-Leben. Ich konkurrierte also kein eigenes Angebot und beteiligt war ich sowieso in diesem ökumenischen Gottesdienst. Mein Mitwirken im katholischen Kirchenchor und Mitsingen im reformierten Talar im Bettagsgottesdienst wurde damals auf katholischer Seite enorm geschätzt. Man erkannte das als starkes ökumenisches Freundschaftszeichen.

Hier noch einige konkrete Tipps für Gottesdienste der Ökumene und Allianz:

- Die mitwirkenden Gemeinden müssen im Vorbereitungsteam genügend und ausgewogen vertreten sein. Wenn eine Gemeinde zwar pro forma mitwirkt, aber niemanden in die Vorbereitung delegiert, so ist das kein gutes Zeichen. Arbeiten Sie darauf hin, dass sich alle beteiligten Gemeinden einbringen.

- Die verschiedenen beteiligten Gemeinden und Mitwirkenden sollen bei der Begrüssung erwähnt und benannt werden. Viele Gottesdienstbesucher kennen nur die eigene Pfarrperson.
- Die unterschiedlichen Gottesdienstkulturen dürfen in der Liturgie durchaus zum Ausdruck kommen. So ist ein freikirchlicher «Lobpreisteil» in einer reformierten Kirchgemeinde auf alle Fälle zumutbar, aber auch ein «Ave Maria» eines katholischen Kirchenchors. Sehen Sie gnädig darüber hinweg, wenn Ihre theologischen Einsichten strapaziert werden. Die anderen Beteiligten werden es bei Ihren eigenen Beiträgen vielleicht auch tun müssen …
- Für ökumenische Gottesdienste ist es wichtig, das gemeinsame Liedgut zu kennen. Dazu helfen die Symbole «+» und «Ö« im Gesangbuch. Nähere Informationen und eine detaillierte Excel-Datei dazu finden Sie auf der Homepage der Liturgie- und Gesangbuchkonferenz.[48]
- Für Gottesdienste mit Freikirchen ist es schwieriger, ein gemeinsames Liedgut zusammenzustellen. Die eine Möglichkeit ist, dass man sich jeweils der gastgebenden Gemeinde anpasst. Die andere Möglichkeit ist eine Mischform aus bekannteren, klassisch-reformierten Chorälen und freikirchlichem Liedgut.[49]
- Selbstverständlich gibt es Grenzen: Weiterhin sind ökumenische Abendmahlsfeiern von katholischer Seite her unmöglich und es ist nicht empfehlenswert, dies aus reformierter Sicht zu forcieren oder mit einem rebellischen katholischen Kollegen etwas zu tun, was er nicht tun dürfte. Ausserdem braucht es klare Absprachen. Gerade bei Gottesdiensten mit mehreren beteiligten Pfarrpersonen besteht die Gefahr, dass alle zusammen viel zu lange reden. Freikirchliche Gottesdienste sind in der Tendenz deutlich länger. Für gemeinsame Gottesdienste sollte ein ungefährer Zeitplan erstellt und insbesondere die Predigt und der allfällige Lobpreisteil zeitlich eingeschränkt werden.

---

48 www.gottesdienst-ref.ch/musik/rg/listen/das-rg-und-andere-gesangbucher (abgerufen am 22.4.2022).

49 Vgl. dazu auch die Hinweise zur Musik in «modernen Gottesdiensten» im Kapitel 3.3.1.7. «Verschiedene Gottesdienstformen» in diesem Werkbuch.

- Fallen Sie Ihren Kolleginnen und Kollegen aus den anderen Gemeinden im Nachhinein nicht in den Rücken. Hat ein Kollege in einer Predigt etwas gesagt, das einigen Ihrer Gemeindeglieder (und vielleicht auch Ihnen selbst) sauer aufgestossen ist, so müssen Sie Ihren Kollegen zwar nicht verteidigen, aber Sie können auf seine Predigtfreiheit verweisen. Lohnenswert sind hingegen Auswertungsgespräche unter den Beteiligten, in denen solche Differenzen thematisiert und für das nächste Mal entsprechende Änderungen vorgenommen werden können.
- Wenn solche überkonfessionelle Gottesdienste zusätzlich mit einem ausgedehnten Kirchenkaffee, Apéro oder Mittagessen verbunden werden können, sind sie gemeinschaftlich noch viel wertvoller. Es geschieht dann auch ein grösserer Austausch unter den Gemeindegliedern.

Gottesdienste unter Mitwirkung von Religionsklassen oder Gruppen der Kirchgemeinde

In fast allen Kirchgemeinden sind mittlerweile jährliche Gottesdienste mit Religionsklassen als fester Bestandteil des Gemeindelebens etabliert. Unterricht und Gottesdienst verbinden sich dabei. Die Kinder und Jugendlichen lernen die Kirchgemeinde und das gottesdienstliche Leben kennen und können sich aktiv einbringen. Solche Gottesdienste holen Eltern und ganze Familien in die Kirche, die sonst kaum erreichbar sind.

Gute und bewährte Möglichkeiten für solche Gottesdienste mit Kindern und Jugendlichen sind (im Wissen um die unterschiedlichen lokalen Voraussetzungen und Unterrichtssysteme):

- Jährlicher Schulanfangsgottesdienst nach den Sommerferien mit Begrüssung und Segnung der Erstklässlerinnen und Erstklässler – vor allem, wenn diese auch neu in den Religionsunterricht kommen.
- Jährlicher Taufgottesdienst, in dem die Religionsklasse mitwirkt, welche die Taufe als Unterrichtsthema behandelt hat.
- Jährlicher Abendmahlsgottesdienst mit Einführung ins Abendmahl mit der Religionsklasse, die das Abendmahl als Unterrichtsthema im laufenden Schuljahr behandelt hat.
- Vorstellungsgottesdienst der neuen Konfirmandinnen und Konfirmanden zu Beginn ihrer Unterrichtszeit.

- Gottesdienst zum Abschluss einer Kinderferienwoche oder einer auswärtigen Lagerwoche.
- Die Konfirmation, aber auch andere Unterrichtsabschluss-Gottesdienste, die vom Konzept der einzelnen Landeskirche bzw. Kirchgemeinde abhängig sind.
- Gottesdienste mit Teams aus der Kinder-, Teenager- und Jugendarbeit.
- Die Sonntagschulweihnacht bzw. das Krippenspiel.

- Gottesdienste unter Mitwirkung von Kindern bringen zwar viele externe Besucherinnen und Besucher in die Kirche; es gibt aber auch traditionelle Kirchgängerinnen und Kirchgänger, die im Gegenzug diesen manchmal etwas unruhigen Gottesdiensten fernbleiben. Es gilt hier, eine gute Mischung zu finden und auch den Gottesdienstplan so zu gestalten, dass nicht gleich an drei Sonntagen hintereinander ein Spezialgottesdienst stattfindet. Es ist auch in Ihrem eigenen Interesse, wenn Sie diese oft zeit- und absprachеintensiven Gottesdienste gut übers Jahr verteilen.
- In vielen dieser Gottesdienste arbeiten Sie mit einer Katechetin, einem Jugendarbeiter oder auch einem ganzen Team zusammen. Als Pfarrperson haben Sie zwar die Hauptverantwortung für diese Gottesdienste, aber Sie müssen auch bereit sein, Verantwortung abzugeben. Wie bei den ökumenischen Gottesdiensten, so gilt auch hier: Vielleicht können Sie theologisch nicht hinter allem zu 100 % stehen, aber für die Beteiligten ist es dennoch wichtig, mitwirken zu können. Lesen Sie dazu auch die folgende Anekdote.

Für den Konfirmationsgottesdienst delegierte ich die Predigt an meinen Vikar. Dieser hatte dann im Gespräch mit einer Konfirmandin die Idee, die Konfirmationspredigt als Dialogpredigt mit dieser Konfirmandin vorzubereiten. Ich war natürlich sofort einverstanden, weil ich wusste, dass die beiden das gut machen würden.
Zwar wurde diese Dialogpredigt für meine Begriffe dann etwas lang und inhaltlich hätte ich als Theologe gerne noch das eine oder andere ergänzt. Aber für die mitwirkende Konfirmandin wie auch für die Besucherinnen und Besucher war es ein eindrückliches Erlebnis.

Neben der Beteiligung von Kindern und Jugendlichen gibt es in einigen Kirchgemeinden auch Gottesdienste unter Mitwirkung von Teams oder Gruppen der Kirchgemeinde. Klassisch und bekannt ist die regelmässige Mitwirkung des Kirchenchors oder einer anderen Musikgruppe. Ich denke aber auch an die traditionelle Mitwirkung eines Hauskreises oder an einen jährlichen «Laien»-Gottesdienst. So existiert im Aargau in einigen Kirchgemeinden seit längerer Zeit ein «Gemeindesonntag», für den die Laienpredigerkommission ein Werkheft zur Vorbereitung gestaltet:

Nähere Informationen und schriftliche Unterlagen zum Gemeindesonntag im Aargau findet man auf der Website der Reformierten Landeskirche Aargau.[50]

Die Kompetenzen müssen bei solchen Team-Gottesdiensten klar geregelt sein!

- Wer ist wofür zuständig und verantwortlich?
- Wer bestimmt bei Uneinigkeit?

Weniger erfolgreich, weil überstürzt und schlecht abgesprochen, war ein Versuch eines Team-Gottesdiensts in meiner Kirchgemeinde. Die Idee kam nicht von mir, sondern aus der Gemeinde. Zwar wurde der Gottesdienst von langer Hand terminiert und geplant, aber die ursprünglich interessierten Personen hatten dann zu wenig Zeit zur Vorbereitung. Resultat war ein Gottesdienst ohne roten Faden mit einzelnen Elementen, die nicht ineinander passten. Ich hätte damals als Verantwortlicher die Reissleine ziehen müssen. Denn ich sah das «Unheil» kommen. Ich delegierte Aufgaben und verlor diese aus den Augen. Mir fehlten die Energie und die Zeit, um unzählige Male nachzufragen. Dieses Erlebnis zeigt nochmals: Solche speziellen Gottesdienste brauchen mehr Zeit, Sorgfalt und Koordination.

50 www.ref-ag.ch/gottesdienst-und-musik/werkhefte-gemeindesonntag (abgerufen am 22.4.2022).

Gottesdienste unter Mitwirkung von Dorfvereinen oder besonderen Gästen
Nochmals eine andere und besondere Herausforderung sind Gottesdienste, in denen der Kirche weniger nahestehende Gruppen mitwirken. Vielerorts ist es Tradition, dass beispielsweise der Männerchor einmal jährlich mitwirkt, dass die Musikschule einen Gottesdienst mitgestaltet oder dass eine Künstlerin einen Tanz aufführt, eine Poetry-Slam-Predigt hält oder während des Gottesdiensts ein Bild malt – die Möglichkeiten sind unbegrenzt und nicht alles wird Ihnen von Anfang an sympathisch sein.

Ich erinnere mich an den jährlichen Auftritt des Männerchors am Ewigkeitssonntag in meiner Heimatgemeinde. Als Jugendlicher stellte ich bald einmal fest, dass diese rund zwanzig ergrauten Herren jährlich die gleichen drei Lieder sangen, darunter ein erzkatholisches «Salve Regina», und dass einer der Tenöre bei jedem hohen «Salve» den Ton deutlich verfehlte. Mir war es damals ein Rätsel, warum die beiden Pfarrer diesen Männerchor weiterhin einluden. Heute sehe ich es anders. Viele dieser Sänger hatten vermutlich einen persönlichen Bezug zu einzelnen Verstorbenen des jeweiligen Kirchenjahrs. Durch den regelmässigen Auftritt entstand eine Beziehung zur Kirchgemeinde und zu den beiden Pfarrern. Der Ewigkeitssonntag wurde durch den Besuch ihrer Ehefrauen und weiterer Angehöriger, Freunde und Gönner des Chors auch zu einem Dorfanlass.

In der Zusammenarbeit mit politischen oder kulturellen Institutionen und Verantwortungsträgern des Dorfs liegt eine grosse Chance. Gleichzeitig sind sie eine Herausforderung, weil die Anliegen und Ansprüche ganz unterschiedlich sind. Wenn es Ihnen gelingt, diese unterschiedlichen Ansprüche zu verknüpfen, dann liegt in solchen Gottesdiensten auch ein gewisses Potenzial für den Gemeindebau.

Allgemein

- Wenn Sie in eine neue Kirchgemeinde kommen, dann übernehmen Sie vorerst den bestehenden Gottesdienstplan mit den gewachsenen Strukturen und den etablierten Spezialgottesdiensten. Nehmen Sie Kontakt auf mit den verantwortlichen Personen und beobachten Sie während des ersten Jahrs, wie sich das bestehende Gefüge bewährt.

- Wenn Sie danach Änderungswünsche haben, so bringen Sie diese sorgfältig ein. Besprechen Sie sich zuerst mit eng vertrauten Personen Ihrer Kirchenpflege. Überlegen Sie gemeinsam, wie vorgegangen werden soll. In den übergemeindlichen Beziehungen kann sonst viel Geschirr unnötig zerschlagen werden.
- Innovative Ideen für Gottesdienste mit externen Gruppen sollten ebenso bedacht angegangen werden. Kirchgemeinden sind oft träge Gebilde und verändern sich nur langsam. Suchen Sie Unterstützung für Ihre Idee und starten Sie einen Probedurchgang. Bleiben Sie federführend oder delegieren Sie an Mitarbeitende, zu denen Sie Vertrauen haben und die sich bewährt haben.

3.3.1.7. Verschiedene Gottesdienstformen

Heute ist es gängige Praxis, dass in den meisten Gemeinden neben den traditionellen und bewährten Gottesdienstformen andere Formen aus unterschiedlichen kirchlichen und theologischen Richtungen praktiziert werden. Oft gehen solche Formen auf die Initiative einiger engagierter Gemeindeglieder zurück. Aber auch Pfarrerinnen und Pfarrer haben natürlich die Möglichkeit, neue Ideen einzubringen.

Neue und andere Gottesdienstformen sind gut, aber auch kein Allerweltsrezept! Ich bin überzeugt, dass die meisten Gottesdienstbesucherinnen und -besucher nicht wegen bestimmter Formen, sondern aus inhaltlichen Gründen einen Gottesdienst besuchen.

Zentral für mich ist, dass andere Gottesdienstformen nicht darum initiiert werden, weil der klassische Gottesdienst generell als untauglich eingestuft wird. Das ist er nämlich nicht. Es gibt keine schlechte Gottesdienstform, es gibt nur schlechte Inhalte und eine schlechte Durchführung. Achten Sie bei der Bewerbung eines neuen Formats darauf, das Alte nicht schlecht zu reden («Unser neuer Gottesdienst ist nicht so, wie man sich traditionell einen Gottesdienst vorstellt!»).

Menschliche Bedürfnisse sind unterschiedlich. Man kann versuchen, dem mit unterschiedlichen, aber sich ergänzenden Gottesdienstformen gerecht zu werden.

Moderne Gottesdienste

In vielen Kirchgemeinden wird seit mehreren Jahrzehnten mit verschiedenartigen, «modernen»[51] Gottesdienstformen experimentiert. Unzählige Konzepte wurden entwickelt, ausgetauscht und weitergebildet. Unabhängig von der theologischen Ausrichtung versuchten und versuchen viele Kirchgemeinden, den Bedürfnissen der heutigen Bevölkerung entgegenzukommen und Alternativen zum traditionellen Gottesdienst anzubieten. Die ganze Vielfalt solcher Gottesdienste übersteigt die Möglichkeiten dieses Werkbuchs. Folgende Tendenzen sind aber auf jeden Fall feststellbar:

- *Musik*: Für viele Mitarbeitende und Gemeindeglieder ist eine alternative Musik der wichtigste Punkt. Vielerorts spielen Bands im Sonntagsgottesdienst. Als Musikliteratur dient primär die nationale und europäische Lobpreis- und Anbetungsmusik (Worship), die sich stilistisch an der gängigen Pop-/Rockmusik orientiert. Einzelne Landeskirchen förderten die Idee, gute Lieder aus diesem Sektor zu eruieren, nachzudrucken und deren Verbreitung anzustreben (siehe unten unter «L»). Solche Projekte waren insgesamt nicht sehr erfolgreich. Denn es ist auch eine subjektive Entscheidung, was ein gutes Lied ist. Ausserdem möchten die Bands aktuelle Lieder singen und spielen. Deshalb ist das moderne Worship-Repertoire extrem kurzlebig und von Gemeinde zu Gemeinde verschieden. Nur einzelne Songs setzen sich im Lauf der Jahre tatsächlich in vielen Gemeinden mehr oder weniger dauerhaft durch.

- Erzeugnisse solcher Projekte und Singtage in einzelnen Landeskirchen waren kleine Liederbücher mit einer Auswahl theologisch und musikalisch guter, moderner Lieder. Die St. Galler Kirche führt diese Singtage seit über zehn Jahren durch und entwickelte eine eigene Liederliste.[52]

---

51 «Modern» ist hier nicht im Sinne einer exakten Epochenbestimmung zu verstehen, sondern als Gegenstück zum traditionellen Sonntagsgottesdienst mit klassischer Liturgie, Predigt und Liedern aus dem Gesangbuch.

52 www.ref-sg.ch/veranstaltung/singtag.html (abgerufen am 22.4.2022).

- In eine ähnliche Richtung geht das ökumenische Jugendliederbuch «rise up plus».[53] Stilistisch und theologisch ist es allerdings deutlich breiter.
- Der freikirchlich geprägte Musikverlag «Adonia» ist ebenfalls sehr bemüht darum, aus dem riesigen Pool der christlichen Worship-Musik gute und viel gesungene Lieder zu sammeln, die in Gottesdiensten eingesetzt werden. Daraus entstanden unter anderem die Reihen «Motiviert zum Lobpriis» und «Swiss Praise», die laufend erweitert werden. Diese enthalten viele gut singbare, in der Deutschschweiz verbreitete und bewährte Songs.[54]

- *Kreative Verkündigung*: Die klassische Predigt wird variabel gestaltet und vertieft, zum Beispiel durch Dialog- und Gruppenpredigten, durch interaktive Beteiligung der Gottesdienstgemeinde oder durch Vertiefungen wie Rückfragen, «heisser Stuhl»/Kreuzverhör mit der Pfarrperson, Gruppengespräche.
- *Gemeinschaft*: Die Pflege der Gemeinschaft ist in solchen modernen Gottesdiensten ein sehr wichtiger Punkt. Eine andere Bestuhlung des Gottesdienstraums (wo möglich), Begegnungsmöglichkeiten vor, während und nach dem Gottesdienst und oft ein gemeinsames Essen tragen dazu bei.
- *Teams*: Es sind grössere Teams, welche diese Gottesdienste gemeinsam vorbereiten und gestalten. Die Rolle der Pfarrperson verändert sich. Sie wird eher zur Teamleiterin, zum Coach, welche die Verantwortung für den Gottesdienst hat, aber Jugendliche und Erwachsene einbezieht und ihnen Kompetenzen übergibt.

- Welche Formen moderner Gottesdienste sind Ihnen bereits begegnet?
- Wo sehen Sie die Stärken, wo die Schwächen?
- Welche guten Elemente nehmen Sie gerne mit?

53 www.gottesdienst-ref.ch/musik/rise-up-plus (abgerufen am 22.4.2022).

54 www.adoniashop.ch/Worship-Adonia/Kategorie/300000 (abgerufen am 22.4.2022).

- Moderne Gottesdienstformen sind attraktiv und interessant. Ob sie sich aber langfristig in einer Kirchgemeinde etablieren können und ob sie neue und jüngere Gottesdienstbesucher ansprechen können, hat eher mit dem Inhalt der Verkündigung und mit der Authentizität des Pfarrers, der Pfarrerin zu tun. Wenn man irgendeinen «Murks» versucht, um modern zu sein, wird man kaum Erfolg haben damit.
- Wenn Sie an alternativen Gottesdienstformen herumstudieren, überlegen Sie sich also gut, was Ihnen entspricht und was zu Ihrer Kirchgemeinde passt. Ausserdem brauchen Sie eine Kirchenpflege, die das Vorhaben unterstützt, und ein Team, das zusammen mit Ihnen einen solchen Gottesdienst vorbereitet und durchführt.
- Es besteht bei modernen Gottesdiensten die Gefahr, dass sie keine Struktur haben und nicht mehr als reformierte Gottesdienste erkennbar sind. Hier stehen Sie als Pfarrer oder Pfarrerin besonders in der Verantwortung. Auch moderne Gottesdienstformate können im klassischen Fünfschritt von Sammlung, Lob und Anbetung, Verkündigung, Fürbitte und Sendung geplant werden. Eine gute Eröffnung, das Unservater und ein Segen sind meines Erachtens unverzichtbar.
- Selbstverständlich könnten auch Taufgottesdienste und Festtagsgottesdienste mit Abendmahl als moderne Gottesdienste gestaltet werden. Dabei ist allerdings darauf zu achten, dass der Gottesdienst in der Länge nicht uferlos wird. Ausserdem sind dann eher mehr Gottesdienstbesucher da, die mit den alternativen Formen noch weniger vertraut sind. Es gilt also gut abzuwägen, ob die Form wirklich passend ist in dieser Situation.

Ein konkretes Beispiel für den Ablauf eines modernen Gottesdiensts finden Sie im Anhang unter M09.

Meditative Gottesdienste

Ein ähnliches Ziel mit völlig anderer Umsetzung verfolgen meditative, ruhige Gottesdienste. Im Unterschied zum traditionellen Gottesdienst steht dabei weniger der intellektuelle Zugang über die Predigt im Zentrum, sondern ein eher emotionaler Zugang über die Stille, über Gefühle, über das Herz. Auch meditative Gottesdienste können sehr unterschiedlich gestaltet sein.

In meiner Kirchgemeinde gestaltete eine freiwillige Mitarbeiterin monatlich einen «Kreis der Stille». Dieser enthielt Elemente aus dem Yoga (z. B. Entspannungsübungen), aber basierte inhaltlich auf christlichen Traditionen (z. B. ignatianische Exerzitien). Regelmässig kamen einzelne Personen aus der Kerngemeinde, aber auch Menschen mit wenig kirchlicher Bindung und vor allem: fast ausschliesslich Frauen.

Lobpreisgottesdienste

Eigentliche Lobpreisgottesdienste kennt man eher aus dem freikirchlich-charismatischen Sektor. Im Mittelpunkt steht nicht die Verkündigung, sondern die persönliche Begegnung mit Gott im Lobpreis. Gut gestaltete Lobpreisgottesdienste haben eine klare Struktur, welche die Besucherinnen und Besucher Schritt für Schritt in die Anbetung führt und wieder zurück in den Alltag. Vorgegebene Formen gibt es jedoch kaum und je nach theologischer Ausrichtung können solche Gottesdienste enorm frei gestaltet sein. Längere Gebetszeiten oder auch persönliche Glaubenszeugnisse sind wichtige Elemente.

Im landeskirchlichen Rahmen existieren Lobpreisgottesdienste praktisch nur in evangelikal geprägten Gemeinden. Pfarrerinnen und Pfarrer sind eher selten in die Vorbereitung und Durchführung integriert.

Albert Frey, Anbetung in Wahrheit und im Geist, Holzgerlingen 2019
Albert Frey gehört zu den profiliertesten deutschsprachigen Lobpreismusikern. In diesem Grundlagenwerk erfährt man alles Wichtige zur Idee der Anbetungsmusik aus erster Hand.

Gebetskreise

Verschiedene Kirchgemeinden kennen Gebetskreise. Diese sind teilweise privat organisiert, teilweise öffentlich ausgeschrieben. Oft funktionieren sie selbstständig und Sie haben im Pfarramt keine besondere Verantwortung dafür. Manchmal haben sie ein gewisses liturgisches Gerüst und sind darum gottesdienstähnlich, manchmal gleichen sie eher Hauskreisen und wären darum auch im Kapitel über die Erwachsenenarbeit gut aufgehoben.

- Erkundigen Sie sich bei allfällig vorhandenen Gebetskreisen regelmässig, wie es ihnen geht. Zeichen der Wertschätzung sind wichtig!
- Wenn es zeitlich möglich ist (und Sie erwünscht sind!), dann beteiligen Sie sich hin und wieder im Gebetskreis. Beterinnen und Beter haben ein grosses Herz für die Kirchgemeinde und sind eine echte Unterstützung für die tägliche Arbeit.
- Oft wird für konkrete Anliegen (auch in der Gemeinde) gebetet. Hier müssen Sie abwägen, welche Anliegen Sie einbringen können und welche wegen Amts- oder Berufsgeheimnis eben geheim bleiben müssen. Insbesondere im Gebet für einzelne Gemeindeglieder kann das manchmal schwierig sein.

3.3.2. Die Kasualien

Über die Kasualien haben Sie vermutlich im Studium vieles gelesen, gehört und reflektiert. Sind sie, um mit Rudolf Bohren zu sprechen, eine missionarische Gelegenheit? Auf jeden Fall sind sie die häufigsten Berührungspunkte eines durchschnittlichen Gemeindemitglieds mit der Kirche.

Allerdings: Die Kasualien sind stark im Rückgang, und zwar stärker als der Rückgang der Mitgliederzahlen. Das zeigen nicht nur die offiziellen Statistiken,[55] sondern auch der subjektive Eindruck. Trotz regional grosser Unterschiede lässt sich sagen:

- Nur noch ca. 50 % der reformierten Kinder werden durch eine reformierte Pfarrperson getauft.
- Nur noch ca. 75 % der reformierten Jugendlichen besuchen den Konfirmationsunterricht und lassen sich konfirmieren.
- Nur noch ca. ein Drittel der Brautpaare mit mindestens einem reformierten Ehepartner heiratet nach der zivilen Hochzeit auch noch kirchlich.
- Nur noch ca. 80 % aller reformierten Verstorbenen erhalten eine reformierte Bestattung und nur die Hälfte davon mit öffentlichem Trauergottesdienst.

---

55 Als Beispiel die Zahlen der Reformierten Landeskirche Aargau von 1990–2020: www.ref-ag.ch/downloads/Statistik-Kirchlichen-Handlungen-Reformierte-Landeskirche-Aargau-1950–2020.pdf (abgerufen am 22.4.2022).

Zwar sind diese Zahlen im Unterschied zu fast allen anderen Angeboten der Kirche immer noch extrem hoch. Die Kasualien bleiben also beliebt und gut besucht, aber es hat ein Abwärtstrend eingesetzt, der kaum mehr aufzuhalten ist. Wenn man bedenkt, dass die Kirchenfernsten sowieso aus der Kirche austreten (und das sind jährlich immerhin rund 2% aller Gemeindeglieder), so erstaunt es, dass auch diejenigen, die noch dabei sind, immer weniger die bekanntesten und vertrautesten Angebote, nämlich die Kasualien, in Anspruch nehmen. Was sind die Gründe dafür?

- Bei der Taufe ist es nicht das Alternativangebot der Kindersegnung (maximal 2% der Säuglinge werden gesegnet), sondern einerseits die Konkurrenz durch freie Ritualanbieter («Lebensbegrüssungsritual»), aber auch Zeitmangel, Vergesslichkeit und andere Prioritätensetzungen der Eltern. Da der Glaube und die Religion im Alltag keine Rolle spielen, fällt auch die Taufe unter den Tisch.
- Bei der Konfirmation kollidieren die Unterrichtssequenzen oft mit den vielfältigen Sport- und Freizeitbeschäftigungen der Jugendlichen. Aufwand und Ertrag scheinen ihnen nicht im richtigen Verhältnis zu stehen.
- Bei der Trauung ist es meistens die Entfremdung der Brautpaare von Glauben und Kirche. Ein schönes Fest ist auch nach der Ziviltrauung möglich.
- Bei der Bestattung ist es einerseits die Privatisierungstendenz der Bestattungen ganz allgemein, und andererseits die Vermutung vieler Menschen, dass eine öffentliche, kirchliche Bestattung keinen Mehrwert bringt zu einem Abschied im privaten Rahmen, gerade wenn der Bezug zu Lebzeiten auch nicht gross war.

Ich bin überzeugt, dass sich am Rückgang der Kasualien exemplarisch der Weg der Kirche in ihre Bedeutungslosigkeit zeigt. Wenn die reformierten Gemeindeglieder die Kirche nicht einmal mehr für die existenziellen Lebensübergänge brauchen, wofür dann?

Man könnte dies als gesellschaftliche Tendenz einfach beklagen. Doch ich glaube, die reformierte Pfarrschaft der letzten hundert Jahre trägt selber eine grosse Verantwortung für diese verheerende Entwicklung und muss sich darum selbst an der Nase nehmen: Gerade bei den Kasualien hat man sich jahrzehntelang zu sicher gefühlt, weil die Leute ja sowieso alle gekommen sind. Der Gestaltung und der Verkündigung des Evangeliums wurde irgendwann zu wenig Gewicht beigemessen. Viele haben die Kasualien als Übergangsrituale einfach abgespult. Teilweise war es anders auch gar nicht möglich! In der Hochblüte des kirchlichen Lebens nach dem Zweiten Weltkrieg hatten viele Pfarrer so viele Kasualien zu bewältigen, dass viel mehr als Fliessbandarbeit nicht drin lag. Ich weiss von längst verstorbenen Kollegen, dass diese manchmal Trauungen ohne ein einziges Vorbereitungsgespräch durchführten, weil sie jeden Samstag zwei oder drei Trauungen hintereinander zu absolvieren hatten. In manchen Gottesdiensten wurden fünf und mehr Kinder gleichzeitig getauft. Wie sollte man so dem *einzelnen Fall* (was der Begriff «Kasual» ja beinhaltet) noch gerecht werden können?

Die Voraussetzungen für eine solide Kasualpraxis sind nun dank der stark gesunkenen Zahlen wieder ganz anders. Es ist möglich, viel Zeit und Sorgfalt in die Kasualien zu investieren. Und da die Entscheidung zur Kasualie keine Selbstverständlichkeit mehr ist, sondern der bewussten Wahl der entsprechenden Gemeindeglieder unterliegt, darf davon ausgegangen werden, dass auch wirklich eine christliche Feier mit einem Pfarrer oder einer Pfarrerin erwünscht ist.

Die Kasualien sind und bleiben darum ein wichtiges Aufgabenfeld im Pfarramt. Da die meisten Theologinnen und Theologen vor ihrem Vikariat kaum mit den Kasualien in Berührung gekommen sind, aber im Pfarramt dann sehr oft, möchte ich einige Tipps und auch einiges an Material zur Verfügung stellen.[56]

3.3.2.1. Taufe und Kindersegnung

Bei der Taufe sind in den letzten Jahren folgende Tendenzen erkennbar:

- Der bereits angesprochene starke Rückgang der Taufen.
- Der Aufschub der Taufe – die Taufe findet auch als Säuglingstaufe immer später statt.
- Die Vermischung von Ritualen unterschiedlicher Konfessionen (z. B. die Etablierung der Taufkerze in reformierten Tauffeiern).

56 Wichtig wäre auch genügend Training im Vikariatsjahr. Bei der Trauung ist einsichtig, dass es manchmal an Gelegenheiten fehlt. Bei den Taufen und Abdankungen muss die Vikariatsleitung bewusst Raum geben und Vertrauen bei den Gemeindegliedern schaffen, damit der Vikar, die Vikarin, einige Anlässe vorbereiten und durchführen kann. Eine sorgfältige, schrittweise Heranführung an die Kasualien ist der Schlüssel dazu.

- Das Aufkommen der Glaubenstaufe (Erwachsenentaufe) in den reformierten Kirchen.
- Der Wunsch nach privaten Tauffeiern.

Da es immer weniger Taufen gibt, ist der Gesamtaufwand für das Arbeitsgebiet «Taufe» relativ klein geworden. Den Pfarrerinnen und Pfarrern fehlt dadurch im Gegenzug immer mehr die Routine. Taufen werden so zu aussergewöhnlichen kirchlichen Ereignissen. Ich setze derzeit deutlich weniger als 1% meiner Gesamtarbeitszeit für die Vorbereitung und Durchführung von Taufen ein.

Das Taufgespräch
Das Taufgespräch dient normalerweise einem dreifachen Zweck:
- Kennenlernen der Tauffamilie
- Erklären und Vorbereiten des Taufteils
- Gespräch über den Hintergrund und die Bedeutung der Taufe

Eine Vorlage «Checkliste fürs Taufgespräch» finden Sie unter M10, ebenso eine Vorlage «Anmeldeformular für die Taufe» unter M11.

- Bereits einige Wochen vor dem abgemachten Taufgespräch sende ich der Tauffamilie eine Bestätigung des Tauftermins, als Beilage das Gerüst der Taufliturgie und mögliche Taufverse mit der Bitte um Auswahl.
- Das Taufgespräch findet fast immer in der Wohnung der Tauffamilie statt. Das ermöglicht mir, die Familie besser kennenzulernen. Ausserdem ist eine Familie mit manchmal mehreren kleineren Kindern nicht sehr flexibel, um ins Büro zu kommen. Nachteilig daran ist, dass das eigentliche Gespräch oft gestört und unterbrochen wird. Dennoch rate ich, das Taufgespräch wenn möglich bei der Tauffamilie zu Hause zu planen.
- Ich rechne für das Taufgespräch etwa eine Stunde ein. Oftmals gibt es gar nicht so viele Dinge zu besprechen. Aber man hat die Chance, mit der Tauffamilie näher ins Gespräch zu kommen. Seit ich eigene Kinder habe, haben sich meine Taufgespräche sehr verändert. Die Sorgen, Nöte und Freuden der Eltern wurden mir bewusster.
- Taufgespräche bleiben theologisch manchmal etwas rudimentär. Ich bin davon weggekommen, systematische Taufbelehrungen einzubauen.

Oft ergeben sich aus dem Gespräch heraus dennoch gute Anknüpfungspunkte und es können einige Grundgedanken vermittelt werden.
- Ich versuche im Taufgespräch, den eigentlichen Taufteil gut zu erklären, damit sich die Eltern alles vorstellen und sie ihre Fragen dazu äussern können.

Die Taufliturgie

Dass die Taufe im reformierten Gottesdienst meistens im ersten Teil stattfindet, hat vor allem praktische Gründe: Die Tauffamilie muss auf ihren «Höhepunkt» nicht lange warten. Wenn die Taufe vorbei ist und der Täufling, dessen Geschwister oder andere junge Gäste unruhig werden, können diese am parallelen Kindergottesdienst teilnehmen oder im Foyer/im hinteren Teil der Kirche – je nach lokalen Gegebenheiten – leise spielen.

Normalerweise beginnt der Taufteil nach Eingangsspiel, Begrüssung und Eingangslied. Er enthält die Elemente Taufansprache, Tauffrage/evtl. Glaubensbekenntnis, Taufe mit Taufvers, evtl. Taufkerze, Taufgebet bzw. Fürbitte und Tauflied.

Eine Vorlage für den Ablauf eines Taufgottesdienstes steht im Anhang unter M06.

Die Taufansprache

Die Taufansprache dürfte ursprünglich den Sinn einer Taufbelehrung haben: Was bedeutet die Taufe und worum geht es dabei? Nicht nur für die Tauffamilie (die meistens nicht zur Kerngemeinde gehört), sondern auch für die Gottesdienstgemeinde ist es gut, immer wieder etwas über die Taufe zu hören. Denn die Taufe ist das ursprüngliche Wesensmerkmal der Christenheit. Wer getauft wurde, gehörte dazu!

Ähnlich wie bei einer Abdankungspredigt[57] besteht die Kunst bei Taufansprachen darin, eine inhaltliche Botschaft mit der biografischen Situation zu verknüpfen. Für mich haben sich dabei zwei Arten von Taufansprachen bewährt:

57 Vgl. dazu das Kapitel 3.3.2.3. «Abdankung» in diesem Werkbuch.

- Einerseits Taufansprachen, die am *Vornamen des Kindes* anknüpfen. In der Bibel haben praktisch alle Namen eine wichtige Bedeutung. Heute ist das zwar nicht mehr ganz so, und nicht alle Eltern sind sich der Bedeutung des Namens ihres Kindes bewusst. Genau deshalb kann es ein spannender Aspekt sein, die Namensbedeutung des Kindes mit dem Evangelium in Verbindung zu bringen.
- Andererseits Taufansprachen, die mit einem *Symbol* eingeführt werden. Symbole sind sichtbar und eingängig. Ganz ähnlich wie am Vornamen orientierte Ansprachen bleiben sie besser haften im Gedächtnis. Manchmal kann man das Symbol (z. B. eine Holzscheibe, ein Schwimmring, ein Fünfliber, ein Ball) dann auch als Geschenk überreichen.

Je ein ausgeführtes Beispiel für eine Taufansprache aufgrund der Namensbedeutung und aufgrund eines Symbols finden Sie im Anhang unter M12 und M13.

Ein gutes Namenslexikon hilft herauszufinden, ob sich ein Vorname für eine Taufansprache eignet. Dazu finden sich im Internet verschiedene Websites:

- www.vorname.com
- vornamen.swissmom.ch/
- www.beliebte-vornamen.de/[58]

Bewährt hat sich für mich auch folgendes Lexikon:

- Kohlheim Volker und Rosa: Duden – Der Vornamenfinder, Mannheim 2012

Ausgefallene neue Namen findet man darin allerdings nicht. Da ist das Internet deutlich aktueller.

Viele gute Ideen für Taufansprachen über Symbole finden Sie hier:

- Hoffsümmer Willi, 68 Taufansprachen mit Symbolen. Für verschiedene Lebensalter, Ostfildern 2009

Das Buch ist katholisch ausgerichtet. Ein Teil der Taufansprachen passt (aus meiner Sicht) theologisch nicht ohne Überarbeitung in den reformierten Kontext.

58 Alle abgerufen am 22.4.2022.

Aus diesem Band stammt auch mein Beispiel unter M13 im Anhang (leicht überarbeitet).

- Gehen Sie für den Beginn des Taufteils bereits an den Taufstein. Damit wird durch den liturgischen Ort klar, dass jetzt die Taufe beginnt.
- Ich beginne die Taufansprache immer damit, dass ich Wasser aus dem Krug in die Taufschale giesse. Für diese Handlung nehme ich mir bewusst viel Zeit, damit man das Wasser richtig gut sieht und plätschern hört.
- Beschränken Sie sich in der Taufansprache auf maximal drei bis fünf Minuten. Da ja normalerweise später noch eine Predigt erfolgt, soll die Taufansprache keine zweite Predigt sein. Ein paar wenige, prägnante Gedanken reichen.

Die Tauffrage und das Glaubensbekenntnis

Nicht alle Pfarrerinnen und Pfarrer stellen eine sogenannte Tauffrage, sondern vertreten den Standpunkt, dass die Eltern mit ihrem Wunsch nach der Taufe ja bereits ihren Glauben bekennen und implizit signalisieren, dass sie ihr Kind im christlichen Glauben erziehen und in die Gemeinschaft der Kirche integrieren wollen.

Mir persönlich ist es aber wichtig, dass dieses «Ja» zum Glauben, das der Täufling noch nicht selbst geben kann, dennoch in der Taufe zum Ausdruck kommt. Allerdings stelle ich die Tauffrage nicht nur den Eltern und Paten, die zu diesem Zweck nach vorne kommen, sondern im Anschluss daran auch der Gottesdienstgemeinde, die stellvertretend für die gesamte Christenheit dieses Kind in ihre Mitte aufnimmt und sich bereit erklärt, als Kirchgemeinde die Eltern bei der christlichen Erziehung zu unterstützen.[59]

---

59 Dies scheint mir durch die Kirchenordnung gut gestützt zu sein: «Bei der Taufe von Kindern versprechen die Eltern […], die Kinder in den christlichen Glauben einzuführen. *Die Kirchgemeinde unterstützt sie dabei.*» (Kirchenordnung der Reformierten Landeskirche Aargau, § 25.1; www.ref-ag.ch/srla/151.100_Kirchenordnung_KO.html; Hervorhebung durch mich; abgerufen am 22.4.2022)

Für die Tauffrage gibt es aber keine verbindlichen Formulierungen. Ich versuche, die Frage sehr offen zu formulieren, sodass unterschiedliche Glaubensverständnisse Raum finden.

Die genaue Formulierung meines Taufversprechens ist mehr oder weniger inspiriert von meinem eigenen Vikariatsleiter. Sie steht im Anhang unter M14. Die Frage an die Gemeinde ist ähnlich gestellt und unter M14 angehängt.

Die Tauffrage an die Gemeinde ist nicht sehr verbreitet. Die Idee dazu erhielt ich einst in einem Weiterbildungskurs in den ersten Amtsjahren.[60]

- Kennen Sie das Modell der Tauffrage an die Gemeinde?
- Was denken Sie darüber?

Einige zusätzliche Gedanken dazu finden Sie im Anhang unter ?5.

Traditionell wird im Taufteil auch das Glaubensbekenntnis durch die Gemeinde gesprochen. Dieses kann die Tauffrage gleich ganz ersetzen (es bringt ja den Glauben zum Ausdruck) oder zusätzlich zur Tauffrage als zur Gemeinschaft verbindendes Element hinzukommen. Ich persönlich sehe vom gemeinsamen Sprechen des Glaubensbekenntnisses ab, weil es (meiner Meinung nach) im reformierten Gottesdienstkontext zu wenig bekannt ist und in einem kirchenferneren Kontext vereinnahmend wirken kann.

Der Taufvers

Traditionell erhält der Täufling bei seiner Taufe einen Taufvers. Während dieser früher meistens vom Pfarrer selbst bestimmt wurde, lassen heute viele Pfarrerinnen und Pfarrer die Eltern einen passenden Vers für ihr Kind aussuchen. Auch ich mache das so. Dies hat den Vorteil, dass sich die Eltern mit der Bibel, der Taufe und was sie ihnen bedeutet, beschäftigen. Nachteilig ist, dass die Aufgabe für viele Eltern anspruchsvoll ist: Sie googeln dann nach schönen Ver-

60 Dieser WEA-Kurs im Jahr 2005 wurde geleitet von Prof. Christoph Müller und Pfrn. Simone Fopp. Ob die Idee von ihnen stammte oder von anderen Kursteilnehmenden, konnte ich nicht mehr ausfindig machen.

sen oder wählen, wenn sie die biblische Auswahl berücksichtigen, die ich ihnen als Hilfestellung zusende, fast immer die gleichen Verse, wobei Psalm 91,11f – das Bild der Engel, die das Kind schützen – der absolute Renner ist.

- Wie kommen Sie zum Taufvers für einen Täufling?
- Lassen Sie die Eltern wählen oder nicht? Aus welchen Gründen?

- Sie können die Auswahl etwas steuern, indem Sie Ihr Blatt mit möglichen Taufversen regelmässig verändern und die beliebtesten Verse auch wieder mal entfernen (die Eltern werden sie trotzdem im Internet finden).
- Denkbar ist auch, im Rahmen des Taufgesprächs aufgrund des Gesprächsverlaufs den Eltern einen passenden Taufvers vorzuschlagen.
- Der Taufvers ist eine weitere Möglichkeit für das Thema der Taufansprache. Ebenso kann der Taufvers bereits im Taufgespräch zu einer Gesprächssequenz zur Bedeutung der Taufe führen.

Die Taufkerze

Mittlerweile eingebürgert hat sich das ursprünglich katholische Ritual der Taufkerze. Ich fordere die Eltern jeweils auf, selber eine Taufkerze zu bestellen, zu besorgen oder zu gestalten, wobei das auch eine schöne Aufgabe für die Paten sein kann. Oft haben die Eltern bereits im Voraus Ideen – das Ritual der Taufkerze wird immer vertrauter. Sind die Eltern eher ratlos, gebe ich ihnen den Link zu einem guten Kerzengeschäft, wo Kerzen online gestaltet und bestellt werden können.

- Das Anzünden der Taufkerze verbinde ich mit einigen Worten zum Kerzenritual: Dass diese Taufkerze in besonderen Momenten angezündet werden kann (Tauftage, Geburtstage usw.) und man sich dann z. B. mit dem Ansehen des Fotoalbums an die Taufe erinnert.
- Die Taufkerze wird an der Osterkerze entzündet, dem Licht der Auferstehung. Selbstverständlich darf die Kerze nachher, am Platz, wieder gelöscht werden. Oder sie bleibt bis zum Schluss des Gottesdiensts angezündet auf dem Taufstein.

Das Taufgebet[61]

Im Sonntagsgottesdienst ersetzt das Taufgebet das sonst übliche Eingangsgebet. Wir beten für den Täufling und seine Familie, für seine Bewahrung und sein Wohlergehen, aber auch für seinen Glaubensweg und die kirchliche Gemeinschaft.

Ein (aus meiner Sicht besonders schönes) Beispiel für ein trinitarisch aufgebautes Taufgebet finden Sie im Anhang unter M15.

Anstelle oder zusätzlich zum Taufgebet ist hier der Ort, wo auch Angehörige am einfachsten etwas zum Taufgottesdienst beitragen können. Es gibt Eltern oder Paten, die sich am Gebet beteiligen oder dem Kind ihre Segenswünsche mit auf den Weg geben möchten. Eine mögliche Mitwirkung kann im Taufgespräch erfragt werden. Wie bei ähnlichen Mitwirkungen von Angehörigen in allen Kasualien hat ein solcher Beitrag manchmal einen etwas ambivalenten Charakter: Einerseits und vorherrschend habe ich Freude, dass jemand bewusst etwas zum Gelingen der Taufe beitragen will, andererseits sind solche Beiträge manchmal auch etwas schwierig zu integrieren. Es lohnt sich, wenn Sie sich die Texte vorab zuschicken lassen.

Tauferinnerungen/Taufgedächtnisse

Die Taufe ist ein einmaliger, unwiederholbarer Akt. Wer als Säugling getauft ist, kann sich nicht daran erinnern. Es gibt jedoch zahlreiche Möglichkeiten, die Taufe immer wieder ins Gedächtnis zu rufen.

- Kollektives Taufgedächtnis im Gottesdienst: Während schon jede neue Taufe an die eigene Taufe erinnert, gestalte ich jeweils in der Ostermorgenfeier ein Taufgedächtnis. Die Gottesdienstbesucherinnen und -besucher kommen nach vorne an den Taufstein und gedenken (oft begleitet von einer symbolischen Handlung) ihrer Taufe und werden danach durch eine Salbung gesegnet.

61 Zum Gebet im Gottesdienst vgl. auch das Kapitel 3.3.1.4. «Die gesamte Liturgie» in diesem Werkbuch.

- Individuelle Tauferinnerung: Viele Kirchgemeinden schreiben ihren Täuflingen zu den ersten Tauftagen einen Brief, vielleicht verbunden mit einem kleinen Geschenk. Achtung: Der administrative Aufwand ist nicht zu unterschätzen!
- Tauferinnerung im Kirchenraum: Vielerorts zeugt ein künstlerisches Werk von den Taufen der vergangenen Zeit. Die Eltern des Täuflings gestalten dazu ein Element (oft mit Foto, Namen und Taufdatum des Täuflings), das in ein Gesamtkunstwerk eingefügt wird. Über Sinn und Unsinn gewisser Symbole wurde in den vergangenen Jahren bereits diskutiert.[62] So sind zum Beispiel «Taufbäume» mit einzelnen Äpfeln für jedes Kind theologisch fragwürdig, da sie eher den Sündenfall assoziieren als die Taufe. Auch ein grosses Fischernetz, in das die einzelnen Täuflinge als stilisierte Fische geraten, scheint mir für die Taufe trotz des Wassers keine gute Idee. In unserer Kirche haben meine Vorgänger ein Holzbrett als Kirche gestaltet, in das die Fotos der Täuflinge aufgeklebt und jeweils wieder ersetzt werden. Die alten Fotos finden danach in einem Taufalbum Platz und können im Religionsunterricht bei der Behandlung des Themas «Taufe» gezeigt werden. Die Schlichtheit der Holzkirche mit der passenden theologischen Assoziation (Eingliederung in die Kirche) überzeugte mich. Diese Tauferinnerung hängt zudem im Eingangsbereich und wird dadurch sehr oft angeschaut.

Glaubenstaufen

Wenn immer weniger Kinder und Erwachsene getauft sind, stellt sich dafür immer häufiger die Frage nach einer Taufe nach dem Säuglingsalter.

- Die Taufe ist mittlerweile in den meisten Landeskirchen nicht mehr unabdingbare Voraussetzung für die Konfirmation. Von «Zwangstaufen» («Ohne Taufe konfirmiere ich dich nicht!») ist darum abzusehen![63]

62 Vgl. dazu z. B.: www.liturgik.unibe.ch/unibe/portal/fak_theologie/kompz_lit/content/e359256/e390099/e395555/Stckelberger_Taufbume_2015_ger.pdf (abgerufen am 22.4.2022)

63 Vgl. dazu den Abschnitt «Taufe als Voraussetzung für die Konfirmation?» im Kapitel 3.3.3.1. «Konfirmandenunterricht» in diesem Werkbuch.

- Religiös unmündige Personen brauchen für die Taufe das Einverständnis der Eltern! Überstürzte Taufen in Kinder- und Jugendlagern ohne vorgängige Kommunikation mit den Eltern sind darum beispielsweise unbedingt zu vermeiden!
- Glaubenstaufen werden in den kommenden Jahrzehnten zunehmen. Immer mehr Menschen wachsen ohne christliche Sozialisation auf und finden wenn, dann erst später zum Glauben.
- Wiedertaufen (normalerweise Glaubenstaufen von Menschen, die als Kinder bzw. Säuglinge getauft wurden, aber diese Taufe selber später als nicht «richtig» anschauen) sind theologisch sehr problematisch. Es mag einzelne, aussergewöhnliche, seelsorgerliche Gründe geben, die eine Wiedertaufe rechtfertigen können. Man nimmt dabei aber vieles in Kauf: Als Taufender erkläre ich damit eine geschehene Taufe für ungültig. Wer gibt mir das Recht dazu? Wer wirkt in der Taufe, die Pfarrperson oder Gott? Wie kann ich dann selber noch taufen, wenn ich Taufen von Berufskolleginnen und -kollegen für nicht rechtens erkläre? Sinnvoller ist es, Menschen mit solchen Wünschen eine gute Alternative anzubieten: Zum Beispiel eine Taufbestätigung mit Glaubenszeugnis vor der Gemeinde.

- Wenn Kinder nicht als Säuglinge getauft wurden, dann kommt eine Taufe für mich zu einem späteren Zeitpunkt nur dann infrage, wenn diese Personen aus freien Stücken, aus einer bewussten Glaubensentscheidung heraus, die Taufe wünschen. Bereits viermal habe ich es in achtzehn Jahren erlebt, dass dies der Fall war – es waren Kinder und Jugendliche zwischen acht und fünfzehn Jahren, die aus unterschiedlichen Gründen noch nicht getauft waren. Die genaue Motivation für die Taufe kann im Gespräch (bei religiös unmündigen Personen im Beisein ihrer Eltern) erfragt werden.
- Eine solche Glaubenstaufe sollte mit einer kurzen Taufunterweisung verbunden werden. Der Konfirmandenunterricht ist ein Beispiel dafür.
- In einer Glaubenstaufe wird dem Täufling selber die Tauffrage gestellt. Es ist auch möglich, dass der Täufling ein selber formuliertes Glaubensbekenntnis ablegt. Ein Beispiel für eine Taufliturgie im Rahmen einer Glaubenstaufe finden Sie im Anhang unter M16.

- Oft wird von Jugendlichen oder Erwachsenen eine Taufe durch Untertauchen gewünscht. Wenn dies in der eigenen Kirche nicht möglich ist, stellen Freikirchen mit integrierten Taufbecken diese sicherlich gerne zur Verfügung. Zahlreiche Flüsse und Seen haben bei gutem Wetter und angenehmen Temperaturen geeignete Taufstellen. Selbst im Freibad ist bei einem «Badi-Gottesdienst» eine solche Taufe denkbar. Auf jeden Fall: Der Aspekt der «Gemeinde» sollte nach Möglichkeit auch bei einer Glaubenstaufe zum Ausdruck kommen. Kann also eine solche Spezial-Taufe an einem anderen Ort als Gemeindegottesdienst gefeiert werden? Alternativ könnte eine Delegation der Kirchgemeinde an der Feier teilnehmen und die Gemeinde so repräsentieren.[64]

Privatisierung von Tauffeiern
Immer häufiger taucht mittlerweile der Wunsch auf, Tauffeiern im privaten Rahmen ausserhalb des Gemeindegottesdienstes zu feiern.

- Seitens der Tauffamilie gibt es verschiedene Gründe für diesen Wunsch: Der fehlende Bezug zur Kerngemeinde des Wohnorts; Schwierigkeiten bei der Terminfindung; Mühe mit der Vorstellung, sich der Kirchgemeinde «präsentieren» zu müssen; bereits erlebte Taufen im privaten Rahmen und im Gottesdienst. Da auf katholischer Seite spezielle Tauffeiern ausserhalb des Gemeindegottesdienstes die Regel sind, haben viele Gemeindeglieder solche Privattaufen bereits als etwas Schönes erlebt.
- Doch auch seitens der Kirchgemeinden selbst gibt es teilweise solche Wünsche: In Kirchgemeinden mit vielen Taufen können sich Gemeindeglieder daran stören, dass fast jeden Sonntag Taufen mit vielen kirchenfernen Menschen und viel Unruhe stattfinden. Man sehnt sich nach mehr «normalen» Gottesdiensten mit Gelegenheit zur Einkehr, zur Stille und zum konzentrierten Hören auf Gottes Wort. Die Einführung von Taufsonntagen in einigen Kirchgemeinden mildert diese Problematik ein bisschen.

Diese Diskussion wurde in der Reformierten Landeskirche Aargau in den vergangenen Jahren sehr intensiv geführt: Die Kirchgemeinde Muri-Sins experi-

64 Vgl. dazu auch den folgenden Abschnitt «Privatisierung von Tauffeiern».

mentierte beispielsweise einige Jahre mit Erlaubnis des Kirchenrats mit Privattaufen und machte gute Erfahrungen damit. Deshalb wurde bei der Überarbeitung des Gottesdienstreglements neu die Möglichkeit für Kasualgottesdienste bei Taufen (analog zu Kasualgottesdiensten bei Trauungen und Abdankungen) vorgesehen. Diese Änderung sorgte für viele Fragen und Klärungsbedarf. Als Gegenargumente wurden vor allem folgende zwei Gesichtspunkte ins Feld geführt:

- Die Taufe kommt theologisch der Aufnahme in die Gemeinde gleich. Wo ist diese Gemeinde, wenn eine Taufe privat gefeiert wird? Dagegen wurde wiederum vorgebracht, dass auch eine Taufgesellschaft Teil der weltweiten Christenheit ist und dass in vielen Konfessionen und selbst in der reformierten Kirche bis ins 20. Jahrhundert hinein separate Tauffeiern die Regel waren.
- Soll der gesamtgesellschaftliche Trend zur Individualisierung von der Kirche in Verbindung mit der Taufe akzeptiert werden?

Im Aargau entschied die Synode im Sommer 2021, Kasualgottesdienste für Taufen zu ermöglichen. Den Skeptikern konnte man damit begegnen, dass solche Privattaufen ja nicht aktiv propagiert werden müssen und dass es selbstverständlich jeder Pfarrerin und jedem Pfarrer freigestellt ist, zu einem bestimmten Setting Ja oder Nein zu sagen und auch an eine «Privattaufe» eine Delegation der Kirchgemeinde mitzunehmen (denn jede Taufe ist immer ein öffentliches Ereignis – man kann wie bei einem Hochzeitsgottesdienst niemandem verbieten, in der Kirche Platz zu nehmen).

Kurz nach dem Entscheid der Aargauer Synode wurde ich selbst angefragt, eine solche Privattaufe in einer Kapelle durchzuführen. Terminlich war es nicht anders möglich, da mein Sabbatical anstand und die Familie unbedingt vorher noch ihr Kind taufen lassen wollte. Ich nahm diese Gelegenheit als Chance wahr, meine eigenen Erfahrungen mit einer Privattaufe zu machen. Nicht ganz unerwartet erlebte ich diese Taufe sehr ambivalent. Zwar gab es selbstverständlich eine biblisch fundierte Taufansprache, ein Gebet, einen klassischen Ablauf, sogar zwei christliche Lieder. Aber die Atmosphäre war doch etwas anders als in einem Sonntagsgottesdienst und für mich nicht gerade im positiven Sinn: Der Anlass erschien mir trotz der ehrwürdigen katholischen Kapelle eher als beliebiges privates Fest denn als kirchliches Sakrament. Dazu passt, dass eine Tante zu spät ankam, der «Gottesdienst» also mit Verspätung begann, und dass ich teilweise eher als Moderator und Unterhalter fungierte denn als Pfarrer.

- Wie hätten Sie auf diese Anfrage für die «Privattaufe» reagiert?
- Wie stehen Sie theologisch zur Privatisierung von Tauffeiern?

Taufvoraussetzungen

Ähnlich wie beim Thema der Privatisierung der Taufen wird in den letzten Jahren darüber debattiert, welche Voraussetzungen konfessioneller Art der Täufling, die Eltern und die Paten mitbringen müssen, damit eine Taufe stattfinden kann. Die Regelungen in den einzelnen Landeskirchen sind unterschiedlich.

Im Aargau war die Regelung lange Zeit so, dass der Täufling reformiert, mindestens ein Elternteil reformiert und die Paten einer christlichen Konfession angehören müssen. Knackpunkt dabei war in erster Linie die «christliche Konfession» der Paten. Eltern suchen sich Gotti und Götti ihrer Kinder nicht unter dem Aspekt deren Kirchenzugehörigkeit aus. Oft wissen die Eltern gar nicht, dass ihre Freunde, die Paten werden sollen, aus der Kirche ausgetreten sind. Immer häufiger mussten darum Pfarrerinnen und Pfarrer «aus seelsorgerlichen Gründen» eine Ausnahme machen und einen konfessionslosen Götti oder ein konfessionsloses Gotti akzeptieren.

- Dass der *Täufling* nicht nur christlich, sondern reformiert ist, macht Sinn. Täuflinge, die bei der Geburt nicht reformiert angemeldet werden, können durch die Taufe mit einem parallelen Kircheneintritt reformiert werden. Wenn Eltern die Taufe wünschen, dann sehen sie dies normalerweise sofort ein.
- Dass mindestens ein *Elternteil* reformiert ist, ist in 99 % der Fälle auch gegeben und ist ebenso unbestritten sinnvoll. Denn warum sollte ein Kind in der reformierten Kirche aufwachsen, wenn die Eltern nicht reformiert sind? Doch hier gibt es Ausnahmen, die in Zukunft zunehmen werden: Ausgetretene Eltern («Aber unser Kind soll trotzdem getauft werden und einmal selber entscheiden.») oder je ein katholischer und ein konfessionsloser Elternteil («Aber wir finden die reformierte Kirche besser.»).

Meistens gelingt es in diesen Fällen, die Eltern bzw. einen Elternteil im Interesse des Kindes zum Kircheneintritt zu animieren.

- Dass auch *Paten* einer christlichen Konfession angehören müssen, machte natürlich auf den ersten Blick auch Sinn. Nicht nur wegen der etwas veralteten Ansicht, dass die Paten im Falle eines unerwarteten Todes der Eltern das Kind bei sich aufnehmen würden (was rechtlich überhaupt nicht der Fall ist), sondern auch, weil sie sich im Taufversprechen zusammen mit den Eltern zu einer christlichen Erziehung verpflichten. Mit dem neuen Gottesdienstreglement wurde im Aargau im Sommer 2021 dieser Passus (nach intensiver Diskussion) gestrichen. Aus meiner Sicht absolut zu Recht: Denn die Kirchenordnung sieht gar keine Taufzeugen vor, beziehungsweise äussert sich nicht über sie und deren Anzahl (Taufzeugen sind im Normalfall durch die Gemeinde mehr als genügend vorhanden.). Folglich kann sie auch nicht eine bestimmte Konfession der Taufzeugen festlegen. Die Regelung konnte so nämlich ganz einfach umgangen werden, indem Götti und Gotti für die Taufe nicht nach vorne kommen und kein Taufversprechen ablegen. Götti und Gotti sind sie aber dennoch, denn dieses Amt wird von den Eltern bestimmt und nicht von der Kirche. Ausserdem war eine Überprüfung der Konfession schwierig: Man hätte im Zweifelsfall bei der Kirchgemeinde der Taufpaten nachfragen müssen. Mit der offiziellen Ermöglichung, dass Konfessionslose Taufpaten werden dürfen, nehmen wir diese Menschen in die Pflicht und Verantwortung. Vielleicht ist es ja auch eine Chance, dass sie selbst dem Glauben und der Kirche wieder näherkommen.

Gibt es andere Gründe, die zu einer Taufverweigerung Anlass geben könnten? Das ist schwer vorstellbar, aber nicht unmöglich: Sollte sich beispielsweise bei einem Taufgespräch zeigen, dass die Tauffamilie absolut nicht bereit ist, dem Kind eine gewisse positive Haltung zur Kirche zu vermitteln, darf die Durchführung der Taufe mit Verweis auf die Gewissensfreiheit abgelehnt werden. Ein solcher Schritt muss aber wohlüberlegt und von der Kirchenpflege abgestützt sein.

Kindersegnung

Der zeitweise heftige Streit um die Säuglingstaufe ist angesichts anderer Themen aus dem Blickfeld verschwunden. Die Etablierung der Kindersegnung als Alternative hat die Spannung, welche die Säuglingstaufe bei einzelnen Gemeindegliedern erzeugte, zudem etwas erleichtert. Eltern, die ihre Kinder nicht taufen lassen möchten, können sie segnen lassen. Die Kindersegnung wird mancherorts auch als «Einsegnung» oder «Darbringung» bezeichnet.

Hauptsächlich aus zwei völlig gegensätzlichen Gründen weichen Eltern auf die Kindersegnung aus:

- Einerseits sind es Eltern, die aus eher freikirchlichem Hintergrund kommen und eine Säuglingstaufe aus theologischen Gründen (Taufe soll einer echten Glaubensentscheidung folgen) ablehnen.
- Andererseits sind es Eltern mit sehr kritischem Glaubensverständnis, die sich ehrlicherweise nicht zu einer christlichen Erziehung verpflichten möchten oder können und die Säuglingstaufe als zu starke religiöse Bevormundung ihres Kindes betrachten, aber dennoch eine Segnungshandlung wünschen.

Die Zahlen der praktizierten Kindersegnungen in der reformierten Kirche sind allerdings sehr klein und bewegen sich im Verhältnis zu den Taufen bei rund 1–2 %. Es gibt einzelne Gemeinden (meist evangelikaler Prägung), in denen Kindersegnungen etabliert sind oder sogar (ähnlich wie in Freikirchen) als «Normalfall» unter den gläubigen Familien betrachtet werden.

In der Statistik der kirchlichen Handlungen sind solche «Kindersegnungs-Hotspots» jeweils gut erkennbar. Die Kasualstatistik der Reformierten Landeskirche Aargau weist für das Jahr 2019 nur 14 Kindersegnungen aus, wovon allein die Hälfte (!) in zwei evangelikal geprägten Kirchgemeinden stattfanden und die andere Hälfte in den 73 anderen Kirchgemeinden.[65]

65 www.ref-ag.ch/downloads/Gemeindestatistik_Kasualien_2019_fr_Synode.pdf (abgerufen am 22.4.2022).

Für die konkrete Durchführung einer Kindersegnung folgende Hinweise:

- Eine Kindersegnung ist keine Taufe ohne Wasser. Sie ist kein Sakrament. Sie sollte darum örtlich, zeitlich und inhaltlich klar von der Taufe unterschieden sein. Andernfalls besteht die umgekehrte Gefahr, dass die Taufe ebenso primär als Segensritual verstanden wird. Denn die Kindersegnung wird von den Eltern implizit als Ersatzritual für die Taufe verstanden. Das ist sie aber eigentlich nicht – ein Verzicht auf die Säuglingstaufe bedeutet noch lange nicht, dass man dafür sein Kind im Gottesdienst segnen lassen müsste, und die meisten Eltern tun dies auch nicht.
- Eine Segnung gehört zeitlich in den Segnungsteil des Gottesdienstes. Planen Sie die Kindersegnung im Unterschied zur Taufe deshalb für den Schlussteil ein!
- Eine Segnung gehört örtlich nicht an den Taufstein. Ich führte meine (wenigen) Kindersegnungen immer am Abendmahlstisch durch, von dem ich auch die sonstige Gottesdienstliturgie halte.
- Zu einer Segnung gibt es keine Paten. Zwar werden die Eltern durchaus Gotti und Götti bestimmen und benennen (und dürfen das auch), diese haben jedoch keine kirchliche Funktion. Sie kommen für die Segnung im Unterschied zu den Eltern nicht nach vorne.
- Halten Sie die Segnung kurz und schlicht. Es braucht keine lange Ansprache mehr. Eine kurze Erklärung, ein Segenswort und ein Gebet genügen. Man kann darauf hinweisen, dass die Segnung die Taufe nicht ersetzt, sondern dass dieses Kind selbst einmal den Vollzug der Taufe wünschen kann.
- Für eine Segnung gibt es keine äusserlichen Voraussetzungen. Jeder Mensch kann gesegnet werden. Die Konfession von Kind und Eltern spielt dementsprechend keine Rolle. Es gibt kein Versprechen, das die Eltern ablegen müssen, denn ein Segen ist bedingungslos.
- Im Unterschied zur Taufe gibt es auch keine Urkunde, keine Kerze und keinen Eintrag im Taufregister (Kindersegnungen können allenfalls, abgesetzt von den Taufen, separat im Register vermerkt werden).
- Es ist zwar nicht ideal, aber möglich, im gleichen Gottesdienst ein Kind zu taufen und ein Kind zu segnen. Gerade dann ist es besonders wichtig, dass die beiden Handlungen gut auseinandergehalten werden können.

3.3.2.2. Trauung

Von allen Kasualien hat die kirchliche Trauung bereits am stärksten ihre Selbstverständlichkeit eingebüsst. In der Reformierten Landeskirche Aargau fanden im Jahr 2019 noch 158 kirchliche Trauungen statt.[66] Das bedeutet, dass jede Pfarrerin und jeder Pfarrer im Durchschnitt nur etwa eine einzige Trauung selber gestaltete. Das deckt sich mit meiner persönlichen Erfahrung: In achtzehn Pfarramtsjahren führte ich rund zwanzig Trauungen durch. Allerdings gibt es bestimmte Hochzeitskirchen, in denen die Pfarrerinnen und Pfarrer vor Ort häufiger engagiert sind. Im Gegenzug ist leicht vorstellbar, dass es Pfarrerinnen und Pfarrer gibt, die jahrelang keine Trauung selber halten. Vielleicht ist die kirchliche Trauung ohnehin ein Auslaufmodell. Verschiedene gesellschaftliche Bestrebungen (neue Modelle des Zusammenlebens; Abschaffung der Ehe usw.) deuten jedenfalls auf eine unsichere Zukunft hin.[67]

Was ist eine kirchliche Trauung?

? Wenn Sie an erlebte oder bereits selbst gestaltete kirchliche Trauungen denken:

- Was geschieht Ihrer Ansicht nach in der kirchlichen Trauung?
- Was ist der Mehrwert gegenüber der zivilen Trauung?
- Wie würden Sie die kirchliche Trauung definieren?

! Die reformierte Trauung ist die Bitte um und der Zuspruch von Gottes Segen für den bereits zivil geschlossenen Ehebund.

Brautpaare, die sich eine kirchliche Trauung wünschen, bringen ganz unterschiedliche Bilder und Vorstellungen mit. Sie sind geprägt (oder auch nicht geprägt) von erlebten Trauungen sowie von Film und Fernsehen. Es gibt einerseits Brautpaare, die selber noch nie oder kaum einmal an einer kirchlichen Trauung als Gäste teilgenommen haben. Andere Paare wiederum sind sehr «hochzeitserfahren» und wissen ziemlich genau, was sie wollen. Ich erlebe

66 www.ref-ag.ch/statistik-kirchliche-handlungen (abgerufen am 22.3.2022). Die Zahl war zehn Jahre zuvor noch rund doppelt so hoch. Im Rahmen der Corona-Pandemie sank die Zahl der Trauungen weiter stark.

67 Vgl. dazu die Gedanken im letzten Abschnitt dieses Kapitels.

aber oft sehr positiv, dass die Brautpaare sich wirklich einen spezifischen, eigenständigen Beitrag von mir wünschen, mich als Experten ansehen und darum offen sind, ihre Vorstellungen auch zu überprüfen und zu verändern.

Legen Sie für sich mehr oder weniger klar fest, was aus Ihrer Sicht geht und was nicht geht. Welche Teile der kirchlichen Trauung sind für Sie in welcher Form unverzichtbar und klar vorgegeben, wo sind Sie kompromissbereit? Durch geschicktes Steuern der Vorbereitungsgespräche können Sie auch in schwierigeren Fragen meistens gute Lösungen erarbeiten.

Traugespräch(e) und Ehevorbereitung

Im Unterschied zur Taufe lässt sich eine Trauung kaum mit nur einem Vorbereitungsgespräch gut planen. Ich schlage dem Brautpaar jeweils zwei Gesprächstermine vor:

- Den ersten Termin ungefähr 4–6 Monate vor der Trauung.
- Den zweiten Termin ungefähr einen Monat vor der Trauung.

Das *erste Traugespräch* dient normalerweise folgenden Zwecken:

- Kennenlernen des Brautpaars
- Klärung der bereits bestehenden Vorstellungen und Ideen des Brautpaars
- Erklären und Durchgehen der Trauliturgie; Notieren von Fragen und Aufgaben, die das Brautpaar in der kommenden Zeit besprechen soll.
- Erklären und Durchgehen des Trauakts; Vorstellung der Möglichkeiten beim Trauversprechen verbunden mit der Aufgabe, in der kommenden Zeit das Trauversprechen vorzubereiten.

Zwischen dem ersten und dem zweiten Traugespräch bereite ich meistens die Trauung in den Grundzügen schon vor. Das Brautpaar kann mir in der Zwischenzeit geklärte Fragen laufend melden, insbesondere ihre Ideen zum Trauversprechen.

Das *zweite Traugespräch* dient dann, aufbauend auf dem ersten, folgenden Zwecken:

- Einstieg mit einigen Gedanken zur Ehevorbereitung
- Nochmaliges Durchgehen des Trauakts
- Klären der letzten Details

Eine Vorlage «Checkliste fürs Traugespräch» finden Sie unter M17 und M18 im Anhang, ebenso eine Vorlage «Anmeldung für die Trauung» unter M19.

- Die Vorbereitungsgespräche finden im Normalfall in der Wohnung des Brautpaars statt. Das gibt mir, ähnlich wie beim Taufgespräch, einen zusätzlichen Einblick ins Leben des Brautpaars. Hat ein Paar bereits eigene (kleine) Kinder, so könnte es besser sein, das Gespräch an einem ungestörten Ort zu führen. Das Brautpaar soll sich auf sich selber, seine Geschichte und seine Wünsche konzentrieren können.
- Für die beiden Vorbereitungsgespräche rechne ich mit je etwa eineinhalb Stunden. Die Zeitdauer ist jedoch sehr individuell und hängt stark von den Vorarbeiten und Bedürfnissen des Brautpaars und vom Umfang der Unklarheiten ab.
- Höhe- und Schwerpunkt der kirchlichen Trauung ist der eigentliche Trauakt. Dieser hat deshalb auch im Vorbereitungsgespräch einen besonderen Stellenwert. Oft spielen wir den Trauakt zur besseren Vorstellung auch trocken durch, indem wir uns die genauen Standorte in der Kirche und die Bewegungen vorstellen und einprägen.
- Sie haben zwei Gesprächspartner: Bei anderen Kasualgesprächen ist zwar auch darauf zu achten, dass die verschiedenen Gesprächsteilnehmer sich alle gleichberechtigt einbringen können, bei der kirchlichen Trauung aber ist es zentral. Nun gibt es Paare, bei denen das aus verschiedenen Gründen schwierig ist: 1. Der eine Partner ist eher extrovertiert, die andere introvertiert. 2. Der eine Partner ist weniger motiviert – der Wille zur kirchlichen Trauung liegt vor allem beim anderen («Sag du, wie du es möchtest, du willst ja heiraten!») 3. Der eine Partner hat sprachliche Barrieren z. B. wegen Migrationshintergrund. Alle drei Beispiele habe ich schon mehrfach erlebt. Hier braucht es viel Zeit und Fingerspitzengefühl, damit man beiden Partnern gerecht wird und auch den stilleren Partner herausfordern und integrieren kann.

Bereits zweimal hatte ich ein Brautpaar, bei denen die Braut von einem anderen Kontinent stammte und kein Deutsch und praktisch auch kein Englisch sprach. Der Bräutigam war zwar selbstverständlich in der Lage und

bemüht, alles zu übersetzen, dennoch drohte die Vorbereitung in den Gesprächen sehr einseitig zu werden. Denn die Feier sollte ja ohnehin schon in der Kultur und vertrauten Umgebung des Bräutigams stattfinden.
Im einen Fall wollte die fremdsprachige Braut ihr Trauversprechen unbedingt selber formulieren und in der Kirche auf Deutsch vortragen. Der Bräutigam durfte das Versprechen im Voraus nicht sehen oder hören. Ich hatte grosse Bedenken, doch wir fanden einen gangbaren Weg: Die Braut formulierte ihr Trauversprechen portugiesisch und liess es mithilfe einer Freundin auf Deutsch übersetzen. Sie machte mit mir einen Termin in der Kirche ab und übte das Vortragen des Versprechens auf Deutsch. Ich merkte, dass sie eigentlich nicht versteht, was sie sagt. Dennoch war es damals eine gute Lösung. Ich half ihr, das Tempo anzupassen, die Wörter richtig auszusprechen und die Betonungen zu setzen. Und nach einigen Durchgängen hatte ich die Gewissheit, dass das Versprechen von der Festgemeinde verstanden werden kann.

Eine eigentliche *Ehevorbereitung*, wie sie früher gang und gäbe war, wird heute von der Kirche nicht mehr erwartet. Die allermeisten Paare leben schon längere Zeit zusammen und durch die (zivile oder kirchliche) Trauung ändert sich äusserlich wenig für sie. Sie kennen sich und haben ihre Erfahrungen miteinander gemacht. Interessant kann es sein nachzufragen, warum der Schritt zur Trauung gerade jetzt kommt. Die Trauung ist in solchen Fällen aber eher der letzte als der erste Schritt in eine verbindliche Beziehung, sodass eine engere pfarramtliche Begleitung weder erwünscht noch nötig ist. Viele professionellere Anbieter sind ausserdem kompetenter im Bereich der Beratung und Begleitung von Ehen und Beziehungen als das Pfarramt.[68]

Viele Landeskirchen führen, meist in Zusammenarbeit mit der katholischen Schwesterkirche und/oder politischen Gemeinden, Paar- und Familienberatungsstellen. Im Aargau gibt es beispielsweise in allen Kantonsteilen eine

68 Es gibt aber auch einige Pfarrerinnen und Pfarrer, die sich im Bereich Eheberatung spezialisiert haben und sehr gute Ehevorbereitungen und -begleitungen anbieten.

Stelle.[69] Auf diese Stellen kann selbstverständlich auch in der Seelsorge verwiesen werden, wenn es um Paar- und Familienfragen geht.

Dennoch gibt es gute Möglichkeiten, das Brautpaar auch im christlichen Sinne während der Vorbereitung auf die Trauung zu begleiten und zu beraten. Neben eigentlichen Ehekursen, die in manchen Kirchgemeinden angeboten werden, gibt es auch gute Angebote der Landeskirchen oder verwandter Institutionen.

Im zweiten Vorbereitungsgespräch, das normalerweise nicht mehr so viele offene Fragen beinhaltet wie das erste, nutze ich den ersten Teil für einige Denkanstösse für das Brautpaar. Dazu bringe ich ihnen ein Blatt mit einigen Fragen mit, das sie zuerst für sich ausfüllen und danach mit mir besprechen.

Das Blatt «Fragebogen für Brautpaare» finden Sie im Anhang unter M20.

Ein Brautpaar füllte den «Fragebogen für Brautpaare» gewissenhaft aus. Im anschliessenden Gespräch über die Inhalte äusserte die Braut eine auf den ersten Blick etwas sonderbare Befürchtung für ihre Ehe: Nämlich die Angst vor einem frühen Tod des Mannes. Dieser ist rund 15 Jahre älter als sie und war zum Zeitpunkt der Trauung bereits fünfzig Jahre alt. Daraus ergab sich ein gutes Gespräch über Hoffnungen und Befürchtungen, aber auch über Glauben und Vertrauen. Ich lernte daraus, dass auch eine scheinbar einfache Frage etwas Fruchtbares auslösen kann. Das gab mir Mut, weiterhin auf diese Themen zu setzen in der Vorbereitung, auch wenn sie vom Brautpaar vielleicht nicht erwartet werden.

- Was denken Sie zum Thema Ehevorbereitung?
- Ist das noch Aufgabe des Pfarrers, der Pfarrerin?
- In welchem Rahmen könnten Sie es sich vorstellen, Ehevorbereitung zu machen?

69 www.ref-ag.ch/begleitung-und-unterst%C3%BCtzung/ehe-und-familien-beratungs-stellen-der-kirchen (abgerufen am 22.4.2022).

Der Trauakt

Der Trauakt besteht aus einer kurzen Einführung, dem Trauversprechen, dem Ehesegen, (oft) einem Ringtausch und einem Kuss. Dazu einige Hinweise und Tipps.

- Der Trauakt ist ein besonderer Moment und der Höhepunkt des Traugottesdienstes. Darum lasse ich für diese paar Minuten die Festgemeinde aufstehen.
- Das Brautpaar bitte ich im selben Zug zu mir. Je nach genauen örtlichen Möglichkeiten steht das Brautpaar mir gegenüber und ist auch für die Gemeinde gut sichtbar. Wichtig ist, dass das Paar dabei nicht mit dem Rücken zur Gemeinde steht, da die Gemeinde ja die Brautleute sehen will bei diesem wichtigen Moment.
- Beim *Trauversprechen* gibt es viele Möglichkeiten. Diese bespreche ich in der Vorbereitung mit dem Brautpaar detailliert:
  1. Das Brautpaar hat die Möglichkeit, ein je eigenes (gleiches oder unterschiedliches) Trauversprechen auszuformulieren und dieses entweder selber vorzutragen, oder, als Frage formuliert, durch mich fragen zu lassen.
  2. Im eher klassischen Sinn stelle ich dem Brautpaar die Traufragen.
  3. Es ist auch eine Kombination möglich: Das Brautpaar formuliert zwar vorausgehend, was es sich gegenseitig versprechen will, danach stelle ich zusätzlich eine klassische Traufrage, die das Brautpaar mit seinem «Ja» beantwortet.
- Zahlreiche Ideen für individuell formulierte Trauversprechen und für Traufragen finden Sie in den bekannten Liturgiebänden. Ich gebe dem Brautpaar am ersten Vorbereitungsgespräch eine Zusammenstellung einiger Vorschläge ab und bitte es, sich die ganzen Fragen rund ums Trauversprechen gemeinsam zu überlegen und für das zweite Gespräch fertig vorzubereiten. Falls die Brautleute ein individuelles Versprechen vorbereiten, das der Partner nicht im Voraus sehen möchte, bitte ich um Zusendung vor dem zweiten Gespräch, damit ich ein allfälliges Ungleichgewicht erkennen kann und Veränderungen vorgenommen werden können.
- Nach dem Trauversprechen erfolgt der *Ehesegen*. Ich halte diesen so, dass die beiden Ehepartner sich die rechte Hand geben, ich meine Hand

darauf lege und dem Paar den Segen Gottes zuspreche. Einen Vorschlag für den Ehesegen finden Sie im Anhang unter M21.

- Oft erfolgt während des Trauakts auch noch ein *Ringtausch*. Dies ist nicht immer der Fall: Manchmal hat das Brautpaar z. B. an der zivilen Hochzeit bereits seine Ringe getauscht und es gibt auch Ehepaare, die gar keinen Ring tragen. Jedenfalls: Schärfen Sie dem Brautpaar ein, dass es sich auch für diese symbolische Handlung genug Zeit nehmen soll. Das Brautpaar kann das Anstecken der Ringe im Voraus üben, denn es ist nicht in jedem Fall sehr einfach und kann bei entsprechender Nervosität sogar eine echte Herausforderung sein!
- Ist dann auch der Ring am richtigen Finger platziert, erfolgt normalerweise ein *Kuss* als öffentliche Bestätigung der Liebe. Der Kuss zum Abschluss des Trauakts hat aus meiner Sicht auch eine entspannende Funktion: Die ganze Anspannung dieses wichtigen Moments löst sich, es ist «geschafft»! An dieser Stelle ist Ihre Führung oft wichtig: Manchmal müssen Sie das Brautpaar an den Kuss erinnern oder diesen mit einem humorvollen Wort ankündigen. Die Gottesdienstgemeinde darf in diesem Moment auch durchaus klatschen und jubeln oder es kann die Musik mit einem Zwischenspiel einsetzen. Es wäre eher peinlich, wenn der Kuss geräuschlos über die Bühne geht und danach eine grosse Leere entsteht.
- Nochmals: Diesen ganzen Ablauf des Trauakts mit dem Brautpaar detailliert vorzubesprechen und teilweise durchzuspielen, sogar zu üben, kann sehr hilfreich sein und dem Brautpaar grosse Sicherheit geben!

Die Liturgie des Traugottesdienstes

Abgesehen vom Trauakt als besonderem Element folgt die Liturgie eines Traugottesdienstes im Grossen und Ganzen der klassischen reformierten Gottesdienstliturgie. Besondere Beachtung verdienen der Einzug und der Auszug, die Verkündigung, die Gebete und die Musik.

Eine Vorlage für den Ablauf des Traugottesdienstes finden Sie im Anhang unter M22.

- Bei einer Trauung gibt es normalerweise einen speziellen *Einzug und Auszug* des Brautpaares. Beim Einzug in der klassischen Variante wartet der Bräutigam vorne in der Kirche, während die Braut von ihrem Vater hineingeführt wird. Diese altertümliche, aber durch die Medien bestens bekannte Einzugsvariante ist inhaltlich hochproblematisch, da sie ihren Ursprung im Eigentumsrecht hat: Die Braut geht aus dem Besitz des Vaters in den Besitz ihres Mannes über. Obwohl dies dem Brautpaar oftmals bekannt ist, wollen viele an dieser traditionellen Einzugsversion festhalten. Eine andere Möglichkeit ist, dass das Brautpaar gemeinsam einzieht oder dass der Bräutigam (z. B. begleitet durch seine Mutter) und die Braut (z. B. begleitet durch ihren Vater) einzeln einziehen – beides wirkt gleichberechtigter! Der Auszug hingegen geschieht dann gemeinsam zur Ausgangsmusik. Manchmal wartet draussen vor der Kirchentür ein Spalier auf das Brautpaar.
- Als Pfarrerin oder Pfarrer warten Sie vor dem Gottesdienst auf das Brautpaar, das manchmal erst im letzten Augenblick (oder gar verspätet) vor der Kirche ankommt. Es gibt auch Brautpaare, die getrennt ankommen: Der Bräutigam wartet in der Kirche auf seine Braut. Die Festgemeinde hingegen soll rechtzeitig im Gottesdienstraum Platz nehmen und steht dann beim Einzug auf. Solche traditionellen Rituale sind heute nicht mehr allgemein bekannt. Deshalb müssen Sie die Festgemeinde anleiten und ihr Sicherheit vermitteln.
- Die *Traupredigt* soll biblisch und persönlich zugleich sein. Wie bei allen Kasualien besteht die grosse Kunst darin, die besondere Situation (den Kasus) des Brautpaares aufzunehmen und dem Brautpaar durch einen persönlichen Bezug gerecht zu werden, aber gleichzeitig auch ein paar gute, verständliche Gedanken, die auf dem Evangelium gründen, weiterzugeben. Anzusprechen ist ja nicht nur das Brautpaar selber, sondern auch die Gottesdienstgemeinde. Gute Anknüpfungspunkte für einen persönlichen Bezug der Predigt kann die Berufssituation oder das Hobby des Brautpaares sein. Zu beachten ist, dass gerade dieser Anknüpfungspunkt gleichberechtigt ist (also beispielsweise nicht nur den Beruf des einen Partners aufgreift und den anderen aussen vor lässt!). Im Unterschied zu gewöhnlichen Gottesdiensten und stärker als in den anderen Kasualien ist die Zuhörerschaft einer Traupredigt durchschnitt-

lich noch viel weniger mit dem Glauben und der Bibel vertraut. Hier gilt es, den richtigen Ansatz zu finden, ohne dass man sich verbiegen muss. Im Traugespräch kann erfragt werden, in welchen Gruppen (Arbeitskollegen, Vereine etc.) die Brautleute verkehren. Inhalt und Sprache der Predigt wird nach Möglichkeit etwas daran angepasst.

- Im Anschluss an den Trauakt erfolgt die *Fürbitte*. Darin wird die Zukunft des Brautpaares im Gebet Gott anvertraut. Oftmals gibt es Angehörige oder die Trauzeugen, die gerne bei der Fürbitte mithelfen. Ein Beispiel für eine sehr allgemein gehaltene Fürbitte in mehreren Teilen, die gut an eine aktuelle Situation angepasst werden kann, finden Sie im Anhang unter M23.
- Zur *Musik*: Im Unterschied zu allen anderen gottesdienstlichen Formen und Kasualien ist die Art und Weise der Musik bei einer Trauung normalerweise nicht schon von Vornherein gegeben, sondern muss ebenfalls im Vorbereitungsgespräch thematisiert werden. Oft hat das Brautpaar bereits Musiker organisiert. Manchmal ist man aber auch dankbar über eine Organistin, einen Organisten, der Kirchgemeinde. Ob die Gemeinde selber *Lieder* singen soll, ist eine schwierige Frage. Das Brautpaar steht dem Singen vielleicht skeptisch gegenüber. Wenn die Musiker jedoch in der Lage sind, ein kirchliches Lied zu begleiten, so könnte ein traditioneller Choral, ein Lob- und Danklied, von der älteren Generation geschätzt werden. Die wenigen Lieder zur kirchlichen Trauung im Reformierten Gesangbuch (Nr. 737–741) sind hingegen unbekannt und darum kaum ernsthaft in Betracht zu ziehen. Bei Brautpaaren mit engerem Bezug zur Kirchgemeinde werden häufig moderne Loblieder gewählt und von einer Band begleitet. Auch hier ist aber zu beachten, dass vermutlich ein grosser Teil der Festgemeinde die Lieder nicht kennt.
- Übergabe einer *Traubibel*: Wird heute längst nicht mehr systematisch gemacht. Ich finde das aber eine schöne Tradition! Es gibt spezielle Hochzeitsbibeln mit Seiten zur Trauung und für die Familienchronik.

Die Pfarrperson als Zeremonienmeisterin

Die Trauung ist dasjenige Kasual, bei dem die Hauptbeteiligten (das Brautpaar) am stärksten im Fokus stehen. Zugleich sind Sie als Pfarrerin oder Pfarrer für die allermeisten Gäste eine fremde Person. Beides ist bei der Taufe, bei der

Konfirmation und bei der Abdankung nicht im gleichen Mass der Fall. Da sich bei der Trauung an diesem Tag alles ums Brautpaar dreht, wird die Pfarrperson zur Zeremonienmeisterin, die in diesem kurzen Moment der Zeremonie da ist und dabei die Kirche auf einer sehr grossen Bühne vertritt. Wie kann man damit umgehen?

- Stellen Sie sich bei der Begrüssung im Gottesdienst kurz vor. Nennen Sie Ihren Namen, Ihren Wirkungsort (der ja oft nicht mit der Hochzeitskirche übereinstimmt) und Ihren Bezug zum Brautpaar. Das schafft Nähe und macht Sie fassbarer als Mensch.
- Gestalten Sie die Trauung so persönlich wie möglich. Eine gute Einstiegsgeschichte in die Predigt und ein thematisch origineller, persönlicher Bezug zum Brautpaar sind hilfreich und schaffen eine gute Atmosphäre.
- Verzichten Sie auf traditionelle Formulierungen und Floskeln (klassisch: «Sie dürfen die Braut küssen!») und streben Sie eine gute Mischung aus Lockerheit und Ernsthaftigkeit an.

Mitwirkung der Angehörigen/Problematische Beteiligungen

Eine Mitwirkung von Angehörigen ist wie in jedem Kasualgottesdienst sehr zu begrüssen. In den Vorbereitungsgesprächen mit dem Brautpaar sollte dies auf jeden Fall thematisiert werden. Eine Mitwirkung im Rahmen der Liturgie ist möglich beispielsweise:

- Durch Übernahme einer Lesung
- Durch Vorbereitung und Mitwirkung bei der Fürbitte
- Bei den Informationen zum weiteren Verlauf des Tages (meistens durch die sogenannten «Tätschmeister»)
- Durch musikalische Beiträge

Auf jeden Fall ist genau abzuklären, welche Personen wie mitmachen. Im Unterschied zum Sonntagsgottesdienst kennen Sie die Mitwirkenden ja nicht und können nicht beurteilen, ob diese ihrer Aufgabe gewachsen sind.

Besonders heikel ist es bei Beiträgen für den Gottesdienst, die am Brautpaar vorbei als Überraschung geplant werden. Was am grossen Fest am Abend ausserhalb Ihrer Verantwortung liegt, muss für den Gottesdienst von Ihnen geprüft werden: Ist dieser Beitrag im Sinne des Brautpaars und passt er zur gesamten Feier? Auch wenn es schwierig ist, jemandem abzusagen, sind Sie verpflichtet, genau hinzusehen und sich beispielsweise die Texte vorher schicken zu lassen.

Einige weitere Bemerkungen zu Äusserlichkeiten

A) Fremde Kirche, Material und Einrichtung
Wenn Sie nicht zufällig in einer Kirchgemeinde mit einer beliebten Hochzeitskirche wirken, dann werden Sie vermutlich einen grossen Teil Ihrer Trauungen auswärts, in Ihnen unbekannten Kirchen und Kapellen halten. Dies bringt organisatorisch einen Mehraufwand mit sich. Meistens ist eine vorhergehende Besichtigung der Örtlichkeiten zeitlich zu aufwändig.

- Oft hat das Brautpaar die Kirche besichtigt und kann Ihnen Fotos präsentieren vom Innenraum. Manchmal findet man auch Bilder im Internet. Dies hilft Ihnen und dem Brautpaar, den Gottesdienst vorzubereiten und insbesondere für den Trauakt genau zu überlegen, wer sich wo positioniert.
- Im Voraus ist meistens nicht ganz klar, was an Material in der Kirche – oder besonders bei kleineren Kapellen – vorhanden ist. Soll aus dem Gesangbuch gesungen werden, muss dieses natürlich vor Ort sein, sonst braucht es ein Liedblatt. Ausserdem nehme ich an jede Trauung neben dem sonstigen Material einen Notenständer sowie eine Bibel für die Lesung mit.
- Manche Kirchen haben zwei Stühle, die speziell für Trauungen vorgesehen sind. Vielleicht weiss das Brautpaar Bescheid oder sonst der Sigrist.
- Gerade bei kleineren Kasualkapellen, von denen es Dutzende gibt in der Deutschschweiz, fehlt oft eine Mikrofonanlage! Manchmal ist auch ein Stromanschluss relativ weit entfernt (was für die Musiker entscheidend sein könnte) und in einigen Fällen hat es kein WC in der Nähe.

B) Teilnahme am Apéro/Fest
Früher war es üblich, dass der Pfarrer am Fest des Brautpaares teilnahm. Heute scheint mir diese Tradition überholt. Dennoch kommt es vor, dass Brautpaare (mehr dem Anstand geschuldet) mich zu ihrem Fest einladen möchten. Wenn

ich nicht eine besondere Beziehung zum Brautpaar habe, lehne ich das dankend ab, nehme aber gerne noch eine kurze Zeit am Apéro teil, der ja meistens in der Nähe der Kirche stattfindet.

Die Frage der Teilnahme am Kasualessen stellt sich insbesondere auch bei Abdankungen. Bei den Trauungen ist sie aus meiner Sicht in der Tendenz auch darum negativ zu beantworten, weil die Gesellschaft «geschlossener» ist.
Überlegen Sie sich:

- Welche Chancen sehen Sie bei der Teilnahme am Hochzeitsfest?
- Was könnte eher schwierig werden?
- Welche Antwort geben Sie, wenn Sie das nächste Brautpaar dazu einlädt?

C) Per Du mit dem Brautpaar und der Gemeinde?
Nicht nur bei der kirchlichen Trauung, sondern auch in anderen Arbeitsbereichen (z. B. Unterricht, Gemeindeleben allgemein) stellt sich die Frage, mit wie vielen und welchen Personen Sie per Du sein wollen. In den letzten Jahren hat das Duzen ja so stark um sich gegriffen, dass man teilweise bereits in einzelnen Geschäften vom (deutlich jüngeren) Personal geduzt wird.

Am ersten Vorbereitungsgespräch bei einem Brautpaar, das ich zuvor noch nie gesehen hatte, bot mir der Bräutigam gleich das Du an. Das war sicher kein böser Wille, sondern ein Versuch, eine Beziehung herzustellen, entsprach mir aber überhaupt nicht. Der Bräutigam war zudem jünger als ich und auch von der Funktion her würde es nach den allgemeinen Regeln des Anstands – wenn schon – mir zustehen, Duzis zu machen. Ich lehnte darum das Du freundlich ab und machte erst einige Zeit nach der Hochzeit Duzis, als die Familie mit dem ersten Kind im «Fiire mit de Chliine» teilnahm.

- Würden Sie von sich aus einem Brautpaar das Du anbieten? Warum (nicht)?
- Wie würden Sie reagieren, wenn Ihnen unerwartet das Du angeboten wird?

Die Frage nach dem Du stellt sich nicht nur in Bezug auf das Brautpaar, sondern auch in Bezug auf die ganze Festgemeinde. In dieser sind nämlich die meisten untereinander per Du und andere Mitwirkende im Gottesdienst werden zweifellos die Anwesenden mit Du ansprechen. Dennoch haben Sie als Pfarrerin oder Pfarrer natürlich eine andere Funktion und das Du kann als anbiedernd empfunden werden. Ich bleibe deshalb stets beim Sie (ausser es handelt sich um eine kleinere Gesellschaft, bei der ich wirklich mit der grossen Mehrheit bereits per Du bin). Ich wende aber manchmal den berndeutschen Trick an, die zweite Person Plural als abgeschwächte Höflichkeitsform zu verwenden («I wünsche öich allne no e wunderschöne Festtag!»). Dies klappt jedoch nur authentisch, wenn Sie dialektmässig dem Berndeutschen nahe stehen.

Das vermehrte Du in unserer Gesellschaft zeugt vermutlich vom Bedürfnis, eine gute Beziehung herstellen zu wollen. Welche anderen Möglichkeiten sehen Sie, sowohl zum Brautpaar als auch zur Festgemeinde Beziehung zu schaffen?

Trauungen «für alle» und die Zukunft der kirchlichen Trauung

Zur Zeit der Abfassung dieses Werkbuchs fand in der Schweiz eine gesellschaftliche Diskussion um die Einführung der Ehe für homosexuelle Paare («Ehe für alle») statt. Die politische Abstimmung im September 2021 ergab eine Mehrheit von rund 64% dafür. Aufgrund dieses Resultats, das in dieser Form zu erwarten war, hatten sich die Landeskirchen bereits einige Jahre zuvor in Position gebracht und auch «Kirchliche Trauungen für alle» versprochen, was vor allem innerhalb der Pfarrschaft zu Diskussionen geführt hatte.

Bereits zuvor waren jedoch Segnungsfeiern für homosexuelle Paare möglich und wurden auch ab und zu praktiziert. Der Unterschied zu einer neuen Form wird daher minim sein, da kirchliche Trauungen ja im reformierten Sinn auch nichts anderes als Segnungsfeiern sind. Es ist damit zu rechnen, dass die Landeskirchen Liturgievorschläge ausarbeiten werden und vielleicht auch Personen bezeichnen und ausbilden, die sich auf solche kirchlichen Trauungen «für alle» spezialisieren.[70] Vermutlich wird die Anzahl solcher Feiern in einem so

70 Es existieren bereits heute diverse Handreichungen der einzelnen Landeskirchen für die Segnung homosexueller Partnerschaften.

geringen Umfang sein, dass 95% der Pfarrerinnen und Pfarrer nicht damit in Berührung kommen.

Interessant wird sein, wie die katholische Kirche auf die «Ehe für alle» reagiert. Ebenso wird sich in einigen Jahren vielleicht die Frage stellen, ob der Begriff «Ehe für alle» unter Verweis auf das Diskriminierungsverbot auch auf weitere Arten des Zusammenlebens und der Beziehungen (Bigamie, polyamore Beziehungen, Ehen mit Tieren, Gegenständen oder sich selbst) ausgedehnt wird und wie die Kirchen dann darauf reagieren.

Eine andere Möglichkeit, die in der Gesellschaft ebenfalls diskutiert wird, ist die Abschaffung der Ehe überhaupt. Dann stellt sich die Frage, ob die Kirchen dennoch weiterhin ein Ehe-Ritual – unabhängig von einer zivilen Hochzeit – anbieten. Das könnte für die Kirchen auch eine Chance sein. Auf jeden Fall ist bei dieser Kasualie, die am wenigsten selbstverständlich geworden ist, vieles im Fluss.

Die weitere Begleitung

Ein Brautpaar über die kirchliche Trauung hinaus weiter zu begleiten, ist eine schwierige Aufgabe, die auch nicht unbedingt erwartet oder gewünscht wird. Die Mobilität junger Paare ist hoch und viele Brautpaare gehören auch gar nicht unbedingt zu den eigenen Gemeindegliedern. Viele werden bei der Geburt des ersten Kindes (Taufe) wieder ins Blickfeld kommen.

Als kleines Zeichen habe ich mir angewöhnt, dem Ehepaar zum ersten Hochzeitstag zu gratulieren. Dieser kleine Gruss aus dem Pfarramt wird nicht erwartet und umso mehr geschätzt. Gleichzeitig ruft man sich damit auch in Erinnerung: Das Ehepaar weiss um die Pfarrerin und um ihre Kompetenz, Menschen in besonderen und schwierigen Lebenssituationen zu begleiten. Um diesen Gruss ein Jahr später nicht zu vergessen, ist eine zuverlässige Führung eines Vormerkkalenders nötig.[71]

71 Vgl. dazu das Kapitel 3.3.8.3. «Planungsaufgaben» in diesem Werkbuch.

3.3.2.3. Abdankung

Die Abdankung ist zwar derzeit immer noch die selbstverständlichste und klar häufigste Kasualie im Pfarramt. Folgende Tendenzen sind aber dennoch erkennbar und werden sich weiter verstärken:

- Ein immer grösserer Anteil der Beerdigungen findet nur noch als Beisetzung auf dem Friedhof (meistens im engsten Familienkreis) ohne Gottesdienst statt (in rund 50 % der Abdankungen). Die COVID19-Pandemie verstärkte diesen Trend.
- Neuerdings wird auch bei lebenslang reformierten Gemeindegliedern auf eine kirchliche Bestattung und pfarramtliche Begleitung verzichtet (bereits in gegen 20 % der Todesfälle).
- Während sich im 20. Jahrhundert die Kremation gegenüber der Erdbestattung durchgesetzt hat (über 90 % der Todesfälle), ist im 21. Jahrhundert eine neue Tendenz eingetreten: Neue Bestattungsorte kommen auf (z. B. Friedwald) oder es wird ganz auf eine Bestattung verzichtet (Urne wird nach Hause genommen oder es gibt kein Interesse an der Urne).
- Die Kirchen haben auf die Begleitung am Ende des Lebens keine Monopolstellung mehr. Private Anbieter erweitern (wie bei den anderen Lebensübergängen auch) den Markt.

Zwar aus deutscher Perspektive, aber hochkompetent und umfassend ist folgendes spannende Werk zur Bestattungskultur in Geschichte und Gegenwart: Reiner Sörries: Ruhe sanft. Kulturgeschichte des Friedhofs, Kevelaer 2009

Lokale Traditionen

In keinem kirchlichen Arbeitsgebiet unterscheiden sich lokale Traditionen so stark wie bei der Abdankung. Dies betrifft bereits die äusserlichen Voraussetzungen (Wo hat es einen Friedhof? Wo wird der Trauergottesdienst gefeiert?), aber auch die Abläufe (Beisetzung vor oder nach dem Trauergottesdienst? Wochentage und Zeiten?) und zahlreiche kommunale Besonderheiten in Details (Sind Beisetzungen vor dem Trauergottesdienst öffentlich? Machen Vereine einen Fahnengruss? Gibt es einen Erdwurf? Usw.).

- Erkundigen Sie sich bei Ihrem Pfarramtsvorgänger oder bei Ihren Pfarrkolleginnen und -kollegen über die genauen lokalen Traditionen.
- Ebenfalls zuverlässige Ansprechpersonen sind die zuständigen Angestellten im lokalen Bestattungsamt und im Bauamt, beziehungsweise der Friedhofgärtner. Diese gehören ohnehin zu denjenigen, die bei einem Start in einer Gemeinde kontaktiert werden sollten.[72]
- Der Sigrist oder die Sigristin kann Ihnen vor allem über die lokalen Traditionen in Bezug auf den Trauergottesdienst Auskunft geben. Ältere Gemeindeglieder, die im Dorf und in der Kirchgemeinde verwurzelt sind (und demzufolge oft an Beerdigungen teilnehmen), können ebenfalls eine Auskunftsquelle sein.
- Entsprechen Ihnen gewisse Traditionen überhaupt nicht, so fordern Sie keinesfalls überstürzt Änderungen, sondern besprechen Sie sich ausführlich mit den betroffenen Personen, um eine Lösung zu finden, die für alle gut ist. Gerade in einem Pfarrteam ist es wichtig, dass nicht jeder sein «Sonderzügli» fährt, sondern dass man eine gemeinsame Linie vertritt. Dies hilft dann auch bei Verhandlungen mit Angehörigen über Sonderwünsche.

Beim Wechsel in meine neue Gemeinde führte ich ein «Antrittsgespräch» mit dem Bauamtsmitarbeiter, der für den Friedhof zuständig ist. Dieser fragte mich, ob ich auch einen Erdwurf am Grab durchführe. Das habe mein Vorgänger gemacht und deshalb habe er immer eine Schale mit Erde bereitgestellt. Mir war diese Tradition nicht vertraut. Gemeinsam beschlossen wir, auf den Erdwurf zu verzichten – er wurde in der Folge nicht vermisst.

Die Todesnachricht und der erste Kontakt

Bereits beim Erhalt der Todesnachricht gibt es grosse Unterschiede:

- In kleineren Gemeinden und im Einzelpfarramt kennen Sie nach wenigen Jahren fast alle älteren Gemeindeglieder. Deren Lebenssituationen sind Ihnen vertraut und Sie werden manchmal auch schon während des Ster-

72 Vgl. dazu das Kapitel 4.2. «Die Vorbereitung oder: Das Aufwärmen» in diesem Werkbuch.

beprozesses gerufen. Viele Angehörige kennen Sie und melden sich nach dem Todesfall direkt als Erstes bei Ihnen.

- In grösseren Gemeinden, im Teampfarramt und mit dem Amtswochensystem, aber auch in den kleineren Gemeinden erfolgt die Todesnachricht jedoch meistens ganz offiziell durch das Bestattungsamt. Wenn durch das Amtswochensystem bereits klar ist, wer die Bestattung durchführt, dann sind auch die Termine bereits fixiert und Sie können direkt den Kontakt mit den Angehörigen herstellen und für das Trauergespräch vorbeigehen. Im Einzelpfarramt habe ich mit dem Bestattungsamt abgesprochen, dass die Termine erst nach erfolgter Rücksprache mit mir definitiv festgelegt werden dürfen.
- Wenn die Angehörigen Sie nicht von sich aus direkt kontaktieren, erfolgt dann als nächstes die telefonische Kontaktaufnahme mit der Trauerfamilie. Wenn ich die verstorbene Person gekannt habe, suche ich aus meinem Seelsorge-Ordner meine Notizen,[73] um mir kurz die Person und ihre Familie zu vergegenwärtigen vor dem Anruf.

- Wenn einem die verstorbene Person nicht bekannt ist und die Umstände unklar sind, so ist dieser erste Anruf immer sehr wichtig und braucht etwas Überwindung.
- Ich beginne das Telefongespräch mit der Bestätigung, dass ich vom Tod erfahren habe, und spreche mein Beileid aus. Danach frage ich je nachdem kurz nach den Umständen des Todesfalls. In Einzelfällen braucht es eine akute seelsorgerliche Betreuung. Normalerweise sprechen wir dann über den Abdankungstermin und den Termin für das Trauergespräch. Ich schliesse das Gespräch mit der letzten Frage, ob im Moment für die Trauerfamilie alles klar ist oder ob sie noch etwas wissen müssen.
- Oft wohnen Angehörige auswärts und wissen nicht so genau Bescheid, wie eine Abdankung abläuft oder kennen andere lokale Traditionen. Nach dem ersten telefonischen Kontakt sollten die Angehörigen eine Vorstellung haben, wie die Bestattung abläuft, damit sie in der Lage sind, die Traueranzeige zu verfassen.

73 Vgl. dazu das Kapitel 3.3.4.1. «Grundentscheidungen und -probleme der Seelsorge» in diesem Werkbuch.

Einmal rief mich frühmorgens der Sohn eines Verstorbenen an, der viele Kilometer auswärts wohnte. Seine Mutter habe den Vater heute Morgen tot im Bett vorgefunden. Erst in ein bis zwei Stunden könne die erste Person aus der Familie anwesend sein. Seine Mutter brauche dringend Hilfe. Sofort machte ich mich auf den Weg und blieb bei der verstörten Witwe, bis die ersten Familienangehörigen eintrafen. Das Trauergespräch fand dann erst ein paar Tage später statt. Die Begleitung in den ersten Stunden nach dem Tod festigte meine Beziehung zur Trauerfamilie.

Das Trauergespräch

Das Trauergespräch findet idealerweise einige Tage nach dem Todesfall statt. So hat die Trauerfamilie noch etwas Zeit für sich (besonders im Fall eines unerwarteten Todes), und um sich bereits einige Gedanken für die Abdankung zu machen. Gleichzeitig brauchen Sie aber nachher auch noch genügend Zeit für die Vorbereitung der Trauerfeier. Das ist heute meistens kein Problem mehr, da die Zeit zwischen dem Todesfall und der Abdankung tendenziell immer länger wird. Während früher zumeist innerhalb derselben Woche beerdigt wurde, ist es heutzutage keine Seltenheit, wenn die Bestattung erst eineinhalb, zwei oder mehr Wochen nach dem Tod stattfindet. Seelsorgerlich sehe ich das vermehrte Aufschieben der Bestattung eher kritisch, für die praktische pfarramtliche Arbeit kann es hingegen ein Vorteil sein.

Den persönlichen «Rekord» schaffte ich beim Tod eines mir gänzlich unbekannten Mannes, der offenbar keine Angehörigen hatte. Der Todesfall blieb monatelang pendent, denn es kümmerte sich niemand darum. Nach einem halben Jahr versorgte ich die Todesfallmitteilung im Archiv mit der Bemerkung «Keine Bestattung». Plötzlich erhielt ich dann die Nachricht, dass doch noch jemand aufgetaucht sei und sich einen Abschied wünsche. So fand die Bestattung über ein halbes Jahr nach dem Todesfall statt.

Das Trauergespräch dient folgenden Zwecken:

- Kennenlernen der verstorbenen Person, der Trauerfamilie und der Umstände des Todesfalls
- Vorbereitung der Abdankung

- Abklären, ob eine weitere seelsorgerliche Begleitung über die Abdankung hinaus nötig und sinnvoll ist

Eine Vorlage «Checkliste fürs Trauergespräch» finden Sie im Anhang unter M24.

- *Ort und Setting*: Der Ort für das Trauergespräch muss von Fall zu Fall gewählt werden. Wenn es möglich ist, bin ich gerne im Haus oder der Wohnung der verstorbenen Person. Bei Heimbewohnerinnen ist das schwierig (fehlender Platz). Alternativ kommen die Angehörigen in mein Büro oder wir treffen uns im Kirchgemeindehaus. Die Anzahl der Gesprächsteilnehmer ist ebenfalls sehr unterschiedlich. Wenn ein verstorbener Ehepartner zurückbleibt, ist es hilfreich, wenn eines der Kinder oder eine andere enge Bezugsperson dabei ist. Ab drei bis vier Angehörigen wird die Gesprächsführung entsprechend anspruchsvoller. Bei einer lateinamerikanischen Beerdigung (von der weiter unten noch die Rede sein wird) waren einmal rund fünfundzwanzig Personen in der Wohnung anwesend, die aber glücklicherweise nicht alle aktiv am Gespräch teilnahmen …
- *Zeitrahmen*: Sorgen Sie dafür, dass Sie sicher zwei Stunden zur Verfügung haben, wenn es nötig sein sollte. Stress gegen Ende des Trauergesprächs ist ungünstig. Meiner Erfahrung nach dauern Trauergespräche durchschnittlich zwischen 45 und 90 Minuten. Es gibt aber auch Kolleginnen und Kollegen, die deutlich längere Trauergespräche machen.
- Nicht zu unterschätzen sind schwierige *familiäre Konstellationen*, über die man im Vorfeld des Trauergesprächs meistens nicht Bescheid weiss. Wenn Angehörige sich widersprechen, uneinig sind oder auch sonst die Atmosphäre unangenehm ist, dann ist viel Fingerspitzengefühl gefragt. Bei Streitigkeiten wird manchmal auch ein wichtiger Teil der Angehörigen mit Absicht nicht über das Gespräch informiert und so von der Entscheidungsfindung ausgeschlossen. Dem kann beim telefonischen Erstkontakt etwas vorgebeugt werden, indem man nachfragt, wer alles zu den nächsten Angehörigen gehört und am Gespräch teilnehmen wird.
- Gehen Sie mit einem mehr oder weniger klaren Plan ins Trauergespräch. Die Gespräche verlaufen manchmal ziemlich chaotisch, da man von

einem Thema ins andere springt und den Angehörigen spontan Dinge durch den Kopf gehen, die sie dann gleich loswerden müssen. Die Checkliste im Anhang kann Ihnen helfen, an alles Wichtige zu denken. Passen Sie diese nach Ihren Bedürfnissen an oder bringen Sie die Themen in die Reihenfolge, die Ihnen besser entspricht!

- Für mich hat sich ungefähr folgende *Struktur des Trauergesprächs* bewährt:
  1. Ankommen, nochmaliges Kondolieren, Kennenlernen
  2. Gespräch über den Tod der verstorbenen Person: Umstände? War jemand dabei? Wie haben Sie das erlebt? Konnten Sie Abschied nehmen? War es «gut»? Bereits in diesem Teil wird deutlich, ob die Angehörigen eher voll Dankbarkeit ein Leben zurückgeben oder ob eher Klagen, Anklagen und Fragen da sind.
  3. Rückblick auf das Leben: Wer war die verstorbene Person? Wie haben Sie sie erlebt? Was bleibt Ihnen? Im Zusammenhang mit der Frage nach einem Lebenslauf bitte ich die Angehörigen, das Leben der verstorbenen Person mündlich Revue passieren zu lassen und mache mir Notizen.
  4. Vorbereitung der Abdankung: Wann geschieht was und wo? Ich erkläre den Ablauf und kläre Fragen. Speziell frage ich nach der Musik/Liedern, nach der Art des Lebenslaufs, nach Informationen zum Dank, zur Kollekte und zu einem allfälligen Imbiss im Anschluss.
  5. Ich schliesse und fasse zusammen. Was muss noch geklärt werden? Wann trifft man sich? Ist alles klar?
- Explizit *theologische und seelsorgerliche Fragen* und Gesprächsteile kommen in Trauergesprächen zwar immer wieder vor, sind aber längst nicht Standard. Von meiner Seite aus dränge ich nicht in diese Richtung. Je nach Situation entscheide ich gegen Ende des Gesprächs, ob ich noch anbiete, einen kurzen, passenden Text aus der Bibel vorzulesen oder ein Gebet zu sprechen.

- Die grosse Herausforderung des Trauergesprächs ist die Mischung zwischen Seelsorge in einer existenziellen Situation und der Vorbereitung auf einen kirchlichen Anlass. Beidem gerecht zu werden, ist sehr anspruchsvoll, weshalb das Trauergespräch m. E. zu den Königsdisziplinen im Pfarramt gehört. Die allmähliche Routine ist in diesen hochkomplexen Gesprächen eine enorme Hilfe.[74]

- Der vielleicht wichtigste Punkt bei der Vorbereitung und Durchführung einer Abdankung lautet: Vermitteln Sie Sicherheit! Sie sind die Expertin, der Experte – die Angehörigen sind in einer seltenen Extremsituation. Sie führen diese Familie durch den Abschied und ermöglichen ihnen Ruhe. Wenn bereits das Trauergespräch in dieser Hinsicht gelingt, wird auch die Abdankung gelingen.

?

Wenn Sie auf bereits erlebte Trauergespräche zurückblicken:

- Welches Gespräch haben Sie als besonders gelungen in Erinnerung? Was ist der Grund dafür?
- Und welches Gespräch löst in Ihnen eher negative Erinnerungen aus? Warum? Was haben Sie daraus gelernt?

Die Beisetzung auf dem Friedhof

Die Beisetzung auf dem Friedhof, am Grab, ist die eigentliche Bestattung, an der die Angehörigen Abschied nehmen. Man kann grob drei Arten unterscheiden:

- Beisetzung *vor* dem Trauergottesdienst: Nach dem Abschied am Grab (oft im Familienkreis) wird im öffentlichen Gottesdienst auf das Leben zurückgeblickt und das Evangelium verkündigt.
- Beisetzung *nach* dem Trauergottesdienst: Nach dem Lebensrückblick und dem Hören aufs Evangelium geht die Trauergemeinde zum Abschied ans Grab. Seelsorgerlich ist diese Reihenfolge problematischer, da der Abschied am Grab emotional der schwierigste Teil der Abdankung ist. Es ist einfacher, die Auferstehungshoffnung nachher zu verkündigen als vorher!

---

74 An dieser Stelle ausnahmsweise ein Spezialtipp für Ausbildungspfarrpersonen: Auch ins Trauergespräch kann eine Vikarin, ein Vikar, schrittweise eingeführt werden: Sie oder er kann beim ersten Mal einfach dabei sein, beim zweiten oder dritten Mal erst einen kleinen Teil des Gesprächs übernehmen, und dann – mit Begleitung – ein ganzes Gespräch von A bis Z leiten. Dieses Vorgehen hat sich in meiner Praxis sehr bewährt und hat den Auszubildenden mehr Sicherheit gegeben.

- Beisetzung *ohne* Trauergottesdienst: Die Bestattung konzentriert sich auf den eigentlichen Abschied am Grab, oft im kleinen Kreis. In diesem Fall wird die Beisetzung etwas ausführlicher gestaltet. Ich mache dann am Grab einen (kurzen) Lebensrückblick und halte eine kurze Andacht über einen Bibeltext. Diese Bestattungsart nimmt stark zu, dazu passend auch die Wahl des Gemeinschaftsgrabes als letzter Ruhestätte.

Eher selten ist heute die Variante, dass auf dem Friedhof eine sogenannte «Aussegnung» mit Sarg stattfindet und danach erst die Kremation und die Beisetzung erfolgt.

Ein Gerüst für den Ablauf aller drei Arten der Beisetzung finden Sie im Anhang unter M25 und dahinter ein ausgearbeitetes Beispiel mit allen Texten für eine Beisetzung *vor* dem Trauergottesdienst unter M26.

Folgendes ist bei der Beisetzung ausserdem zu beachten:

- Die bereits erwähnten *lokalen Traditionen*: Gibt es einen Erdwurf? Wird der Mitarbeiter vom Bauamt die Urne während der Beisetzung im Grab versenken? Beginnt man bei der Aufbahrungshalle und geht während der Zeremonie gemeinsam ans Grab? Diese Fragen werden Sie bald geklärt haben, sind aber auf jedem Friedhof wieder von Neuem zu stellen.
- Das *Wetter* ist nicht planbar. Beisetzungen finden immer draussen statt. Bei extremen Wettersituationen müssen Sie genügend früh mögliche Erleichterungen oder Alternativen in Betracht ziehen.
- Je nach Lage des Friedhofs ist der *Ablenkungsfaktor* und der Geräuschpegel hoch. Dem kann man mit dem Setting vorbeugen. Bei grösseren Trauergesellschaften ist eine Lautsprecheranlage in Betracht zu ziehen. Einige Friedhöfe haben das vorgesehen und verfügen über die entsprechende Ausrüstung.
- Je nach Lage des Grabes ist der *Platz beschränkt*. Ich versuche jeweils, mich hinter dem Grab zu platzieren. Die engsten Angehörigen stehen direkt am Grab, die weiteren Besucherinnen und Besucher je nach Platz in den Reihen dahinter oder darum herum. Sind Angehörige dabei, die schlecht zu Fuss sind, braucht es eine Sitzgelegenheit. Oft gibt es einige Einzelstühle auf den Friedhöfen oder eine Sitzbank in der Nähe des Grabs.

- Auch wenn der *Beginn* zeitlich terminiert ist, frage ich immer die engsten Angehörigen, ob alle da sind, die erwartet werden. Beginnen Sie keinesfalls zu früh. Warten hingegen ist meistens gut möglich.
- *Klare Leitung*: Ich stelle mich normalerweise nicht der ganzen Trauergesellschaft persönlich vor (höchstens, wenn die Zahl sehr gering ist). Durch meine Kleidung und durch mein bestimmtes Auftreten signalisiere ich aber, dass ich der Pfarrer bin, der durch diese Beisetzung leitet. Ich suche den Kontakt zu den engsten Angehörigen, vermittle Sicherheit und gestalte die Übergänge gezielt, indem ich klar und deutlich sage, was wir machen.
- *Abschluss*: Nach meinen letzten Worten lade ich die Angehörigen dazu ein, persönlich am Grab Abschied zu nehmen. Meistens warte ich dann, bis alle durch sind. Oder – bei folgendem Trauergottesdienst und vielen Anwesenden – ich entschuldige mich, gebe den Zeitrahmen bekannt und mache mich bereits für die Vorbereitung auf den Weg in die Kirche. Es ist kein abwegiger Gedanke, dass es für die Trauerfamilie auch gut ist, noch einen Moment ohne Pfarrer, Pfarrerin am Grab zu verbringen.
- *Spezialwünsche* sind nicht selten: Beispielsweise dass jemand noch ein Gedicht vortragen möchte, dass Grosskinder/Urgrosskinder eine Zeichnung ins Grab legen wollen oder dass ein Vereinsvertreter den sogenannten «Fahnengruss» (Mehrfaches Schwenken der Vereinsfahne über dem Grab nach einem bestimmten Ritus) machen will. Meistens kommt dies im Trauergespräch zur Sprache; seien Sie aber darauf gefasst, dass solche Wünsche auch noch spontan auf dem Friedhof geäussert werden könnten.

Bei einer Beisetzung mit anschliessendem Trauergottesdienst kam die Tochter der Verstorbenen aufgeregt zu mir und meldete, ihr Vater (der Witwer) stecke im Lift fest. Da damit zu rechnen war, dass die Befreiungsaktion einige Zeit in Anspruch nehmen würde und es Dezember mit Temperaturen um den Gefrierpunkt war, schickte ich die gesamte Trauergesellschaft in die Kirche zum Aufwärmen. Die Beisetzung startete dann mit über einer halben Stunde Verspätung.

Der Trauergottesdienst

Der Trauergottesdienst gibt einer grösseren Gemeinschaft die Möglichkeit, ein Leben Revue passieren zu lassen, Abschied zu nehmen und Trost zu finden. Auch wenn es für die Trauerfamilie kein einfacher Gang ist, zeigt eine grosse Anteilnahme bei Beerdigungen Anerkennung und Wertschätzung für das Leben der verstorbenen Person. Das ist für die Trauerverarbeitung eine nicht geringe Hilfe und wird heute oft unterschätzt.

Der Trauergottesdienst folgt im Grossen und Ganzen der Liturgie eines normalen Gottesdienstes. Ein spezielles Augenmerk gilt dem Lebenslauf/Lebensrückblick.

Eine Vorlage für den Ablauf eines Trauergottesdienstes finden Sie im Anhang unter M27.

Einige Hinweise zu einzelnen Elementen des Trauergottesdienstes:

- *Setting*: Die Trauerfamilie sitzt normalerweise in den vordersten Reihen. Wenn sie direkt vom Friedhof kommt und die restliche Trauergemeinde bereits in der Kirche wartet, so muss der Sigrist, die Sigristin, entsprechend die Plätze reservieren.
- *Blumen* in Schalen, Kränzen und Gestecken werden nicht nur von der Trauerfamilie, sondern auch von Institutionen oder Vereinen im Voraus geliefert. Manchmal wird auch gewünscht, ein *Foto* der verstorbenen Person aufzustellen. Vereine bringen manchmal ihre *Vereinsfahne* mit und stellen diese auf (oder der Fähnrich steht mit der Fahne vorne während des Gottesdienstes). Klären Sie ab, was in Ihrer Kirchgemeinde üblich ist.
- *Begrüssung und Abkündigung*: Bei der Begrüssung wird der Grund des Zusammenseins genannt, also der Tod eines Menschen. Normalerweise nennt man hier den vollständigen Namen, das Lebensalter und, je nachdem, Umstände des Todes. Letzteres muss von Fall zu Fall genau geklärt werden. Manchmal sind ohnehin alle Besucher informiert. Bei unerwarteten Todesfällen ist es dennoch gut, wenn die Todesursache genannt wird (z. B. «Er ist unerwartet an einem Herzschlag gestorben.»), um Spekulationen vorzubeugen. Bei heiklen Todesursachen (z. B. Suizid, Folgen von Alkohol usw.) ist im Trauergespräch zu klären, was man sagen darf

und was nicht. Im Zweifelsfall sagen Sie lieber zu wenig als zu viel! Es gibt auch Situationen, in denen Sie es selber gar nicht so genau wissen, weil die Angehörigen um den heissen Brei herum geredet haben im Trauergespräch.

- *Lieder*: Im Trauergottesdienst wird üblicherweise weniger gesungen als im Sonntagsgottesdienst. Nicht alle Trauergemeinden können singen. Oft sind im Trauergespräch die Angehörigen auch sehr skeptisch dem Singen gegenüber. Ich ermutige Sie dennoch, möglichst in jedem Trauergottesdienst zwei Lieder zu singen, eines im ersten und eines im zweiten Teil, denn das Singen aktiviert die Trauergemeinde und hat dann auch eine trauerverarbeitende Funktion. Wählen Sie bekannte Lieder! Ein Danklied im ersten Teil (Dank für das vergangene Leben) und ein Vertrauenslied im zweiten Teil ist meistens eine gute Wahl. Eine Liste mit einer kleinen Auswahl von geeigneten Liedklassikern für Trauergottesdienste finden Sie im Anhang unter M28. Prüfen Sie jedoch gut, welche Texte sich in der entsprechenden Situation wirklich eignen. Gerne frage ich auch die Angehörigen nach Liederwünschen: Meistens werden dann «Grosser Gott, wir loben dich» und «So nimm denn meine Hände» genannt – die beiden unerreichten Abdankungsklassiker der Gegenwart.
- *Lebenslauf*: Für den Lebenslauf stellen sich verschiedene Fragen, die im Trauergespräch geklärt werden müssen:
  a) Ausführlicher Lebenslauf oder nur kurzer Lebensrückblick oder «stiller Lebenslauf» (stilles Gedenken mit Musik)?
  b) Existiert bereits ein Lebenslauf, den die verstorbene Person oder deren Angehörige verfasst haben? Verfassen die Angehörigen jetzt noch einen Lebenslauf? Oder liegt die Aufgabe bei Ihnen? (Letzteres kommt selten vor.)
  c) Möchte jemand aus der Familie den Lebenslauf vortragen oder werden Sie ihn vortragen? Wenn Angehörige ihn selber vortragen wollen, ist das sehr zu unterstützen, jedoch ist die Aufgabe in emotionaler Hinsicht nicht zu unterschätzen. Ich lasse mir den Lebenslauf in solchen Fällen auch zukommen und springe ein, falls dies nötig wäre.
  d) Wird der Lebenslauf zusätzlich mit Bildern und/oder Musik unterstützt? Wenn ja, wie wird das technisch umgesetzt?

Achtung: Vermeiden Sie es, für den Lebenslauf die volle Verantwortung zu übernehmen! Denn hier liegt manchmal der Hund begraben: Sie können ja nicht wissen, ob der Lebenslauf wirklich die zentralen Erlebnisse wiedergibt oder ob er beschönigt und Negatives verschweigt. Mit einer einleitenden Formel wie «Ich lese Ihnen den Lebenslauf vor, nach den Angaben, wie ich ihn von der Trauerfamilie erhalten habe …» sichern Sie sich diesbezüglich ab.

- *Predigt*: Eine Abdankungspredigt sollte nicht das zeitliche Mass einer Sonntagspredigt erreichen – als Richtwert dürften rund zwei Drittel der Sonntagspredigt angebracht sein. Die grosse Kunst der Abdankungspredigt besteht darin, dem Leben des verstorbenen Menschen und dem Evangelium gerecht zu werden. Oft werden Sie nicht so genau wissen, was und wie die verstorbene Person geglaubt hat (auch wenn Sie im Trauergespräch danach fragen) und ein Urteil darüber steht uns auch nicht zu. Wenn es aber möglich ist, ein wichtiges Element aus der Biografie mit einem Bibeltext in Beziehung zu bringen, dann werden die Gottesdienstbesucherinnen und -besucher aufmerksam dabei sein. Wenn möglich nehme ich deshalb ein Hobby, den Beruf oder eine besondere Eigenschaft der verstorbenen Person auf. Manchmal finde ich jedoch keinen guten Anknüpfungspunkt oder ich weiss zu wenig über die verstorbene Person: In diesen Fällen wähle ich einen eher allgemein gehaltenen Bibeltext für die Predigt mit weniger Bezug zur konkreten Biografie. Einige direkt anwendbare Beispiele für diese beiden Arten von Abdankungsthemen/-texten finden Sie im Anhang unter M29.
- *Mitteilungen*: In die Mitteilungen gehört zunächst der Dank – ein allgemeiner Dank an alle, die dem verstorbenen Menschen Gutes erwiesen haben und die ihm heute die letzte Ehre erweisen, sowie je nach Wunsch ein spezieller Dank an diejenigen Personen, die sich besonders um die verstorbene Person gekümmert haben (z. B. regelmässige Besuchende oder das Personal im Pflegeheim). Weiter enthalten die Mitteilungen einen Hinweis zur Kollekte (je nach Gemeindepraxis von den Angehörigen gewählt oder nicht), vielleicht eine Einladung zu einem Traueressen/Imbiss/Apéro (auch unter den Bezeichnungen «Leidmahl», «Gräbt» usw. bekannt) und die Einladung an die Angehörigen zur Abkündigung im folgenden Sonntagsgottesdienst.

- *Auszug*: Es macht Sinn, die Angehörigen als Erste aus der Kirche ausziehen zu lassen. So entsteht nachher erst draussen eine «Schlange» für die Kondolationen. Ich stehe am Ausgang und verabschiede zuerst die Angehörigen und danach die Trauergemeinde.

Das Trauernachgespräch und die weitere Begleitung

Ein seelsorgerliches Nachgespräch führe ich mit wenigen Ausnahmen nur dann durch, wenn ein Ehepartner allein zurückbleibt. Andere Angehörige hingegen wohnen vielfach auswärts.

- Wenn die Situation nichts anderes nahelegt, nehme ich etwa einen Monat nach der Abdankung wieder Kontakt auf. Zuvor läuft meistens noch sehr viel, sodass die Menschen beschäftigt sind. Die wirkliche Leere nach einem Todesfall setzt erst nach einiger Zeit ein.
- Das Trauernachgespräch dient dazu, die Zeit des Todes und des Abschieds vom Partner nochmals Revue passieren zu lassen. Als Pfarrer interessiere ich mich auch dafür, wie es für die zurückbleibende Person weitergeht: Schafft sie es? Braucht sie Unterstützung? Ist eine engere seelsorgerliche Begleitung angezeigt?
- Bei ökumenischen Paaren (also, wenn ein katholischer Ehepartner zurückbleibt) informiere ich die katholischen Kollegen über den Todesfall und bitte sie, nach Möglichkeit einen Besuch zu machen. Gleichzeitig hoffe ich, im umgekehrten Fall etwas von ihnen zu hören; ich lese aber auch aufmerksam die Todesanzeigen in der Zeitung, um zu erfahren, wenn ein katholischer Ehepartner eines meiner Gemeindeglieder stirbt.

Besondere Todesfälle und Abdankungen

Nicht sehr häufig, aber eben doch immer wieder geschehen besondere Todesfälle, die damit auch eine besondere Beachtung verdienen.

A) Tod eines Kindes

Der Tod eines Kindes ist in unserer Gesellschaft äusserst selten. In den meisten Fällen sind es Kinder, die wegen einer unheilbaren Krankheit oder wegen eines Unfalls sehr früh aus dem Leben scheiden. Bei Abdankungen für Kinder ist vieles anders, nicht nur wegen des unüblichen Todesfalls, sondern auch wegen der gänzlich anderen Trauergesellschaft. Das Umfeld des Kindes (z. B. Schulklasse, Geschwister, Freunde, Verein) sollte unbedingt in die Vorbereitung einbezogen werden. Der Gottesdienst ist «kinderfreundlich» zu gestalten und tendiert in Richtung Familiengottesdienst. Rituale und Geschichten passen besonders gut.

Zu beachten ist, dass im Unterschied zu den seltenen Todesfällen von Kindern der Tod von *ungeborenen* Kindern sehr häufig ist, aber oftmals nicht bekannt wird, da das nach wie vor ein gesellschaftliches Tabu ist. Es gibt Landeskirchen, die, manchmal in Zusammenarbeit mit den grossen Spitälern, einfache Trauerfeiern für ungeborene Kinder anbieten.

B) Tod eines jungen Elternteils

Ähnliches gilt bei einem Tod eines jungen Elternteils. Gerade wenn Kinder oder Jugendliche betroffen sind, die in Ihrer Kirchgemeinde beheimatet sind, so ist die Bestattung an den Bedürfnissen der Kinder und Familien im Umfeld der verstorbenen Person auszurichten. Junge Eltern stehen in einem enorm grossen Beziehungsnetz. Betroffen vom Tod sind neben der Familie auch der Arbeitsplatz, die Nachbarschaft, Vereine, aber auch die Eltern der Schulkameraden ihrer Kinder.

C) Schwerer Unfall/Verbrechen

Unerwartete Todesfälle durch schwere Unfälle (z. B. Berufs- und Freizeitunfälle oder Verkehrsunfälle) sind genauso selten und tragisch wie Todesfälle durch Verbrechen (Mord). Und weil in Extremsituationen oft bereits ein Care-Team im Einsatz steht, übernimmt nicht selten auch eine Pfarrperson aus dem Care-Team die Trauerfeier, gerade wenn es um mehrere Todesfälle innerhalb einer Gruppe geht (z. B. Unfall auf einer Skitour).

In den wenigen Fällen, in denen Sie dennoch mit solchen Situationen konfrontiert werden, gilt es noch mehr als sonst, jeden Schritt und jeden Gedanken sorgfältig abzuwägen. Aus meiner Erfahrung ist auch zu beachten, dass bei speziellen Todesfällen manchmal die Todesursache nicht ganz klar ist: War es wirklich ein Unfall? Oder war es Suizid? Oder war es gar ein Verbrechen? Insofern muss man sich dann auch mit klaren Aussagen zurückhalten.

D) Suizid

Etwas häufiger kommen Suizide vor, was bei über tausend eindeutigen Suiziden jährlich in der Schweiz nicht erstaunlich ist. Allerdings muss hier gut unterschieden werden:

- Der klassische, für die Angehörigen unerwartete Suizid beispielsweise aufgrund einer Depression, meistens durch äussere Gewalteinwirkung (z. B. sich Aufhängen): Seelsorgerlich eine riesige Herausforderung!
- Der assistierte Suizid, insbesondere aufgrund einer unheilbaren Krankheit: Oft sind die Angehörigen «eingeweiht» und anwesend. Auch hier stellen sich viele seelsorgerliche Probleme, aber das Element des Schocks fällt weg.
- Der Suizid in hohem Alter durch Verweigerung von Essen und Trinken (in den letzten Jahren unter dem Begriff «Sterbefasten» bekannt geworden): Fällt vielleicht gar nicht mehr so ganz in die Kategorie Suizid und ist für die Angehörigen seelsorgerlich meistens weit weniger schwierig.

Dazu kommen Situationen (vgl. oben unter «Schwerer Unfall/Verbrechen»), bei denen nicht klar ist, ob es sich um einen Suizid handelt oder um einen ungewollten Unfall.

- Das gesellschaftliche Tabu rund um den Suizid ist etwas schwächer geworden. Heutzutage darf an der Abdankung eher erwähnt werden, dass die Person freiwillig aus dem Leben geschieden ist. Auch hier gilt: Einerseits wissen oder vermuten es wohl sowieso viele (wenn die Person z. B. an Depressionen litt und schon mehrere Suizidversuche hinter sich hatte), andererseits beugt es Spekulationen vor. Es kann entlastend sein für die Trauerfamilie, wenn es ausgesprochen wird und alle es offiziell wissen: Es war ein Suizid.
- Gleichzeitig ist ein Suizid emotional in fast jeder Situation mit Schuldgefühlen verbunden. Diese Gefühle müssen ernst genommen werden, auch wenn sie nicht in jeder Situation gleich berechtigt sind. Im Trauergottesdienst bietet sich ein Gebet oder ein Ritual an, an dem eigene Schuld und offene Fragen bekannt und vor Gott gebracht werden können. Die Predigt des Evangeliums kann entlastende, befreiende Wirkung haben.

- Doch nicht nur Schuld, sondern auch zahlreiche andere Gefühle können bewusst oder unbewusst im Raum stehen (z. B. Wut auf den verstorbenen Ehepartner: «Warum stiehlst du dich auf diese Weise aus der Verantwortung?»). Diese vielfältigen Gefühle alle adäquat aufnehmen zu können, ist ein Ding der Unmöglichkeit. Darum braucht es viel Fingerspitzengefühl und sorgfältig gewählte Worte im Trauergottesdienst.

Dieses Fingerspitzengefühl fehlte mir bei meiner zweiten Abdankung eines Suizids. Ich hatte wenig Zeit zur Vorbereitung und übernahm deshalb etwas unbedacht verschiedene Ideen aus der Trauerfeier beim ersten Suizid. Unter anderem war ein kurzes Schuldbekenntnis dabei. Das kam bei den Arbeitskollegen der Verstorbenen gar nicht gut an. Diese waren nämlich ohnehin mit Mobbingvorwürfen seitens der verstorbenen Kollegin konfrontiert, die damals auch medial in der Regionalzeitung thematisiert wurden – aus ihrer Sicht natürlich völlig zu Unrecht. Mir wurde vorgeworfen, dass ich mit diesem Schuldbekenntnis in gewissem Masse Partei ergriffen hätte in diesem Konflikt. Ich habe daraus gelernt, bei solch heiklen Todesfällen in den Formulierungen sehr vorsichtig zu sein und in die Vorbereitung genug Zeit zu investieren.

E) Sehr grosse Beerdigungen/Beerdigungen im öffentlichen Interesse
Bis heute mobilisieren Beerdigungen je nach Bedeutung und Bekanntheitsgrad der verstorbenen Person enorm. Irgendwann steht Ihre erste wirklich grosse Beerdigung vor der Türe. Das kann nervös machen. Und es ist wichtig, in solchen Fällen nochmals einige Besonderheiten zu beachten:

- *Besucherzahl*: Es ist ohnehin sinnvoll, an jedem Trauergespräch nach der ungefähr zu erwartenden Besucherzahl zu fragen, auch wenn die Angehörigen das manchmal nur schwer abschätzen können. Wenn aber absehbar ist, dass enorm viele Besucherinnen und Besucher zu erwarten sind, dann stösst jedes kirchliche Gebäude irgendeinmal an seine Grenze. Wo liegt diese Grenze und besteht die Möglichkeit, dass diese überschritten wird? Was dann? Je nachdem müssen verschiedene Szenarien ins Auge gefasst werden wie zum Beispiel eine Übertragung per Live-Stream.

- *Besonderer Todesfall*: Wirklich grosse Abdankungen gibt es normalerweise nicht bei Gemeindegliedern, die alt und lebenssatt mit über 90 Jahren sterben (weil dann viele Bekannte bereits selber gestorben sind), sondern bei Personen, die noch mitten im Leben und in vielfältigen Beziehungen stehen. Dann ist aber auch die Wahrscheinlichkeit hoch, dass der Todesfall unerwartet oder besonders tragisch war. Das verschärft die Situation, weil die Abdankung damit nicht nur gross, sondern auch seelsorgerlich anspruchsvoller wird.
- *Mitwirkung*: Bei bekannteren Persönlichkeiten aus dem gesellschaftlichen Leben kann es vorkommen, dass Beiträge aus der Trauergesellschaft eingebracht werden möchten. Als Pfarrerin oder Pfarrer koordinieren Sie diese und bringen sie in eine stimmige Reihenfolge. Ausserdem haben Sie es inhaltlich nicht mehr im Griff: Denn was beispielsweise ein Parteipräsident über seinen verstorbenen Nationalrat sagt, entscheidet er selbst. Auch zeitlich kann dann die Abdankung bald einmal aus dem Ruder laufen. Sie stehen deshalb in der Pflicht, Beiträge im Voraus auch zeitlich zu beschränken. Genaue Abklärungen sind auf jeden Fall nötig.
- *Medieninteresse*: In gewissen Fällen besteht auch ein Medieninteresse an einer Abdankung (mindestens was die Lokalpresse angeht). Für Sie muss in solchen Situationen der Wille und der Schutz der Angehörigen im Vordergrund stehen. Wenn Sie und die Angehörigen nicht wollen, dass in der Kirche gefilmt wird für die Abendnachrichten des Regionalfernsehens, dann verbieten Sie das Filmen.

- Für die Abdankung eines noch aktiven Politikers rechneten wir mit rund vierhundert Gästen und wichen deshalb in die grössere Abdankungshalle der Nachbargemeinde aus. Es gab drei weitere Trauerredner (davon zwei aus seiner politischen Partei und einer aus seinem Service-Club), die von mir eine klare Beschränkung auf fünf Minuten Redezeit erhielten. Das Regionalfernsehen wollte Aufnahmen der Abdankung machen, was die Angehörigen ablehnten. Ich erlaubte Aufnahmen nach dem Gottesdienst (Gespräche mit Trauergästen), was damals ein guter Kompromiss war.

- Unbedingt in unserer relativ kleinen Kirche sollte die Abdankung eines Ortsbürgers stattfinden, der völlig unerwartet und dramatisch gestorben war. Da er verwurzelt im Dorf, Ehemann einer Schulrätin, Firmeninhaber und Mitglied mehrerer Vereine war und erst kurz vor der Pensionierung stand, war klar, dass die Besucherzahlen alles bisher Erlebte sprengen würden. Mit der Grundbestuhlung von 126 und einer Maximalbestuhlung von 250 Plätzen in der Kirche würden wir da niemals genug Sitzgelegenheiten anbieten können. Schliesslich bestuhlten wir mithilfe von Stühlen aus der Turnhalle auch das Foyer und den Nebenraum und machten eine Tonübertragung. Es kamen über 500 Trauergäste, von denen fast alle einen Sitzplatz fanden: Nur etwa 50 mussten im Eingangsbereich oder draussen stehen und konnten dem Gottesdienst dank der Tonübertragung folgen. Der Wunsch der Trauerfamilie konnte so erfüllt werden und alle hatten viel Verständnis für die Platzsituation. Der organisatorische Aufwand dafür war aber riesig.

Zusammenfassend schildere ich nochmals zwei besondere Abdankungen aus meiner Praxis, bei denen sehr schön sichtbar wird, wie komplex und anspruchsvoll das Arbeitsfeld «Abdankung» in manchen Fällen sein kann. Beachten Sie dabei: Solche Ausnahmesituationen sind äusserst selten. In den allermeisten Abdankungen kann eine schöne Feier ohne viele Hürden vorbereitet werden.

- Beim Todesfall eines Mannes im mittleren Alter kamen sehr viele schwierige Faktoren zusammen: Es war ein unangekündigter Suizid mit Abschiedsbrief, in dem der Trennung von seiner Frau die Schuld gegeben wurde. Zunächst gab es nur den Abschiedsbrief – der Leichnam wurde erst nach einem Tag dank eines Geistesblitzes des Sohnes gefunden. Er war Vater zweier ehemaliger Konfirmanden (wobei der jüngere noch nicht volljährig war). Der Suizid geschah durch einen Kopfschuss, was den Verstorbenen sehr entstellt hatte. Der Verstorbene war im beruflichen und gesellschaftlichen Leben sehr präsent, weshalb eine grosse Anteilnahme zu erwarten war. Zusätzlich problematisch war: In der Familie gab es zwei Parteien, die beide im Dorf wohnten: Die Exfrau mit den beiden Kindern auf der einen Seite (da die Scheidung noch nicht

vollzogen war, war sie entscheidungsbefugt in allen Fragen), die Mutter (eine ehemalige Mitarbeiterin der Kirchgemeinde) und der Bruder auf der anderen Seite. Diese beiden Parteien warfen sich gegenseitig vor, Schuld am Suizid zu haben, und weigerten sich, miteinander zu reden, selbst telefonisch. So war lange Zeit unklar, wie überhaupt eine Trauerfeier sinnvoll vorbereitet werden kann und wer was dazu bestimmen darf. In dieser anspruchsvollen Situation fuhr ich mehrmals mit dem Velo zwischen den drei Wohnungen hin und her und hatte zunächst die Funktion eines Mediators und Nachrichtenüberbringers. Die Situation spitzte sich zwischenzeitlich derart zu, dass ich drohen musste, diese Abdankung nicht zu machen. Das führte dann zur Vernunft aller Beteiligten. Wir machten eine Beisetzung am See für die eine Seite der Familie und einen Trauergottesdienst für die andere Seite und die Öffentlichkeit. Beide Parteien mussten Zugeständnisse machen. Ausserdem ging ich dank meinem Schlüssel in Eigeninitiative mit der Mutter zur Aufbahrungshalle vor der Kremation, da das Bestattungsamt nur einen Schlüssel an die Exfrau zur Verfügung gestellt hatte. Rechtlich korrekt war das nicht, aber seelsorgerlich wichtig: Nur so konnte sie von ihrem Sohn physisch Abschied nehmen.
- Meine allererste Abdankung in meiner neuen Kirchgemeinde war die Abdankung eines Lateinamerikaners, der unter mysteriösen und bis heute unklaren Umständen ums Leben gekommen war. Das spezielle Trauergespräch mit über fünfundzwanzig Personen in der Wohnung wurde bereits im Abschnitt «Trauergespräch» erwähnt. Die Abdankung war dann aber ein Erlebnis, das meine kühnsten Vorstellungen übertraf. Es wirkte beispielsweise ein Unterhaltungsmusiker im Stil «Elvis» mit, der «zu Diegos Ehren» Lieder sang und fromme Sprüche von sich gab. Ein charismatischer Prediger las einen spanischen Bibeltext direkt von seinem Tablet. Eine ältere Frau hielt eine Lobrede auf den Verstorbenen, der offensichtlich ein perfektes Leben geführt haben musste (wobei mir aufgrund meiner Informationen weiterhin unklar war, ob er nicht doch in irgendwelche dunklen Machenschaften verwickelt und vielleicht sogar ermordet worden war). Sie wollte nicht mehr aufhören und geriet ins Predigen, bis ich sie dann sanft, aber bestimmt von der Kanzel holte. Hinzu kam, dass zwei weitere Personen ausschliesslich damit beschäf-

tigt waren, während der ganzen Trauerfeier mit Kameras die Emotionen der Gottesdienstbesucher zu filmen, was – wie mir gesagt wurde – in ihrer Kultur absolut notwendig und üblich war. Da ich gerade meinen vierten Arbeitstag in der neuen Kirchgemeinde hatte und erstmals mit meinem Sigristen zusammenarbeitete, versicherte ich ihm nach der fast zweistündigen Feier: «Das war nicht meine Standard-Abdankung!» Noch Jahre später konnte ich ihn mit Erinnerungen an diesen Trauergottesdienst zum Lachen bringen.

Überlegen Sie sich zum Schluss dieses längeren Abschnitts über die Abdankungen:

- Wo sehen Sie die besonderen Herausforderungen in diesem Arbeitsbereich?
- Was möchten Sie besonders beachten?

3.3.3. Das Pädagogische Handeln (Unterricht, Kinder- und Jugendarbeit)

Im Bereich des Unterrichts, der Kinder- und Jugendarbeit sind meistens viele verschiedene Personen, Angestellte und Freiwillige, involviert. Nur selten ist die Pfarrerin oder der Pfarrer gleichzeitig auch ressortverantwortlich. In vielen Gemeinden beschränkt sich die pfarramtliche Mitarbeit und Verantwortung auf den Konfirmandenunterricht und auf gottesdienstliches Feiern mit Kindern und Jugendlichen. Daher soll der Konfirmandenunterricht hier etwas ausführlicher thematisiert werden, während ich andere Bereiche eher kurz abhandle.

3.3.3.1. Konfirmandenunterricht

Normalerweise kommen Sie auch im Konfirmandenunterricht in ein bestehendes System einer Kirchgemeinde hinein. Wie viel eigene Gestaltungsmöglichkeiten Sie inhaltlich und organisatorisch haben, hängt primär von diesen Voraussetzungen ab.

Dennoch: Eigentliche Vorgaben zum Konfirmandenunterricht gibt es so gut wie keine und auch die unterschiedlichen bestehenden aktuellen Lehrmittel oder Unterrichtshilfen in der Deutschschweiz sind alles andere als verbindlich, sondern allerhöchstens Vorschläge und Material für die eigene Gestaltung.

Die Durchführung des Konfirmandenunterrichts unterscheidet sich daher nicht nur von Landeskirche zu Landeskirche, sondern bereits von Gemeinde zu Gemeinde erheblich, zum Beispiel in den Bereichen:

- Anzahl Lektionen
- Art der Lektionen (Einzellektionen, Doppellektionen, Halbtage)
- Verbindliche Kurse und Wahlkurse
- Art und Länge eines Weekends oder Lagers
- Grösse der Konfirmandenklasse
- Lehrpersonen
- Inhalte des Unterrichts
- Einbindung des Konfirmandenunterrichts in das restliche Gemeindeleben

Während ich in meiner ersten Kirchgemeinde wöchentlich eine Doppelstunde unterrichtete und erst am Sonntag Trinitatis konfirmierte, waren es in meiner zweiten Kirchgemeinde nur noch alle zwei Wochen eine Doppelstunde mit der Konfirmation bereits am Palmsonntag. Damit hat sich meine eigene Anzahl Unterrichtslektionen für eine Konfirmandenklasse mehr als halbiert. Allerdings wird im Unterrichtsjahr zuvor ein Teil des Unterrichtsstoffes durch den Sozialdiakon vermittelt.

Organisation

Die unzähligen Systeme und Formen des Konfirmandenunterrichts haben allesamt gewisse Vor- und Nachteile. Diese werden hier in aller Kürze und Unvollständigkeit stichwortartig aufgelistet – ergänzen, beurteilen und korrigieren Sie sie mit Ihren eigenen Erfahrungen!

Stichwort	Vorteile	Nachteile
Einzel- und Doppellektionen	• Regelmässigkeit • Schulisches Setting erleichtert die Disziplin	• Wenig Freiraum für Verlängerungen und Spontanes; wenig «Gemeinschaftsgefühl»
Unterrichtsblöcke (z. B. Halbtage)	• Möglichkeit, intensiv an einem Thema zu arbeiten • Längerer Kontakt am Stück	• Wer fehlt, verpasst relativ viel • Unregelmässigkeit erschwert Beziehung • Für Lehrperson oft anstrengend

Stichwort	Vorteile	Nachteile
Wahlkurse	• Konfirmanden können nach Interesse auswählen • Konfirmanden sind motivierter • Bei mehreren Lehrpersonen müssen nicht alle alles vorbereiten	• Manchmal schwer planbar • Bei mehreren Lehrpersonen kann es zu einem Konkurrenzgefühl kommen/Konfirmanden wählen nicht nach Interesse, sondern nach Lehrperson oder Zeitpunkt
Sozialeinsätze	• Konfirmanden können konkret etwas machen • Konfirmanden lernen die Gemeinde kennen	• Wenn die Motivation fehlt, wird es für die Verantwortlichen schwierig
Zusammenarbeit mit umliegenden Gemeinden	• Grössere Gruppen; mehr Flexibilität, mehr Spass für Konfirmanden • Lehrpersonen können stärker gabenorientiert arbeiten	• Grösserer organisatorischer Aufwand • Bei theologischer oder persönlicher Uneinigkeit der Lehrpersonen schwierig • Man lernt die eigenen Konfirmanden weniger gut kennen
Teamteaching	• Grosse Entlastung für Lehrpersonen • Qualitativ bessere Lektionen • Höhere Disziplin • Wenn mit Jungleitenden: grosse Chance für Jugendarbeit	• Finanziell aufwändiger • Vorbereitung und Absprachen brauchen Zeit
Unterricht am Abend	• Organisatorisch oft am einfachsten • Direkter Anschluss an Schule erleichtert Disziplin	• Kollidiert zeitlich oft mit Freizeitangeboten, insbesondere Sport • Konfirmanden sind müde vom langen Schultag • Konfirmanden brauchen noch Zeit zum Lernen am Abend

Stichwort	Vorteile	Nachteile
Unterricht am Samstagmorgen	• Längere Unterrichtsblöcke möglich • Räumlichkeiten sind eher verfügbar • Gäste/Jungleitende haben eher Zeit	• Kollidiert sehr oft mit Freizeitangeboten, oft auch mit unregelmässigen Anlässen • Konfirmanden möchten ausschlafen; Müdigkeit von der ganzen Woche • Bei längeren Blöcken: wer fehlt, verpasst relativ viel
Unterricht über den Mittag	• Oft eine ideale Lösung, wenn sich sonst kein Termin findet • Gemeinschaft durch gemeinsames Essen	• Zu wenig Zeit für eigentlichen Unterricht • Geht nur in kleinen Gemeinden mit kurzen Wegen • Konfirmanden haben keine Mittagspause

Einzelne organisatorische Ideen von Kolleginnen und Kollegen oder aus eigener Erfahrung:

- Was im Konflager gang und gäbe ist, kann auch im Unterricht ausprobiert werden: Der *Einsatz von begabten und motivierten ehemaligen Konfirmanden* (bzw. von Jungleitenden aus der Jugendarbeit). Diese werden für ihre Aufgabe geschult und übernehmen einzelne Teile einer Unterrichtslektion (z. B. Gruppengespräche; Vorbereitung einer Präsentation, kurzer Input, Liedbegleitung am Klavier usw.) – je nach Talenten. Als Pfarrerin oder Pfarrer muss ich bereit sein, Verantwortung abzugeben und die jungen Erwachsenen ihre Erfahrungen sammeln lassen, auch wenn vielleicht nicht alles dem entspricht, wie ich es mir wünsche. Die Pfarrperson ist dann mehr Coach als Lehrperson. Achtung: Der Aufwand ist nicht zu unterschätzen, wird aber für die Jugendarbeit seine Früchte tragen.
- *Einzelunterricht/Unterricht in kleinen Gruppen*: Insbesondere bei Konfirmanden, die bereits an weiterführenden Schulen sind (z. B. Untergymnasium, Sportschule), ist es schwierig, sie zeitlich in den normalen Unterricht einzubinden. Da sich solche Konfirmanden das selbststän-

dige Arbeiten aus der Schule gewohnt sind, kann man mit ihnen spezielle Konditionen aushandeln: Einen regelmässigen Einzelunterricht bzw. je nach Anzahl einen Unterricht in einer kleinen Gruppe, wobei die Konfirmanden vieles selbstständig zu Hause erarbeiten und sich nur ab und zu treffen. Achtung: Die Fairness gegenüber den Konfirmanden im regelmässigen Unterricht muss gewährleistet sein und transparent kommuniziert werden.

- *Konfirmanden gestalten Unterrichtslektionen*: Beispielsweise bei Wahlthemen nach Interesse können auch Konfirmanden ganze Lektionen oder Teile davon vorbereiten und so den Rest der Klasse unterrichten. Das dürfte besonders bei einer eher intellektuellen und interessierten Klasse möglich sein. Disziplinarisch sind meiner Erfahrung nach die Konfirmanden sogar einfacher zu führen, wenn ihre Kolleginnen und Kollegen Inputs halten oder die Lektion gestalten: Sie unterstützen einander und haben eine positive Grundhaltung. Achtung: Ob solche Lektionen auch inhaltlich ertragreich sind, ist sehr unterschiedlich.
- *Einsatz von älteren Gemeindegliedern im Konfirmandenunterricht*: Erfahrene Gemeindeglieder können ähnlich wie Jungleitende für kürzere oder längere Sequenzen eingesetzt werden. Es gibt in jeder Gemeinde Personen mit einer Liebe und einer Begabung für die Arbeit mit Jugendlichen. In eine ähnliche Richtung geht (eher inhaltlich als organisatorisch) ein generationenübergreifender Anlass (Unterrichtslektion kombiniert mit Seniorenanlass): Die Generationen lernen sich näher kennen, erzählen einander von ihrer Zeit, Konfirmanden erklären den Senioren ihr Handy usw.

Fazit: Organisatorisch ist vieles von den gewachsenen und vertrauten Strukturen jeder spezifischen Kirchgemeinde abhängig. Manchmal braucht es aber auch den Mut, aus dem gewohnten Rahmen auszubrechen und etwas Neues auszuprobieren. Wichtig ist, dass Konfirmanden und Eltern zu Beginn des Unterrichts genau informiert werden, wie der Unterricht abläuft und was von ihnen erwartet wird: Die Bedingungen müssen klar sein; die Spielregeln dürfen nicht während des Spiels geändert werden.

Inhalte

Inhaltlich geben die Kirchenordnungen zwar gewisse Richtlinien vor, diese bleiben aber sehr offen und interpretationsbedürftig. So heisst es im Reglement zum pädagogischen Handeln der Reformierten Kirche Aargau zum Beispiel: «*Zielsetzung:* Die Jugendlichen finden im Übergang zur religiösen Mündigkeit auf der Basis des christlichen Glaubens Orientierung für das Leben.»[75]

Diese grosse Offenheit lässt einerseits sehr unterschiedliche gemeindeeigene Unterrichtskonzepte zu und ermöglicht, dass Pfarrerinnen und Pfarrer unterschiedlichster theologischer Couleur einen gelungenen Konfirmandenunterricht gestalten können. Andererseits lässt die Unverbindlichkeit fast alles offen. Was für die «Orientierung für das Leben» tatsächlich wichtig ist, beantwortet wohl jede Pfarrperson anders, und eine einheitliche, verbindliche Definition der «Basis des christlichen Glaubens» ist in der reformierten Kirche sowieso ein Ding der Unmöglichkeit.

?

- Halten Sie diese grosse inhaltliche Offenheit für den Konfirmandenunterricht persönlich für einen Vorteil oder einen Nachteil?
- Wie definieren Sie selber die «Basis des christlichen Glaubens»?
- Was gibt Ihnen «Orientierung für das Leben»?

Die Folge ist, dass sich zwar vermutlich alle Reformierten irgendetwas unter «Konfirmandenunterricht» vorstellen können, denn fast alle haben ihn selber irgendwann einmal besucht, Sie als Pfarrerin oder Pfarrer haben aber kaum Vorgaben dazu. Die Landeskirche Aargau kennt zusätzlich zur offenen Zielsetzung einen Rahmenlehrplan mit 18 Themenfeldern für den Konfirmandenunterricht.[76] Wie grosse (oder kleine) Beachtung dieser Lehrplan bei den Unterrichtenden findet, wäre jedoch eine eigene Untersuchung wert.

Ich ermutige Sie, in dieser grossen Freiheit Chancen zu sehen. Die meisten Eltern und auch die Kirchenpflege vertrauen Ihnen nämlich, dass Sie einen

---

75 Reglement über das Pädagogische Handeln, SRLA 431.100, § 24: www.ref-ag.ch/srla/431.100_Reglement_PH.html#ue110 (abgerufen am 22.4.2022).

76 Rahmenlehrplan für den kirchlichen Unterricht in der Reformierten Landeskirche Aargau: ph-aargau.ch/paedagogisches-handeln-ph/rahmenlehrplan-fuer-unterrichtende/ (abgerufen am 22.4.2022).

guten Unterricht machen, der sinnvolle und lebensdienliche Inhalte vermittelt. Diesen Vertrauensvorschuss gilt es zu nutzen!

> Wir gehen im Folgenden vom Idealfall eines weissen Blattes aus: Es ist nichts vorgegeben. Was also sollen und wollen Sie unterrichten? Welche Schwerpunkte wollen Sie setzen? Worauf legen Sie besonders Wert? Was ist Ihr Ziel?
> Setzen Sie hier eine Zielformulierung ein:
> *Die Konfirmandinnen und Konfirmanden sollen bei ihrer Konfirmation Folgendes können/wissen/reflektiert haben/erlebt haben:*
> •

Mit einer solchen Zielformulierung startete ich als 26-Jähriger in meinen ersten Konfirmandenjahrgang. Ich formulierte für mich folgendes Ziel (damals eher im Kopf als schriftlich):

> «Die Konfirmandinnen und Konfirmanden sollen die wesentlichen Inhalte des christlichen Glaubens kennen und darüber urteilen können. Sie sollen unsere Kirchgemeinde in den Grundzügen kennen. Sie sollen formulieren können, was sie glauben, und in der Lage sein, als mündige Kirchgemeindeglieder zu leben.»

Aus diesem Ziel leitete ich die Inhalte meines Konfirmandenunterrichts ab und plante danach im Detail den Aufbau der gesamten Unterrichtszeit. Da ich im Einzelpfarramt tätig war, hatte ich mehr oder weniger freie Hand und grosses Vertrauen der Kirchenpflege.

> Meine Vorlage für den Aufbau und die Themen im Konfirmandenunterricht finden Sie im Anhang unter M30.

Mit der Zeit machte ich meine Erfahrungen und konnte in meinem Konzept Stärken und Schwächen entdecken. So erkannte ich für mich nach einigen Jahren, dass es im Konfirmandenunterricht nicht in erster Linie darum gehen darf, den Jugendlichen durch attraktive Themen und tolle Erlebnisse ein positives Bild von Kirche zu vermitteln, sondern dass Jugendliche wirklich auch in Bezug auf ihren Glauben herausgefordert werden wollen und sollen. Das hatte Auswirkungen vor allem auf die inhaltliche Gestaltung des Konflagers, bei dem ich wegkam vom Ziel «Coole Erlebnisse und Gemeinschaft, um Jugendliche bei der Stange zu halten» hin zu «Cooles Setting, um sich Grundfragen des Lebens zu stellen und Antworten zu finden».

Ich stellte auch fest, dass in einer sich stärker polarisierenden Gesellschaft und Welt nicht mehr «Wohlfühloasen» gefordert sind, sondern dass bereits Jugendliche gewohnt sind, mit provozierenden Meinungen umzugehen, zu argumentieren, zu tolerieren, anzunehmen oder abzulehnen. Das Evangelium und die Glaubensinhalte sind über weite Strecken eine Provokation. Jugendliche setzen sich gerne ernsthaft und positiv-kritisch damit auseinander. Sie brauchen nicht Lehrpersonen, die vor lauter Toleranz keine eigene Meinung mehr haben (oder sie zumindest nicht äussern), sondern an denen sie sich orientieren und ihre eigene Meinung bilden können. Dies führte beispielsweise dazu, dass ich den (aus meiner Sicht mutigen) Schritt wagte, mit den Konfirmandinnen und Konfirmanden im Konflager und kurz vor der Konfirmation je ein Einzelgespräch zu führen, in dem sie ihre Glaubenshaltung und -entwicklung reflektieren. Die Erfahrungen dazu sind in den meisten Fällen äusserst positiv. Eine meiner Vikarinnen bemerkte in ihrem Schlussbericht zu diesem Thema: «Die Einzelgespräche im Frühling haben massgeblich zu einer Vertiefung der Beziehungen zwischen mir und einzelnen Konfirmanden beigetragen.»

?

- Wie beurteilen Sie die Frage, wie stark Jugendliche inhaltlich herausgefordert werden sollen im Konfirmandenunterricht?
- Welche Auswirkungen hat Ihre eigene Glaubenshaltung auf die Auswahl der Inhalte und Themen Ihres Unterrichts?
- Welche Themen haben Sie bisher «erfolgreich umschifft»?
- Was möchten Sie mittelfristig einmal ausprobieren?

Didaktik

Im Rahmen eines Werkbuches ist nicht Platz für *grundlegende* Informationen zu Didaktik und Pädagogik. Dies wird im Studium und in den Praktika ausgiebig gelernt und diskutiert und dazu sind die Fachexpertinnen und -experten beispielsweise in den Vikariatskursen viel kompetenter. Ich möchte an dieser

Stelle nur einige wenige *erfahrungsbezogene Praxistipps* abgeben, die Sie sich für Ihre eigene Konfirmandenarbeit (und auch Unterrichtsstunden auf anderen Stufen) überlegen und je nachdem aneignen können.

- *Erkennen Sie Ihre Begrenztheit!* Abgesehen von denjenigen Pfarrerinnen und Pfarrern, die frühere pädagogische Ausbildungen mitbringen, ist unser pädagogisches und didaktisches Wissen schlichtweg bescheiden. Wir sind Generalisten und keine Spezialisten. Das heisst: Wir werden und dürfen Fehler machen. Wer beispielsweise nur zwei Lektionen pro Woche unterrichtet, kann nicht das Gleiche bieten wie eine Vollzeitlehrperson! Seien Sie also gnädig mit sich selbst!
- *Das Setting macht die halbe Miete aus!* In Kirchgemeindehäusern haben wir sehr unterschiedliche Räume mit unterschiedlicher Einrichtung zur Verfügung. Überlegen Sie sich gut, in welcher Unterrichtssequenz sich die Schülerinnen und Schüler wo befinden. Bereiten Sie die Räumlichkeiten gut vor.
- *Seien Sie vorbereitet und präsent!* Nichts ist stressiger, als in den letzten Minuten vor Unterrichtsbeginn noch die Lampe im Beamer auswechseln zu müssen. Bereiten Sie rechtzeitig vor und nicht im allerletzten Moment. Seien Sie bereit und präsent, wenn die Konfirmandinnen und Konfirmanden ankommen. Begrüssen Sie sie persönlich und beginnen Sie rechtzeitig mit dem Unterricht. Seien Sie verlässlich.
- *Sorgen Sie für Transparenz!* Ich habe im Laufe der Jahre damit begonnen, den Konfirmanden gelegentlich offen zu kommunizieren, was und warum wir das im Moment genau machen. Zum Beispiel einleitende Sätze:

  «Wir sprechen heute über die Taufe, weil die meisten von euch als Kinder getauft wurden. Seit 2000 Jahren wird in der christlichen Kirche getauft. Als mündige Christinnen und Christen werdet ihr euch einmal überlegen müssen, ob ihr eure eigenen Kinder taufen möchtet. Oder ihr werdet als Gotti und Götti angefragt. Dafür brauchen wir ein paar Grundlagen. Das Ziel der heutigen Lektion ist, dass ihr wisst, was alles die Taufe bedeuten kann, und dass ihr euch eine eigene Meinung dazu bilden könnt.»

Oder ich mache am Schluss eine kurze Zusammenfassung in wenigen Punkten. Manchmal frage ich bei ausreichender Zeit auch zurück:

«Was habt ihr heute Neues gelernt? Was ist euch besonders hängen geblieben? Was war überraschend/eindrücklich/fragwürdig?»

- *Achten Sie auf die Übergänge zwischen einzelnen Unterrichtssequenzen!* Häufig bereiten wir interessante Unterrichtsteile vor, verknüpfen diese aber schlecht. Die Schülerinnen und Schüler haben das Vorwissen nicht und unsere Vorbereitungsgedanken sind ihnen fremd. Sie können den Link zwischen zwei Unterrichtsteilen vielleicht nicht automatisch machen. Machen Sie also klare Ansagen – beispielsweise:

  «Wir haben in diesem Musikstück gehört, dass Gott uns bedingungslos liebt. Genau dazu lesen wir jetzt eine kurze Geschichte in der Bibel. Setzt euch dazu an die Tische und schlagt eure Bibel auf …»

  Gerade bei attraktiven Unterrichtssequenzen besteht die Gefahr, dass ihr Sinn verloren geht. Leiten Sie also ein:

  «Zum Abschluss schauen wir einen kurzen Film. Darin kommen nochmals verschiedene Elemente vor, die wir heute beim Thema ‹Abendmahl› besprochen haben. Am Schluss bitte ich euch alle, zu formulieren, was für euch heute Abend neu war.»

- *Bilden Sie sich weiter und feedbacken Sie sich gegenseitig!* In den ersten Amtsjahren gibt es qualitativ sehr gute Weiterbildungsangebote (WeA)[77] zum Bereich Unterricht. Ich habe selber viel davon profitiert. Ausserdem können Intervisionsgruppen eine Möglichkeit sein, den eigenen Unterricht genauer unter die Lupe zu nehmen und zu verbessern. Gegenseitiges Hospitieren ist auch unter den Unterrichtenden in der eigenen Kirchgemeinde möglich und sinnvoll, also beispielsweise gegenseitig unter den Katechetinnen, Sozialdiakonen, Pfarrerinnen und Pfarrern … Oder laden Sie einen Profi in Ihre Lektion ein, eine Oberstufenlehrperson, die tagtäglich Jugendliche im Konfirmandenalter unterrichtet!

77 Vgl. dazu das Kapitel 3.3.9.1. «Eigentliche Weiterbildung und Weiterbildung in den ersten Amtsjahren» in diesem Werkbuch.

Mein eigener Vikariatsleiter war zunächst Oberstufenlehrer und wurde auf dem zweiten Bildungsweg Pfarrer. Bei seinen eigenen Lektionen hatte ich jeweils gar nicht das Gefühl, dass er etwas besonders gut macht oder kann, aber er hatte die Schülerinnen und Schüler – aller Stufen – disziplinarisch stets im Griff. Seine Präsenz war hoch, sein Agieren und Reagieren während einer Lektion von seiner immensen Erfahrung geprägt und praktisch automatisiert. Ich merkte schnell: Das kann man nicht einfach in kurzer Zeit lernen und man kann es auch nicht imitieren. Das ist einfach sein besonderer Erfahrungshintergrund, den er ins Pfarramt mitgebracht hatte.
Wie können Sie didaktisch von Ihren Vorbildern (eigener Konfirmationspfarrer, Praktikumsleiterin usw.) profitieren?

Weitere Fragen zum Konfirmandenunterricht

A) Konflager
Wenn Konfirmandeneltern an ihre eigene Konfirmandenzeit zurückdenken, so wird meistens an erster Stelle das Konflager genannt. Die Zeit im Lager ist sehr prägend und bleibt in Erinnerung. Darum ist sie eine grosse Chance, nicht nur die Gemeinschaft der Gruppe zu stärken, sondern auch in Bezug auf den Glauben Akzente zu setzen.

Auch zum Konflager gibt es keine Vorgaben und auch da werden Sie sich vermutlich zunächst in die gemeindeeigene Tradition einfügen müssen.

Wenn Sie an Ihr eigenes Konflager zurückdenken:
- Woran erinnern Sie sich als Erstes?
- Was ist Ihnen geblieben und warum?
- Was könnte man heute noch so machen, was würden Sie eher anders machen?

- *Freiwillig oder obligatorisch?* In vielen Kirchgemeinden ist das Konflager freiwillig. Oft ist es dann dennoch sehr gut besucht, weil man von den früheren Generationen weiss, dass es lässig ist. Besonders in kleineren Kirchgemeinden und dann, wenn man inhaltlich sehr wichtige Themen besprechen oder gar die Konfirmation vorbereiten will, wird es mit der

Freiwilligkeit schwierig: Ist das Lager hingegen obligatorisch, so sind die Voraussetzungen für alle gleich und die Planbarkeit höher.

- *Inland oder Ausland?* Meine persönliche Meinung ist, dass es nicht nötig ist, ins Ausland zu fahren, um die Attraktivität des Konflagers zu steigern. Mir wäre vielmehr die Verantwortung und der organisatorische Aufwand zu hoch. Ich würde Jugendlager erst im Ausland anbieten, wenn Jugendliche mündig sind. Zudem ist es natürlich auch eine finanzielle Frage: Eine Carreise mit Jugendlichen nach Rom oder Berlin übersteigt heutzutage die finanziellen Möglichkeiten vieler Kirchgemeinden und bleibt daher den reichen Kirchgemeinden vorbehalten. Es gibt auch in der Schweiz attraktive Lagerorte zu angemessenen Preisen.
- *Spass, Gemeinschaft oder Inhalte?* Aus meiner Sicht macht es die Mischung aller drei Elemente aus. Gruppendynamisch geschieht in einem Lager auf jeden Fall extrem viel. Ich habe es schon erlebt, dass Unterrichtsklassen nach dem Lager viel einfacher zu unterrichten waren. Wichtig: Mobbing-Situationen können sich im Lager verstärken; da gilt es speziell hinzuschauen!
- *Leitungsteam?* Für die Konfirmandinnen und Konfirmanden ist es ein grosser Gewinn, wenn nicht nur erwachsene Leitungs- bzw. Lehrpersonen mitkommen, sondern auch jüngere Leitende, ehemalige Konfirmanden. Die Teambildung und -schulung ist jedoch etwas, das seine Zeit braucht. In den letzten Jahren habe ich ausserdem die Erfahrung gemacht, dass gerade jüngere Personen Mühe haben, verbindlich für ihre Mitarbeit zuzusagen. Absagen für Konflager in der letzten Minute waren keine Einzelfälle. Ein Knackpunkt ist häufig die Lagerküche, sofern Sie im gewählten Haus selbst kochen.
- *Übergemeindliche Konflager?* Gerade in kleineren Gemeinden bieten sich regional koordinierte Lager an. Das erleichtert die Organisation, entlastet die einzelnen Pfarrerinnen und Pfarrer und erhöht auch die Attraktivität für die Konfirmandinnen und Konfirmanden. Daneben gibt es die Möglichkeit, sich in bestehende Projekte wie das «Konfestival»[78] einzugliedern.

78 cevibasel.ch/angebote/konfestival/ (abgerufen am 22.4.2022)

B) Gottesdienstbesuche und Verbindung Unterricht/Gemeindeleben
Traditionell besuchen Konfirmandinnen und Konfirmanden während der Unterrichtszeit eine bestimmte Anzahl Gottesdienste oder andere Anlässe der Kirchgemeinde, um die Kirchgemeinde und das Gemeindeleben näher kennen zu lernen. Die Regelungen dazu sind enorm unterschiedlich und auch nicht immer gleich sinnvoll. Sie führen oft zu Diskussionen.

Insgesamt erachte ich es zwar als richtig, dass die Konfirmandinnen und Konfirmanden eine kleinere Anzahl Gottesdienste (oder anderer Anlässe) besuchen. Sie sind so während ihrer Konfirmandenzeit in der Gemeinde ab und zu präsent, sehen andere Gemeindeglieder und erhalten weitere Perspektiven auf den Glauben und die Kirche. Wichtiger als das «Abhäkeln» bestimmter Besuche scheint mir aber die Frage, ob es tatsächlich gelingt, einen Link zwischen dem Unterricht und dem gesamten Gemeindeleben herzustellen. Dazu einige Möglichkeiten:

- *Gottesdienstbesuche im Unterricht verarbeiten:* Alle Konfirmandinnen und Konfirmanden haben einmal die Aufgabe, einen Gottesdienstbesuch zu analysieren und den anderen einen Kurzbericht mit Beurteilung davon zu geben.
- *Mitwirkung im Gottesdienst:* Alle Konfirmandinnen und Konfirmanden wirken einmal (allein oder in kleinen Gruppen) in einem Gottesdienst in Vorbereitung und Durchführung mit: Z. B. bei der Lesung, in einem theatralischen Anspiel, in der Band …
- *Besuche in anderen Gruppen der Kirchgemeinde:* Nicht nur in «logischen» Gruppen wie dem Teenagerclub oder der Jugendgruppe, sondern auch in Angeboten der Kinder-, Erwachsenen- oder Seniorenarbeit: Alle Konfirmandinnen und Konfirmanden wählen ein Angebot aus, besuchen es und berichten den anderen im Unterricht von ihren Erlebnissen.
- *Sozialeinsatz:* Alle Konfirmandinnen und Konfirmanden helfen einmal in einem Projekt mit (z. B. bei einem diakonischen Einsatz, beim Abwaschen am Mitarbeiteranlass, beim Krippenspiel, im Kinderlager). Sie lernen dadurch freiwillige Mitarbeitende aus verschiedenen Generationen kennen.
- *Kirchgemeinde-Tandems:* Alle Konfirmandinnen und Konfirmanden erhalten zu Beginn des Unterrichts eine Person aus der Kerngemeinde

zugeteilt. Mit dieser Person führen sie zweimal jährlich ein kurzes Gespräch und machen mindestens einmal einen gemeinsamen Gottesdienstbesuch. Ziel: Die Konfirmanden lernen ein engagiertes Gemeindeglied und dessen Glauben und Motivation kennen, die jeweiligen Gemeindeglieder interessieren sich für die Konfirmanden und helfen bei der Integration in die Gemeinde. In meiner ehemaligen Kirchgemeinde läuft derzeit erstmalig ein solches Projekt.[79]

C) Taufe als Voraussetzung für die Konfirmation?

Immer wieder zu Diskussionen Anlass gibt die Frage, ob die Taufe für die Konfirmation vorausgesetzt wird. Denn theologisch und historisch ist die Konfirmation die Bestätigung der Taufe. Praktisch war sie es jedoch wohl nie und ist sie es auch heute nicht. Denn es würde bedeuten, dass Konfirmandinnen und Konfirmanden genau in diesem Moment ihrer Konfirmation ein ausdrückliches «Ja» zu ihrer Taufe geben (müssen). Das käme religiöser Nötigung gleich und wäre eine verlogene Geschichte.

Vielfach wurden früher ungetaufte Konfirmandinnen und Konfirmanden kurz vor oder gleich an ihrer Konfirmation getauft. Das wurde wohl sehr unterschiedlich erlebt.

Schon vor Jahrzehnten hat ein Prozess eingesetzt, dass die Landeskirchen die Taufe als unabdingbare Voraussetzung für die Konfirmation aus den Kirchenordnungen herausgestrichen haben. Das heisst aber nicht, dass man auf den Zusammenhang komplett verzichten muss:

- Durchschnittlich habe ich rund 10 % ungetaufte Konfirmanden im Unterricht (Tendenz leicht steigend). Insbesondere beim Thema «Taufe» im Unterricht mache ich auf die Möglichkeit zur Taufe aufmerksam. Allerdings möchte ich, dass sich nur Jugendliche vor der Konfirmation taufen lassen, die das auch wirklich wollen.[80] Das war bis anhin dreimal der Fall. Eine Konfirmandin wurde in einem Sonntagsgottesdienst, eine andere in einem speziellen Kasualgottesdienst getauft, eine dritte in ihrer Freikir-

79 Allerdings unter der etwas problematischen Bezeichnung «Kirchgemeinde-Götti/-Gotti». Die Erfahrungen mit dem ersten Jahrgang motivieren für eine Fortsetzung.

80 Vgl. dazu den Abschnitt «Glaubenstaufe» im Kapitel 3.3.2.1. «Taufe und Kindersegnung» in diesem Werkbuch.

che, in der die Familie aktiv war. Die anderen ungetauften Konfirmanden wollten sich nicht taufen lassen und wurden dennoch konfirmiert. Ob in einzelnen Fällen später eine Taufe erfolgte, ist mir nicht bekannt.

- Im Konfirmationsgottesdienst erwähne ich den Zusammenhang von Taufe und Konfirmation. Denn auch die meisten Gottesdienstbesucher sind getauft und konfirmiert und können sich so immer wieder Gedanken darüber machen, wie sie sich in Bezug auf ihren Glauben positionieren.

D) Elternkontakt

Pflegen Sie den Elternkontakt, aber nehmen Sie die Konfirmanden gleichzeitig in ihrer eigenen Verantwortung ernst!

Als Vater von drei Kindern weiss ich, dass es für Eltern bisweilen schwierig ist, alle Anforderungen von Schule, Kirche, Musikschule und Vereinen zu erfüllen. Wenn alle diese Institutionen das Gefühl haben, ihre Anlässe seien die wichtigsten und die Präsenz der Eltern unentbehrlich, dann wird das ab einer bestimmten Kinderzahl für Eltern zur ständigen Überforderung. Darum versuche ich, den Elternkontakt zwar zu pflegen, aber den Eltern nicht mehr als nötig aufzubürden.

- *Elternabend:* Wir machen einen einzigen Elternabend zu Beginn der zweijährigen Unterrichtszeit, an dem Eltern und neue Konfirmandinnen und Konfirmanden gemeinsam teilnehmen. An diesem Abend wird alles Wichtige zum Unterricht erklärt.
- *Sporadischer Kontakt während der Unterrichtszeit:* Für wichtige Informationen kommunizieren wir per E-Mail. Das geschieht aber nur selten – z. B. bei den Informationen vor dem Konflager.
- *Elternbesuch:* Zu Beginn des zweiten Unterrichtsjahres mache ich jeweils einen Elternbesuch zu Hause. Dieser Besuch ist allerdings für die Eltern freiwillig und die Konfirmandinnen wählen selber, ob sie daran teilnehmen wollen oder nicht.[81]

81 Rund 75 % der Eltern freuen sich über einen Besuch und sagen zu. Über die Hälfte der Konfirmandinnen und Konfirmanden nimmt daran teil.

E) Konfirmationsgottesdienst

Jungpfarrerinnen und -pfarrer bringen wahrscheinlich bereits vielfältige Erfahrungen mit Konfirmationen mit – sei es die eigene in der Jugendzeit, erlebte Konfirmationen in der Familie, im Praktischen Semester oder im Vikariat. Ich beschränke mich darum auf wenige Stichworte:

- *Termin*: Die traditionellen Konfirmationstermine unterscheiden sich von Landeskirche zu Landeskirche. Insgesamt gibt es heutzutage mehr Flexibilität als früher. Aber auf jeden Fall müssen die genauen Termine frühzeitig (mindestens ein Jahr im Voraus!) den Eltern kommuniziert werden.
- *Grösse*: Je nach Platzverhältnissen braucht es mehrere Konfirmationsgottesdienste. Hier sind Sie auf die Erfahrungen Ihrer Kirchgemeinde angewiesen. Meine persönliche Rechnung zeigt, dass Konfirmanden durchschnittlich rund 15 Gäste mitbringen. Für mich ist es immer wichtig, dass die Konfirmation ein öffentlicher Anlass ist und auch die Kerngemeinde Platz hat.
- *Thema/Inhalt:* Es ist mittlerweile üblich, dass Konfirmandinnen und Konfirmanden sehr vieles für ihre Konfirmation selber bestimmen und mitgestalten. Bei der Themenwahl lasse ich die Konfirmandinnen und Konfirmanden als Hausaufgabe geeignete Themen ausdenken. In der nächsten Lektion besprechen wir die Ideen und entscheiden uns für ein Thema. Wichtig ist mir, dass das Thema die Konfirmanden interessiert und ein Bezug zum christlichen Glauben möglich ist. Eine Liste mit Themenideen finden Sie im Anhang unter M31.
- *Musik*: Es ist schön, wenn die Konfirmandinnen und Konfirmanden viel Musik selber beitragen können. Die Voraussetzungen und der Wille dazu sind von Klasse zu Klasse unterschiedlich. Ermutigen Sie die Jugendlichen, mit ihren Instrumenten ein Stück zu spielen. Bei den Liedern ist eine Mischung aus traditionelleren und neueren (Kirchen-)liedern denkbar. Es hängt auch davon ab, ob Sie über Musiker verfügen, die Lieder im «rise up»-Stil spielen können.
- *Eigentlicher Konfirmationsakt:* Die Konfirmandinnen und Konfirmanden stellen sich im Halbkreis und aus praktischen Gründen alphabetisch auf. Für das Segenswort sind verschiedene Gesten denkbar: Handauflegung auf Schulter oder Kopf oder Handschlag. Dies kann im Voraus mit den

Konfirmanden besprochen und eingeübt werden. Ich nenne den Namen der Konfirmanden und ihren Spruch und segne sie.

- *Konfirmationsspruch:* Wie beim Thema ist die Wahl des Spruchs Sache meiner Konfirmandinnen und Konfirmanden. Sie erhalten allerdings ein Blatt mit rund hundert möglichen Bibelversen als Hilfe.[82] Sie wählen den Vers selber aus und begründen ihre Wahl schriftlich. Andererseits kann es auch ein schönes Zeichen sein, wenn Sie als Pfarrerin oder Pfarrer für die Jugendlichen einen passenden Spruch wählen.
- *Mitwirkung von Eltern und Angehörigen:* Mehrmals habe ich bereits Eltern als Überraschung für die Konfirmanden an der Konfirmation mitwirken lassen. Beispielsweise könnten Eltern ein Segenslied singen oder ihren Jugendlichen gute Wünsche übergeben. Die Festgemeinde kann bei der Fürbitte eingebunden werden. Ein Beispiel dazu finden Sie im Anhang unter M32.
- *Mitwirkung der Kirchenpflege:* Eine Vertretung der Kirchenpflege spricht bei mir jeweils ein ganz kurzes Grusswort, hilft bei der Fürbitte mit und schenkt den frisch Konfirmierten eine Rose.
- *Konfirmationsurkunden:* Die Konfirmation wird beurkundet und im Register («Rodel»)[83] eingetragen. Meistens hat die Kirchgemeinde bereits eine feste Tradition, woher die Konfirmationsurkunden bezogen werden. Ebenfalls zur Tradition gehört vielerorts das Schenken eines Bildes.[84]
- *Konfirmationsfoto:* Das Gruppenfoto der Konfirmation gehört ebenfalls zur langjährigen Tradition in wohl allen Kirchgemeinden. Ein Foto ist nicht nur eine schöne Erinnerung für die Konfirmierten, sondern sollte auch publiziert und im Archiv aufbewahrt werden. Denken Sie daran, frühzeitig eine gute Fotografin zu organisieren. Es bewährt sich, das Gruppenfoto schon vor dem Konfirmationsgottesdienst zu machen (weniger Unruhe). Rechnen Sie im Zeitplan 15–30 Minuten dafür ein.
- *Weitere lokale Traditionen* können beispielsweise das Aufspielen der Musikgesellschaft oder ein ausgiebiger Apéro sein.

82 Eine gute Möglichkeit ist auch die Website www.konfispruch.de/step1.php (abgerufen am 22.4.2022).

83 Vgl. dazu das Kapitel 3.3.8.4. «Kartei- und Archivführung» in diesem Werkbuch.

84 Verschiedene Verlage bieten Konfbilder an.

3.3.3.2. Religionsunterricht auf der Primar- und Sekundarstufe

In früheren Jahren im sogenannten Schulpraktikum, aktuell im Ekklesiologisch-Praktischen Semester und auch im Vikariat, erteilen alle angehenden Pfarrerinnen und Pfarrer neben dem Konfirmandenunterricht über längere Zeit Religionsunterricht auf verschiedenen Stufen. Im Pfarramt selber ist dies jedoch zumeist nicht mehr der Fall. Vielerorts nehmen vor allem Katechetinnen und manchmal Sozialdiakone die Aufgabe des Religionsunterrichts wahr. In einzelnen Landeskirchen (z.B. Graubünden) hat aber auch der Religionsunterricht durch das Pfarramt traditionell einen festen Platz und hohen Stellenwert.

Der Rückzug der Pfarrerinnen und Pfarrer aus dem Religionsunterricht hat verschiedene Gründe:

- Finanzen: Der Unterricht durch Katechetinnen ist günstiger.
- Personal: Der zunehmende Pfarrmangel konzentriert die Stellenbeschriebe vermehrt auf die «Kernaufgaben», für welche die Pfarrperson unersetzlich ist.
- Motivation: Vermutlich sind nicht so viele Pfarrerinnen und Pfarrer erpicht darauf, regelmässig weiteren Unterricht zu erteilen. Denn dieser ist aufwändig, oft mit Stress verbunden und je nach Klasse nicht sehr befriedigend.
- Ausbildung: Die didaktische Ausbildung für regelmässigen Religionsunterricht ist doch eher bescheiden. Katechetinnen sind pädagogisch dafür besser ausgebildet.

Unterrichtssysteme, Lehrpläne und Unterrichtsformen unterscheiden sich noch mehr als beim Konfirmandenunterricht von Kanton zu Kanton und von Gemeinde zu Gemeinde. Vielerorts ist der Unterricht überkonfessionell und in Zusammenarbeit mit der Schule organisiert. Das bringt ebenfalls viele Vor- und Nachteile mit sich.

Ganz unabhängig von Ihrer konkreten Arbeitssituation in Bezug auf den Religionsunterricht ein paar allgemeine Hinweise:

- Eine *gute Beziehung zur Schule* ist auf jeden Fall etwas Wichtiges, ganz egal, wie eng die Zusammenarbeit ist. Als Pfarrerin oder Pfarrer sind Sie Repräsentations- und Respektsperson und deshalb prädestiniert, den

Kontakt der Kirchgemeinde zur Schule zu pflegen. Gerade wenn es um Fragen der Zusammenarbeit geht (z. B. Benutzung von Schulräumen, Platzierung der Religionsstunden im offiziellen Stundenplan, Schulanfangsgottesdienste, Dispensation von Schülerinnen und Schülern z. B. fürs Konflager usw.), ist eine gute Beziehung sehr hilfreich. Eine Person aus dem Pfarrteam – im Einzelpfarramt sind Sie wohl gesetzt – sollte einen lockeren, guten Kontakt zu den betreffenden Schulleitungen und Schlüsselpersonen pflegen. Eventuell kann diese Aufgabe aber auch eine erfahrene Katechetin übernehmen.

- Auch wenn Sie selber keinen Religionsunterricht erteilen: Als Pfarrerin oder Pfarrer sind Sie *theologische Ansprechperson für die Katechetinnen* und in einzelnen Unterrichtsgottesdiensten arbeiten Sie eng zusammen. Es ist wichtig, dass eine Person aus dem Pfarrteam ins Ressort Religionsunterricht eingebunden ist, die Kinder und ihre Eltern kennt und diesem Arbeitsbereich der Kirchgemeinde Aufmerksamkeit zuteilwerden lässt. Der Religionsunterricht soll kein «Sonderzügli» sein, sondern im Gemeindeleben seinen Platz haben.
- Stellen Sie sich für *Stellvertretungen* zur Verfügung. Jede Katechetin hat mal eine Terminkollision oder ein kurzfristiges gesundheitliches Problem: Springen Sie für die eine oder andere Lektion ein und halten Sie sich so auch auf ganz unterschiedlichen Schulstufen einigermassen pädagogisch «fit». Ganz nebenbei behalten Sie einen Überblick über die reformierten Kinder der Gemeinde.
- Bei allem didaktischen und theologischen Hintergrundwissen, das wir mitbringen: Im Religionsunterricht bewähren sich *die biblischen Geschichten*. Oft eignen sich diese so gut zur Nacherzählung und Besprechung, dass es daneben gar nicht viel mehr braucht für eine gelungene, interessante Lektion.
- Beachten Sie den Unterschied zwischen *Teaching about religion* und *Teaching in religion*: Die Systeme sind hierin ganz unterschiedlich ausgerichtet. Beim (internen) *Teaching in religion* hat auch die *Glaubenspraxis* im Religionsunterricht einen wichtigen Stellenwert: Mit den Kindern singen, beten, die Bibel lesen, eine Taufe oder ein Abendmahl miterleben – das leitet sie an, es selber auch zu versuchen.

> In meiner ersten Kirchgemeinde unterrichtete ich einen Jahrgang von der dritten bis zur fünften Klasse und hatte diese Schülerinnen und Schüler einige Jahre später wieder im Konfirmandenunterricht. Es war interessant, was die Schüler aus der Zeit des Religionsunterrichts noch wussten. Ausserdem war bereits eine positive Beziehung da, auf der wir im Konfirmandenjahr aufbauen konnten.

3.3.3.3. Kinderarbeit

Auch in der Kinderarbeit der Kirchgemeinde hat nur eine Minderheit der Pfarrerinnen und Pfarrer einen Fuss drin, manchmal beschränkt es sich auf die Ressortverantwortung innerhalb der Kirchenpflege oder auf die Funktion als Ansprechperson. Die gesamte Kinderarbeit wird meistens von Freiwilligen und Katechetinnen getragen. Typische Angebote der Kinderarbeit sind:

- Kindergottesdienst in traditionellen oder modernen Formen, oft parallel zum Sonntagsgottesdienst, teilweise auch unter der Woche
- Kleinkindergottesdienste (oft «Fiire mit de Chliine» genannt) für Kinder primär im Vorschulalter
- Kinderwochen und Ferienlager
- Projekte wie Krippenspiele, Kinderchöre und Ähnliches

Manche Angebote sind kurzlebig, sterben und auferstehen wieder oder werden durch andere ersetzt. Vieles ist abhängig von engagierten Freiwilligen.

> In meiner Kirchgemeinde ist der (bescheidene) Besuch des Kindergottesdienstes seit langer Zeit ein schwieriges Thema. Zu wenig beachtet wird dabei, dass unsere Kirchgemeinde sehr viele Angebote für Kinder bereitstellt, was angesichts der überschaubaren Grösse der Kirchgemeinde eine komfortable Situation ist. Das bedeutet aber auch, dass sich die Angebote in gewissem Sinne nicht nur ergänzen, sondern auch konkurrenzieren: Es ist schlicht unmöglich, in allen Bereichen hohe Besucherzahlen zu haben, weil gar nicht so viele Kinder vorhanden sind.

- Es ist ein schönes Zeichen, wenn Sie als Pfarrerin oder Pfarrer die Verantwortlichen in der Kinderarbeit immer wieder unterstützen, ermutigen und wertschätzen.
- Ihre Kernkompetenz ist die Theologie: Unterstützen Sie die Verantwortlichen mit Ihrem Wissen, wenn es nötig ist. Helfen Sie bei Fragen und springen Sie auch einmal ein, wenn Not am Mann oder an der Frau ist.
- Bei kritischen Grössen von Angeboten, bei Frust und Erschöpfung von Mitarbeitenden gilt es, Verantwortung zu übernehmen und Entscheidungen zu treffen. Eine wichtige Frage könnte dabei lauten: Welchen Stellenwert hat dieses Angebot in Bezug auf den Gemeindebau? Wie wichtig ist es? Oder wo wird ein ähnliches Bedürfnis ebenso gut abgedeckt? Man soll keine Gruppen künstlich am Leben erhalten, nur weil man es immer so gemacht hat. Die reformierte Kirche lebt von ihrer ständigen Erneuerung.

3.3.3.4. Teenager- und Jugendarbeit

Für die Teenager- und Jugendarbeit ist in den meisten Kirchgemeinden eine Sozialdiakonin oder ein Jugendarbeiter hauptverantwortlich. Es gibt aber auch einzelne Pfarrerinnen und Pfarrer, die sehr gerne mit dieser Altersgruppe unterwegs sind. Noch viel stärker als in der Kinderarbeit gilt es aber zu beachten, ob eine (gerade auch eine jüngere) Pfarrperson wirklich die Begabung und das Flair dafür hat.

Als ich mit 26 Jahren meine erste Stelle antrat, gab es einige Gemeindeglieder, die glaubten, damit sei nun das Problem der brachliegenden Jugendarbeit gelöst. Das war aber natürlich nicht der Fall. Einerseits fehlte mir im Einzelpfarramt die Zeit für eine deutliche Schwerpunktsetzung in diesem Bereich, andererseits wäre ich auch nicht der Typ dafür gewesen.

Typische Arbeitsfelder der Teenager- und Jugendarbeit sind:

- Teenagerclubs und Jugendgruppen aller Art
- Offene Jugendtreffs
- Projekte, Weekends, Lager
- Jugendgottesdienste

Für viele dieser Angebote braucht es spezifisches Know-how, das weder im Theologiestudium noch in allen Fällen in den Praktika vermittelt wird. Andererseits bringen viele angehende Pfarrerinnen und Pfarrer vielfältige Erfahrungen aus kirchlicher Jugendarbeit und aus den Jugendverbänden mit.

- Was für die Pfarrerin und den Pfarrer genauso wie für alle Mitarbeitenden einer Kirchgemeinde gilt: Egal, ob wir es selber mit Jugendlichen zu tun haben in unserer Arbeit oder nicht – eine *jugendfreundliche Haltung* können alle Mitarbeitenden einnehmen. Wenn beispielsweise der Hauswart sich ständig über die schmutzigen Treppen hinunter zum Jugendraum beklagt, so ist das keine Grundhaltung, die den Jugendlichen zeigt, dass sie in der Kirche willkommen sind.
- Jugendarbeit braucht *Zeit, Räume und Finanzen*! Als Pfarrer ist es mir ein Anliegen, mich in den entsprechenden Gremien dafür einzusetzen, auch wenn ich selber nicht für die Jugendarbeit zuständig bin.
- Jugendarbeit lebt von *Partizipation*. Wenn wir wollen, dass Jugendliche in unseren Kirchgemeinden heimisch werden, Glaubenserlebnisse machen und selber mitarbeiten, dann müssen wir sie von Anfang an mitnehmen. Sie sollen ernst genommen werden, mitdenken und mitgestalten dürfen.

Beim Wechsel in meine neue Kirchgemeinde gab es keine eigentliche Jugendarbeit. Es gab aber eine zwanzigjährige Frau, die bereits am einen oder anderen Ort mitgeholfen hatte. Ich erkannte, dass sie eine Schlüsselperson war, und lud sie früh zu einem Gespräch ein, wo ich die Grundsatzfrage stellte: «Was brauchen die Jugendlichen in unserer Kirchgemeinde?» Die Antwort lautete klar und deutlich: «Einen Gottesdienst, in dem sie sich wohlfühlen.» Also konzipierten wir *gemeinsam* einen neuen Sonntagsgottesdienst, der zunächst nur viermal, dann ca. achtmal jährlich stattfand und hauptsächlich von Teenagern und Jugendlichen unter meiner Leitung vorbereitet wurde. Das aktive Mitwirken im Team ist ganz zentral: Die Jugendlichen denken mit und bringen ihre Ideen in die Vorbereitung ein. Gleichzeitig bleibt die Hauptverantwortung bei mir – denn es ist ein öffentlicher Sonntagsgottesdienst, für den ich die theologische Verantwortung trage.

- Als Knackpunkt erweist sich manchmal die Planung der Jugendangebote im Rahmen des Gesamtprogramms der Kirchgemeinde. Nicht selten kommt es zu unschönen Terminkollisionen, wenn Absprachen nicht frühzeitig gemacht werden.
- Ebenso schwierig ist die Integration der Jugendarbeit in die Gesamtgemeinde: Wo gibt es Überschneidungen und Berührungspunkte? Hilfreich können neben generationenübergreifenden Gottesdiensten sicher auch ebensolche Spezialanlässe sein, zum Beispiel Gemeindewochenenden und -ferienwochen. Wenn es gelingt, ein Programm zu gestalten, das alle Generationen anspricht, dann können neue Kontakte entstehen und das gegenseitige Verständnis nimmt zu.

3.3.3.5. Gottesdienste mit Kindern, Jugendlichen und Familien

Bereits in den vorhergehenden Abschnitten wurden Gottesdienste im Rahmen des Unterrichts, der Kinder- und Jugendarbeit erwähnt. Vieles dazu steht auch im Gottesdienstkapitel im entsprechenden Abschnitt unter 3.3.1.6. Solche besonderen Gottesdienste sind selbstredend grosse Chancen für das Zusammenleben in der Gemeinde. Sie sind aber auch aufwändig und kompliziert. Nicht immer gelingen sie – und nicht immer sind sie für alle Beteiligten und alle Besucherinnen und Besucher wirklich ein befriedigendes Erlebnis. Wenn sie aber gelingen, haben sie eine grosse Wirkung.

- Generationenübergreifende Gottesdienste *zwischen Event und Regelmässigkeit*: Gut vorbereitete und gestaltete Familiengottesdienste sind echte «Highlights» im Gemeindeleben. Sie sind gut besucht, haben eine ansprechende Atmosphäre und machen Lust auf mehr. Sobald man sie aber regelmässiger und immer öfter durchführt, lässt die Begeisterung etwas nach, der Aufwand wird grösser und es wird schwierig, die nötigen Mitarbeitenden rekrutieren zu können. Ich bin deshalb überzeugt, dass in den meisten Gemeinden (es mag Ausnahmen geben!) solche Gottesdienste eher den Charakter eines besonderen Events behalten werden (z. B. 4–6x/Jahr), um die Gemeinde und die Mitarbeitenden nicht zu überlasten und überfordern.

- Generationenübergreifende Gottesdienste *zwischen Tradition und Innovation*: Beim Zielpublikum «Familien» braucht es zwangsläufig Anpassungen in der Liturgie, in der Predigtlänge und -form und in der Musik. Gleichzeitig sind genau diese Gottesdienste mit etwas anderen Besucherinnen und Besuchern auch die Möglichkeit, etwas von der reformierten Tradition weiterzugeben. Diese Spannung ist nicht einfach und führt immer wieder zu gemischten Reaktionen in der Gemeinde. Ich habe mir vorgenommen, mich von dieser schwierigen Frage nicht mehr stressen zu lassen: Mal ist der Familiengottesdienst etwas traditioneller, mal etwas moderner und freier. Es gibt aber immer eine (Art) Predigt, immer ein Unservater, immer ein trinitarisches Votum bei der Begrüssung und eine traditionelle Segensformel. Bei der Musik verfolgen wir unterschiedliche Konzepte. Manchmal singen wir auch an Familiengottesdiensten einzelne Lieder aus dem Gesangbuch mit Orgelbegleitung, manchmal singt der Kinderchor, manchmal spielt die Band. Ich wünsche mir hier Toleranz und Offenheit der Gemeindeglieder.
- Generationenübergreifende Gottesdienste *zwischen Klamauk und biblischer Botschaft*: Manchmal ist es nicht so einfach, in einem abwechslungsreichen Gottesdienst mit vielen Beteiligten auch noch eine Botschaft zu platzieren. Als Pfarrerin oder Pfarrer tragen Sie ja die theologische Verantwortung für den Gottesdienst. Vielleicht müssen Sie gelegentlich gewisse Abstriche machen. Sie kennen aber auch die verschiedenen Mitarbeitenden, können abschätzen, was von ihnen her etwa zu erwarten ist und können entsprechend Ihre eigenen Beiträge gezielt vorbereiten und planen.

?

Versuchen Sie, sich an vergangene generationenübergreifende Gottesdienste zu erinnern (als Gottesdienstbesucher oder Pfarrperson):

- An welche Gottesdienste erinnern Sie sich und warum?
- Was war an diesen Gottesdiensten berührend/eindrücklich/gelungen?
- Was ist Ihnen eher etwas negativ in Erinnerung?
- Welche Folgerungen ziehen Sie daraus?

3.3.4. Die Seelsorge

3.3.4.1. Grundentscheidungen und -probleme der Seelsorge

Der Pfarrer, die Pfarrerin wird auch Seelsorger, Seelsorgerin genannt. Offenbar scheint die Seelsorge also zu den zentralen Arbeitsbereichen zu gehören, ja sie ist gar ein namensstiftendes Merkmal. Doch im Unterschied zur Spezialseelsorge nimmt die Seelsorge im Gemeindepfarramt nicht den ganzen Raum ein. Über die Jahre gesehen sind es beispielsweise bei mir rund 5–8 Arbeitsprozente, die ich für Seelsorge, Besuche und Beziehungen einsetze. Je nach Aufteilung im Pfarrteam und nach eigenen Stärken kann das natürlich auch anders sein.

Was ist Seelsorge?

Im Kantonsspital besuche ich ein Gemeindeglied, das ich bisher noch nicht kenne. Wir kommen gut miteinander ins Gespräch, sprechen über die überstandene Operation, über die Familienverhältnisse, übers Wetter und über unser Dorf. Als ich mich allmählich verabschieden und wieder auf den Weg machen will, werde ich zurückgehalten: «Wollten Sie nicht noch beten? Oder warum sonst sind Sie zu mir gekommen?»

Was ist eigentlich Seelsorge? Obiges Beispiel zeigt, dass es keine einheitliche Definition dafür gibt. Für den Besuchten im Spital stand fest: Wenn der Pfarrer kommt, wird sich das Gespräch nicht nur um Alltägliches oder um Nöte und Sorgen drehen. Mindestens ein Gebet muss schon inklusive sein! Für mich jedoch besteht Seelsorge auch einfach im Dasein für meine Gemeindeglieder. Nicht jedes Seelsorgegespräch muss sich immer allem Schlimmen widmen. Und schon gar nicht jedes Gespräch muss mit einem Gebet schliessen.

Dass es Personen im Spitalbett gibt, die von sich aus ein Gespräch oder ein Gebet wünschen, ist erfreulich und selten genug. Im wichtigen Handlungsfeld «Seelsorge» werden manche Jungpfarrerinnen und -pfarrer bereits im Vikariat und dann auch im Pfarramt vielleicht etwas überrascht und enttäuscht sein: Es passiert nicht alle Tage, dass Gemeindeglieder von sich aus aktiv die Pfarrperson aufsuchen, weil sie ein Problem haben und sich ein Gespräch wünschen. Vielmehr braucht es einiges an Eigeninitiative der Pfarrerinnen und Pfarrer für die aufsuchende Seelsorge!

Seelsorge im Gemeindepfarramt ist zum allergrössten Teil *aufsuchende Seelsorge*. Und damit ist die Seelsorge stark von Ihnen als Seelsorgerin, als Seelsorger, abhängig und geprägt: Von Ihrem Engagement, Ihrer Leidenschaft und Ihrer Präsenz im Alltag der Gemeinde.

Natürlich gibt es auch immer wieder Ausnahmen: Dass sich Menschen mit einem ganz konkreten, seelsorgerlichen Anliegen an Sie wenden. Einige Beispiele aus meiner Erfahrung illustrieren das:

- «Mein Mann ist schwer krank. Ich möchte mit ihm über seine Wünsche in Bezug auf das Sterben und den Tod sprechen, aber er will nicht. Bitte helfen Sie mir!»
- «Ich habe in den letzten Wochen viel über Gott gelesen. Wie kann ich Christ werden?»
- «Ich war genau in dem Moment in der Cafeteria, als meine Frau im Spitalzimmer starb. Es beschäftigt mich, dass sie in meiner Gegenwart nicht sterben konnte, sondern erst, als ich draussen war.»
- «Ich kann nicht verstehen, warum gerade ich diese Krebsdiagnose erhalten habe. Ich war doch immer ein anständiger Mensch! Ich habe Mühe, noch an einen gerechten Gott zu glauben!»
- «Zwischen meinem Schwiegersohn und mir ist eine grosse Mauer. Wir können nicht miteinander sprechen. Dabei sollten wir uns doch gemeinsam um meine kranke Tochter kümmern.»

- Haben Sie bereits ähnliche Erfahrungen gemacht?
- Mit welchen seelsorgerlichen Anliegen kommen Menschen von sich aus zu Ihnen?
- Wie oft geschieht das?
- Was löst das in Ihnen aus?
- Wenn Sie wollen, können Sie obige fünf Beispiele für sich kurz reflektieren: Wie würden Sie auf das jeweilige seelsorgerliche Anliegen reagieren? Wie gehen Sie vor und was sagen Sie?

Als *Seelsorge im weiteren Sinn* bezeichne ich hier *alle Formen von Gesprächen und Besuchen* im Pfarramt, ausser denjenigen mit Mitarbeitenden (z. B. Teamgespräche, Vorbereitungsgespräche usw.). Seelsorge umfasst damit ganz allgemein den Kontakt zu den Gemeindegliedern: Zufällige, erbetene und arrangierte Gespräche, einmalige Gespräche und längere Gesprächsreihen, die gesamte Beziehung des Pfarrers oder der Pfarrerin zu Einzelpersonen oder auch Paaren, Familien und Gruppen in der Gemeinde. Dazu gehören folglich Haus-, Spital- und Heimbesuche, Kasualgespräche, Jubilarenbesuche, zufällige Begegnungen und Gespräche bei Anlässen, Telefonate oder auch Beratungen über Internet und soziale Medien.

Als *Seelsorge im engeren Sinn* bezeichne ich hier *konkrete Gesprächsinhalte*, für welche die Pfarrerin oder der Pfarrer kraft ihrer Ausbildung und Erfahrung Experten sind oder als solche angesehen werden. Es sind Gespräche über Freuden und Lasten, die theologisch gedeutet werden, in denen die Pfarrperson aufmerksam zuhört und mit ihrer Zeit und ihrem Rat zur Seite steht. Im Unterschied zu weltlichen Gesprächspartnern und Ratgebern verfügt die Pfarrerin oder der Pfarrer zusätzlich über spirituelle Ressourcen für solche Gespräche (z. B. Bibeltexte und Gebete).

Die Gemeindeglieder wechseln zwischen solchen (nicht abschliessenden) Definitionen hin und her. Während das Gemeindeglied im Beispiel des Spitalbesuchs ausdrücklich ein Gebet wünschte, ist für jemand anderes viel wichtiger, dass er oder sie eine halbe Stunde lang mit der Pfarrerin schwatzen und einen Kaffee trinken kann. Aber beide Gemeindeglieder würden diesen Besuch als «Seelsorge» bezeichnen.

Es gehört zur grossen Herausforderung des Pfarramts, diese vielen vorstellbaren, ganz unterschiedlichen Gesprächssituationen dankbar und offen anzunehmen und sich nicht auf bestimmte Schemen eines Gesprächsablaufs zu fixieren. Eine gute Seelsorgerin, ein guter Seelsorger erkennt, um welche Art eines Gesprächs es sich handelt und passt die Interventionen entsprechend an. Ausserdem entwickeln sich Gespräche ständig. Oft ist die Bereitschaft zum Small Talk der Türöffner für Gespräche über sehr persönliche Fragen und Anliegen.

Ein Vikar gesteht mir nach seinen Besuchen in Spital: «Es kostet mich grosse Überwindung, anzuklopfen und die Türklinke runterzudrücken. Denn ich weiss nicht, was mich erwartet und ob ich überhaupt erwünscht bin.» Ich gestehe ihm: «Mir geht es auch nach vielen Jahren Berufserfahrung noch genau gleich. Denn ich dringe ungefragt in ein anderes Leben in einer existenziellen Situation ein. Aber ich habe gelernt, mich nicht unter Druck zu setzen. Es geht nicht darum, dass ich genau jetzt das Evangelium verkündigen muss. Wenn es sich ergibt, dass ich ein hilfreiches Wort sprechen kann, dann tue ich es. Wenn nicht, dann war es vielleicht auch nicht nötig. Und wenn ich gleich wieder rausgeschickt werde, dann muss ich das nicht persönlich nehmen.»

Seelsorge-Richtungen

Im Studium, in der Literatur und in den Ausbildungskursen lernen Sie die unterschiedlichen «Seelsorge-Schulen» kennen und üben das eine oder andere daraus ein. Es gibt den lösungsorientierten Ansatz, die systemische Seelsorge, das Clinical Pastoral Training (CPT), die biblisch-therapeutische Seelsorge und vieles mehr … Im Gemeindepfarramt ist es meiner Erfahrung nach eher schwierig, nach einer bestimmten Schule und einem bestimmten Schema Seelsorge zu betreiben. Oft braucht es in der Praxis eine Mischung verschiedener Ansätze – oder eben gar keinen.

- In welchen Seelsorge-Richtungen kennen Sie sich ein wenig aus?
- Konnten Sie Elemente und Ideen davon bereits in konkreten Gesprächssituationen spontan anwenden?
- Welche Interventionen haben Sie als hilfreich in Erinnerung und wo sind Sie an Grenzen gestossen?

Im Bereich Seelsorge bietet A+W regelmässig eine breite Palette von Weiterbildungskursen an. Da dieses Arbeitsgebiet herausfordernd ist und man auch nach dem Vikariat meistens noch nicht über besonders viel Erfahrung verfügt, lohnt es sich, in den ersten Jahren in diesem Bereich Weiterbildungen zu absolvieren oder seine Erlebnisse in der Supervision und Intervision zu reflektieren und auszuwerten. Überlegen Sie sich auch, ob Sie sich in einer bestimmten Seelsorge-Richtung spezialisieren wollen.

Seelsorge als der Faktor «unbekannt» im Stellenprofil

Seelsorge ist aus den genannten Gründen schwer fassbar und kaum planbar. Für die Gemeinde ist nicht sichtbar, wann und wie viel Seelsorge die Pfarrerin oder der Pfarrer macht. Ein klarer Output ist nicht erkennbar. In den Stellenprofilen ist es schwierig zu definieren, wie viel Zeit und Aufwand für die Seelsorge budgetiert werden sollte. Zudem verhindert das Seelsorgegeheimnis, dass die Pfarrperson genau Auskunft darüber geben kann, wie viele Gemeindeglieder sie besucht oder betreut hat.

In der konkreten Arbeitssituation ist die Seelsorge terminlich selten im Voraus geplant. Dadurch gerät sie in Gefahr, gänzlich unter den Tisch zu fallen. Denn Gottesdienste, Unterrichtsstunden und Sitzungen kann man nicht schwänzen, die Seelsorge ist demgegenüber weniger klar messbar. Es braucht also eine Entscheidung für die Seelsorge und ein bewusstes Einplanen im Arbeitsalltag.

- Im Stellenprofil muss Zeit für Seelsorge definiert und mit gewissen Erwartungen oder Mindestleistungen verknüpft werden. Das Arbeitszeitberechnungstool der Aargauer Landeskirche[85] sieht beispielsweise den jährlichen Faktor 0.15 pro zugeordnetem Gemeindeglied vor (Beispiel für 1000 Gemeindeglieder: 1000 × 0.15 = 150 Arbeitsstunden oder 6.9 Stellenprozente jährlich). Dazu kommt aber separat noch die intensivere Heim- und Spitalseelsorge (je nach Stellenprofil).
- Terminieren Sie Seelsorgetage oder -halbtage, z. B. einen monatlichen Besuchstag im Altersheim oder eine wöchentliche Besuchsstunde im Spital. Die fixe Einplanung schafft Routine und gibt der planbaren Seelsorge ihren Platz.
- Führen Sie Buch über Ihre Seelsorgebesuche. Schreiben Sie auf, wen Sie wann besucht haben (und evtl. die Gesprächsthemen). Mir helfen die Notizen zu einer jährlichen Planung der aufsuchenden Seelsorge. Im Sommer, wenn in der Kirchgemeinde weniger Anlässe stattfinden, biete ich dann nach dieser Liste möglichst vielen Personen, bei denen ich einen Besuch wieder einmal als sinnvoll erachte, einen Besuch an.

85 www.ref-ag.ch/wikiref/arbeitszeitberechnung.html (abgerufen am 22.4.2022).

- Im Teampfarramt ist eine genaue Absprache wichtig, wer für welche Gemeindeglieder und für die Seelsorge in welchen Heimen zuständig ist. Ein regelmässiger Austausch im Team ist zentral, da es auch Gemeindeglieder gibt, die gerne von der einen Pfarrperson zur anderen und wieder zurück wechseln und so Kräfte absorbieren, die dann andernorts fehlen. Es gibt ein geteiltes Seelsorgegeheimnis, aber damit muss zurückhaltend umgegangen werden.

3.3.4.2. Typische Arbeitsfelder der Seelsorge

Klassische Seelsorge zu unterschiedlichen Themen
Für viele Spezialgebiete gibt es heute Fach- und Beratungsstellen, in denen kompetentere Personen als der Pfarrer oder die Pfarrerin mit Rat und Tat zur Seite stehen. Dennoch bitten weiterhin Gemeindeglieder wegen ihrer Nähe zum christlichen Glauben und der niederschwelligen Möglichkeit der Kontaktaufnahme auch die Pfarrperson um ein Gespräch. Aus meiner Erfahrung sind die häufigsten Themen wichtige Lebensentscheidungen, Konflikte in Ehe und Familie, Fragen um Krankheit, Leiden und Tod, Sorgen um die Zukunft, Sorgen um Angehörige, Glaubensschritte.

Ein Kirchenpfleger fragt mich für ein Gespräch an. Da er Kirchenpfleger ist und damit Mitarbeiter, ist mir zunächst gar nicht klar, dass es sich um ein seelsorgerliches Anliegen handelt. Doch er will mich in seine Gedanken einweihen und um Rat fragen: Seine Arbeitssituation in einer wirtschaftlichen Führungsposition ist unbefriedigend. Er überlegt sich einen Stellenwechsel und spielt mit dem Gedanken, aus Gründen der mentalen Gesundheit ins Blaue hinaus zu kündigen, auch wenn er noch keine neue Stelle in Aussicht hat. Doch darf er das riskieren angesichts einer fünfköpfigen Familie, die er mit seinem Lohn allein ernährt?
Was würden Sie raten? Was ist Ihre Aufgabe als Seelsorger, Seelsorgerin in dieser Situation? Ein kurzer Bericht über mein Vorgehen steht im Anhang unter ?6.

- Zum Setting: Ob ein Gespräch in der Wohnung des Gemeindeglieds oder in Ihrem Büro oder beispielsweise in einem neutralen Raum im Kirchgemeindehaus stattfindet, hängt von den näheren Umständen ab. Ich lasse die Gemeindeglieder normalerweise selber wählen, wenn sie sich von sich aus melden.
- Erkennen Sie Ihre Grenzen! Wenn Sie sich nicht kompetent fühlen, dann verweisen Sie weiter an Fachstellen, die Ihr Gemeindeglied umfassender beraten und konkret helfen können. Dies bedeutet nicht, dass Sie selber den Kontakt abbrechen müssen. Wenn Sie ein Thema psychisch überfordert, nehmen Sie auch Beratung für sich in Anspruch. Im Zweifelsfall kann Sie das Dekanat oder die Landeskirche über weitere Schritte beraten oder Ihnen einen Supervisor empfehlen. Stehen Sie auch dazu, dass Sie keine Lösung oder keine Antwort auf eine Frage wissen. Auch zuhören und begleiten ist in vielen Fällen genau das, was den Menschen fehlt, und deshalb schon sehr hilfreich. Als Seelsorger oder Seelsorgerin können Sie für die Seele sorgen, aber Sie sind weder Arzt noch Psychologin und schon gar nicht Gott.

Im Konfirmandenlager führe ich mit allen Konfirmanden kurze Einzelgespräche.[86] Es geht darum, wo sie in ihrem Glauben stehen, was ihnen wichtig ist und wo sie Fragen und Zweifel haben. Und sie haben Gelegenheit, etwas zu sagen, was ihnen auf dem Herz brennt.
Ein Konfirmand nutzt die Chance und erzählt: Er ist der jüngere von zwei Brüdern und eigentlich hätten sie noch ein drittes Geschwisterchen gehabt, das jedoch vor der Geburt gestorben sei. Manchmal träume er von diesem ungeborenen Geschwister. Er mache sich Sorgen und frage sich, ob es jetzt im Himmel sei? Wie soll er damit umgehen?
Was hätten Sie geantwortet?
Einen kurzen Bericht über meine Antwort finden Sie im Anhang unter ?7.

86 Vgl. dazu den Abschnitt «Inhalte» im Kapitel 3.3.3.1. «Konfirmandenunterricht» in diesem Werkbuch.

Seelsorge im Rahmen der Kasualien

Die Kasualgespräche sind über weite Strecken seelsorgerliche Gespräche. Neben Organisatorischem für die Kasualien geht es immer um die Menschen, die im Mittelpunkt stehen: Um den Täufling und seine Familie, um das Brautpaar und sein Umfeld, um die verstorbene Person und ihre Angehörigen. Im Taufgespräch kommen beispielsweise die Ängste zur Sprache, die mit dem Elternsein einhergehen oder die mit einem gesundheitlichen Problem des Kindes verbunden sind. Im Traugespräch geht es vielleicht um die Frage, wie man mit einem Thema, das in der Beziehung immer wieder zu Unstimmigkeit führt, umgehen kann. Und im Trauergespräch sind die seelsorgerlichen Gesprächspunkte sowieso zahlreich: So vielleicht die Frage nach einer unvergebenen Schuld oder nach dem Umgang mit Trauer oder die theologische Herausforderung, wo die verstorbene Person jetzt ist.

Die Kasualgespräche können aber darüber hinaus auch Anlass sein, eine kürzere oder längere Seelsorgebeziehung aufzubauen. Dies gilt in erster Linie für das Trauergespräch. Bleibt ein Partner zurück, so ist ein Gespräch einige Zeit nach der Bestattung meistens sinnvoll und erwünscht.[87] Die grosse Chance der Kasual-Seelsorge ist, dass die Themen auf dem Tisch liegen und dass bereits eine vertrauensvolle Seelsorgebeziehung durch den Kasus gegeben ist. So erlebe ich es beispielsweise sehr häufig, dass zurückbleibende Ehepartner sich über das Trauernachgespräch sehr freuen und erst dann (wenn sie allein sind und keine anderen Angehörigen mehr dabei wie im Trauergespräch) auch Schwieriges zur Sprache bringen.

Zu beachten ist aber, dass längst nicht alle Kasualgespräche in schwierige seelsorgerliche Fragen übergehen, geschweige denn, weitere Seelsorgegespräche nach sich ziehen. Oft wollen das die betroffenen Menschen auch gar nicht. Manchmal erkennt man bei einer Familie auch, dass beispielsweise nur eine einzige Person unter den Angehörigen das Bedürfnis nach einem Gespräch hat. Dann ist es die beste Lösung, mit dieser Person einen separaten Termin zu vereinbaren.

---

87 Vgl. dazu den Abschnitt «Das Trauernachgespräch und die weitere Begleitung» im Kapitel 3.3.2.3. «Abdankung» in diesem Werkbuch.

Spital- und Heimseelsorge

Seelsorge in Institutionen wird heute bereits vielerorts von Spezialpfarrämtern wahrgenommen und in qualitativ sehr guter Weise praktiziert. Im Gemeindepfarramt sind es vor allem die eigenen Gemeindeglieder in Spitälern, Alters- und Pflegeheimen, die von der Pfarrerin oder dem Pfarrer regelmässig besucht werden. Einige Tipps für den Besuch in Spitälern:

- Die Registrierung der Patienten am Empfang ist häufig unvollständig. Denn beispielsweise die Angaben zur Konfession können vom Spital nicht überprüft werden. Zudem war der Datenschutz in den vergangenen Jahren vielerorts ein grosses Thema. Es gibt Spitäler, die ihre Patientendaten nicht herausgeben, wodurch aufsuchende Spitalseelsorge in dieser Form nicht mehr möglich ist. Die Angaben über Ihre Gemeindeglieder erhalten Sie teils telefonisch, teils nur vor Ort am Empfang des Spitals, teils gar nicht.
- Manchmal brauchen Sie einen speziellen Besucherausweis, der Sie als Seelsorger, Seelsorgerin bezeichnet. Erkundigen Sie sich, ob ein solcher Ausweis nötig ist und ob Sie ihn vom Spital oder von Ihrer Landeskirche erhalten.
- An den grösseren Spitälern sind manchmal Spitalseelsorgende der Landeskirchen angestellt. Es lohnt sich, diese kennenzulernen. So erhalten Sie später von ihnen vielleicht auch mal einen Hinweis, dass Ihr Gemeindeglied im Spital ist und einen Besuch von Ihnen wünscht.
- Die Orientierung in grösseren Spitälern mit ihrer eigenen Welt ist anspruchsvoll. Nehmen Sie sich Zeit für Ihre Spitalbesuche. Halten Sie sich an die vorgegebenen Regeln der jeweiligen Abteilungen, beachten Sie Informationen an den Zimmertüren. Lämpchen oberhalb der Zimmertüre geben Auskunft, ob gerade eine Arztvisite stattfindet oder allfällige Besuchende aus anderen Gründen jetzt nicht ins Zimmer dürfen – allerdings sind die Farbfunktionen der Lämpchen nicht immer ohne Weiteres durchschaubar … Im Zweifelsfall fragen Sie auf dem Stationszimmer nach, ob ein Besuch möglich ist.
- In der Spitalseelsorge sind Störungen des Gesprächs sehr häufig: Störungen durch mehrere Patienten im Zimmer, durch andere Besuchende,

durch die Arztvisite, das Pflegepersonal, die Reinigungsequipe ... Das Setting für seelsorgerliche Gespräche ist darum schwierig oder zumindest gewöhnungsbedürftig ... Ebenso brauchen Sie als Seelsorgerin, Seelsorger, eine gehörige Portion Mut, beispielsweise trotz anderer Personen im Zimmer für Ihr Gemeindeglied zu beten. Sind die Störungen gross, suchen Sie Alternativen: Vielleicht ist ein Gespräch in einem Besucherraum oder ein Spaziergang an der frischen Luft möglich oder Sie bieten Ihrem Gemeindeglied an, einige Tage später zu Hause einen Besuch zu machen.

- Ist Ihr Gemeindeglied gerade nicht im Zimmer, sondern z. B. ausgerechnet jetzt im Operationssaal, nutzen Sie die Gelegenheit für einen schriftlichen Gruss oder Segenswunsch auf einer Karte. Sie können sich einige Tage später telefonisch melden.
- Schwierig ist der Besuch auf Intensivstationen: Manchmal erfahren Sie bereits am Empfang, ob ein Besuch möglich ist oder nicht. In der Kinderklinik sind Besuche ohne Einwilligung der Eltern nicht erlaubt. Am erfreulichsten sind die (seltenen) Besuche auf der Geburtsstation, wo die Aufnahme des Kontakts vielleicht bereits der erste Schritt für die kommende Taufe darstellt.

- Im Zweierzimmer besuche ich mein Gemeindeglied und wir haben ein gutes Gespräch. Zum Schluss bete ich und verabschiede mich. Da meldet sich die Bettnachbarin: «Und für mich beten Sie nicht, Herr Pfarrer?» – «Doch, selbstverständlich, wenn Sie das wünschen!» Ich freue mich über die unbekannte Bettnachbarin, die von sich aus aktiv wird und ein Gebet wünscht. Das zeigt mir, dass mein Besuch, den sie aktiv mitverfolgt hat, auch sie gefreut hat.
- Vor der Zimmertür informiert mich die Pflegefachfrau: «Frau M. ist im Sterbeprozess. Sie ist nicht mehr ansprechbar. Wollen Sie trotzdem hineingehen?». Ja, das will ich. Ich kenne Frau M. Sie hat keine Angehörigen. Sie wird allein sterben und ob es eine öffentliche Beerdigung gibt, ist nicht klar. Ich betrete das Zimmer. Frau M. liegt im Bett mit weit geöffneten Augen. Sie atmet leise, regelmässig, aber in einem sehr langsamen Rhythmus. Ich spreche einige Worte zu ihr und halte ihre Hand. Sie

reagiert nicht. Ich bete eine kurze Sterbeliturgie und lese den Sterbesegen. Zwischendurch kommen zwei Pflegefachfrauen, um sich von Frau M. zu verabschieden. Ich nehme Platz und warte. Die Atemzüge werden flacher und seltener. Zehn Minuten später herrscht Stille. Frau M. ist gestorben. War das jetzt Seelsorge? Oder war es schlicht und einfach mein persönlicher Abschied von Frau M.?

Einige Tipps für den Besuch in Heimen:

- Falls die Institutionen, in denen Ihre Gemeindeglieder wohnen, auch von Spezialpfarrämtern seelsorgerlich betreut werden: Nehmen Sie Kontakt auf für das gegenseitige Kennenlernen. Die Kolleginnen und Kollegen im Spezialpfarramt haben normalerweise überhaupt nichts dagegen, wenn Sie Ihre eigenen Gemeindeglieder besuchen, im Gegenteil! Ausserdem können sie Ihnen wichtige Informationen zur entsprechenden Institution und zu deren Gepflogenheiten geben.
- Bei Heimen, in denen Sie regelmässig verkehren, empfiehlt sich auch ein Gespräch mit der Heimleitung. Wenn man Sie kennt im Haus, bringt das nur Vorteile mit sich.
- Besprechen Sie auch mit den Pfarrkolleginnen und -kollegen in den Nachbargemeinden, wer in welchen Heimen Besuche macht.
- Normalerweise müssen Besuche in Heimen nicht vorangekündigt werden. Die Bewohnerinnen und Bewohner sind meistens anwesend und freuen sich über einen Besuch. Zudem ist es ratsam, jeweils mehrere Bewohner hintereinander zu besuchen. Wenn jemand doch nicht da ist, gehen Sie einfach zur nächsten Person.
- Auch in den Heimen sind «Störungen» im Zimmer an der Tagesordnung, wenngleich deutlich seltener als im Spital. Das Pflege- und Reinigungspersonal ist auch flexibler und kommt dann meistens später wieder, wenn kein Besuch mehr im Zimmer ist.
- Es gibt Heime mit geschlossenen Abteilungen/Demenzabteilungen: Meistens ist da eine Anmeldung auf dem Stockwerk bzw. im Büro nötig. Seelsorge mit demenzkranken, sprachlich eingeschränkten oder hochbetagten Menschen ist eine besondere Herausforderung.

- Normalerweise verteilen sich die meisten Gemeindeglieder, die in einer Institution wohnen, auf drei bis vier Heime in der unmittelbaren Umgebung. Daneben gibt es aber auch viele, die verstreut in verschiedensten Heimen in grösserer Entfernung wohnhaft sind. Hier müssen Sie selber herausfinden, ob überhaupt und wie oft Sie Zeit haben für diese aufwändigeren Besuche.
- Die Heimbewohner sind körperlich häufig in mehrfacher Hinsicht eingeschränkt. Scheuen Sie sich nicht, spontan zu helfen (z. B. die Brille zu geben oder die Schuhe zu binden für einen Spaziergang), markieren Sie aber auch Ihre Grenze – denn Sie sind als Pfarrerin oder Pfarrer da und gehören nicht zum Pflegepersonal. Sobald es um eigentliche körperliche Bedürfnisse geht (z. B. den Arm eincrèmen oder aufs WC begleiten), rufen Sie die zuständigen Personen.
- Neben den Alters- und Pflegeheimen gibt es auch Wohnheime für Personen mit speziellen Bedürfnissen (z. B. Männer- und Frauenheime; Heime für Menschen mit kognitiver Beeinträchtigung, Heime für Alkoholkranke usw.). Da Gemeindeglieder jahrelang in solchen Institutionen wohnhaft sind, ist ein pfarramtlicher Besuch durchaus auch mal angebracht. Erkundigen Sie sich im Voraus, was möglich ist.

Geburtstagsbesuche

Fast in jeder Kirchgemeinde werden die Altersjubilare durch die Pfarrpersonen oder durch ein Team von Freiwilligen besucht. Die kirchgemeindlichen Konzepte sind ganz unterschiedlich. Normalerweise beginnt man etwa beim 80. Geburtstag.

Geburtstagsbesuche sind eigentlich Kasualbesuche, denn sie haben einen bestimmten Kasus – nämlich den Geburtstag – als Anlass. Da dieser Kasus ein sehr freudiges Ereignis ist, sind die Jubilarenbesuche seelsorgerlich meistens eher unproblematisch, stärken aber die Beziehung zwischen dem Gemeindeglied und Ihnen. Für die Besuche braucht es daher in erster Linie die Bereitschaft, sich auf ein Gespräch zu einem frohen Ereignis einzulassen.

- Kündigen Sie Ihren Besuch auf jeden Fall telefonisch an. Oft ist es besser, die Senioren nicht an deren Geburtstag zu besuchen (weil sie da bereits viel Besuch und viele Telefonanrufe haben), sondern einige Tage vorher oder nachher. So haben Sie mehr Ruhe und mehr Möglichkeiten, sich auf das Gegenüber zu konzentrieren (und umgekehrt).

- Normalerweise ist in der Kirchgemeinde festgelegt, was für ein Geschenk den Jubilarinnen und Jubilaren mitgebracht wird. Bei uns ist es ein kleines Blumenbouquet und ein Kärtchen vom Pfarramt.
- Bei Ehepaaren hat zwar gewöhnlich nur jemand Geburtstag, aber der Besuch gilt dann natürlich beiden. Schon mehrmals habe ich es erlebt, dass dann ausgerechnet der Partner mich im Gespräch völlig in Beschlag genommen hat und die eigentliche Jubilarin ziemlich still geblieben ist. Das finde ich schade. Suchen Sie in solchen Situationen Wege, die Jubilarin stärker ins Gespräch einzubinden.
- Besonders auf Geburtstagsbesuchen, aber häufig auch sonst wird Kaffee und Kuchen oder etwas Ähnliches offeriert. Dies ist bei der Planung der Besuche auch zu beachten …

Besuchsdienste

In vielen Kirchgemeinden gibt es eine Gruppe, die Besuchsdienst macht. Das können auf der einen Seite Geburtstagsbesuche sein (zur Unterstützung und Entlastung des Pfarramts), aber auf der anderen Seite auch regelmässige Besuche bei einsamen Menschen.

- Eine Besuchsgruppe unterstützt und ergänzt den Seelsorger, die Seelsorgerin. Mir ist es wichtig, zu kommunizieren, dass ich bei seelsorgerlichen Fragen gerne auch noch vorbeikomme. Auch sollten die Mitglieder des Besuchsteams Sie informieren, wenn sie den Eindruck haben, ein Besuch der Pfarrerin, des Pfarrers, wäre sinnvoll.
- Treffen Sie sich also regelmässig mit der Besuchsgruppe, tauschen Sie sich aus und coachen Sie sie! Geben Sie ihnen auch etwas Material ab (z. B. Kärtchen als kleine Geschenke) und machen Sie ab und zu einen Input zu einem Thema im Besuchsdienst.

In meiner ersten Kirchgemeinde traf ich mich jedes Quartal mit dem Besuchsteam. Neben dem Gespräch über erlebte Besuche und der Aufteilung der nächsten Besuche machte ich immer einen ganz kurzen Input. Einige Themen, die sich für solche Treffen eignen, finden Sie im Anhang unter M33.

3.3.4.3. Seelsorgegeheimnis und Amtsgeheimnis

Viele Gemeindeglieder haben nicht zuletzt darum ein grosses Vertrauen in die Pfarrerin oder den Pfarrer, weil sie wissen: «Was ich sage, das geht nicht weiter!» Das Seelsorgegeheimnis ist ganz zentral dafür, dass Menschen unsere Hilfe in Anspruch nehmen. Darum muss dieses Seelsorgegeheimnis natürlich auch in jedem Fall gewahrt bleiben.

Rechtliche Themen sind mittlerweile auch Bestandteil der Vikariatsausbildung geworden. Ich begnüge mich deshalb an dieser Stelle mit einem Literaturhinweis:

Schweizerischer Evangelischer Kirchenbund: Dem Anvertrauten Sorge tragen. Das Berufsgeheimnis in der Seelsorge, Basel 2016

3.3.5. Die Erwachsenenbildung und der Gemeindebau

Im Bereich der Erwachsenenarbeit und des allgemeinen Gemeindelebens gehen die verschiedenen Angebote der Kirchgemeinden vermutlich am weitesten auseinander. Es gibt Kirchgemeinden, die schlichtweg gar nichts in diesem Arbeitsgebiet machen. Bei anderen dagegen läuft sehr viel in unterschiedlichster Weise. Je nach Geschichte und Struktur einer Kirchgemeinde sind das Angebote im eigentlichen Bildungsbereich (z. B. Seminare zu bestimmten Themen), kulturelle und musikalische Angebote (z. B. Orgelkonzerte, Kirchenchor, Lesungen), traditionell pietistische Angebote (z. B. Hauskreise, Bibelabende), missionarische Aktivitäten (z. B. Glaubenskurse), gemeinschaftliche Kreise (z. B. Kaffeestube, Bastelclub) und Anlässe (z. B. Bazar, Gemeindeweekend, Gemeindeferien) oder spezifische Angebote für einzelne Zielgruppen (z. B. Männer-/Frauenabende). Vieles überschneidet sich mit Angeboten aus dem Bereich der Seniorenarbeit (Senioren sind ja auch Erwachsene). Zunächst jedoch ein paar allgemeine Gedanken zu diesem vielfältigen Arbeitsfeld:

- Während Kinder, Jugendliche, Familien und Senioren vielerorts sehr gut mit vielen Angeboten betreut werden, sind es vor allem die Erwachsenen (vor allem die Kinderlosen und Singles) zwischen 25 und 60 Jahren, die in den Kirchgemeinden zu wenig beachtet werden. Natürlich hat dies auch mit deren Lebenssituation zu tun: Voll im Berufsleben stehend fehlt dieser Generation am ehesten die Zeit und das Interesse für das Engagement in der Kirche. Gleichzeitig ist es aber die Generation, die in den Kirchenpflegen und anderen Ämtern am meisten vertreten ist. Umso mehr bleibt den interessierten Erwachsenen dieser Generation manchmal kaum mehr Zeit, neben dem Gottesdienst zusätzlich an spezifischen Anlässen teilzunehmen. Als Familienvater im mittleren Alter erlebe ich das selber: Beruf, Familie und soziales Engagement füllen den Tag mehr als genug aus!
- Folglich sind es am ehesten Events statt regelmässige Veranstaltungen, einzelne Anlässe statt Gruppen, für die sich die Erwachsenen dieser mittleren Generation interessieren. Es gibt aber durchaus auch in allen Kirchgemeinden engagierte Erwachsene, welche die Zeit aufbringen und aus ihrem Glauben heraus für spannende Aktivitäten und immer mehr auch für einzelne Einsätze in der Kirchgemeinde gewonnen werden können.
- Die Entkirchlichung in dieser Altersgruppe schreitet am schnellsten voran. Deshalb sind missionarische und evangelistische Aktivitäten für Erwachsene im mittleren Alter wieder in Betracht zu ziehen. Viele Menschen sind Glaubensfragen gegenüber nicht grundsätzlich abgeneigt. Die heutige Zeit drängt förmlich danach, dass die Kirchen wieder in die Glaubensoffensive gehen.
- Als Gegenpol zur fortschreitenden Individualisierung liegt das Besondere der Kirche auch in der Gemeinschaft, die sie bietet. Die Förderung der Gemeinschaft und gemeinschaftliche Aktivitäten stärken die Kirchgemeinde und ihre Mitglieder.
- Eine Kirchgemeinde kann auch bei beachtlicher Grösse nicht alles anbieten. Besonders im Bereich der Erwachsenenbildung ist die regionale und ökumenische Zusammenarbeit wichtig. Dazu braucht es gute Absprachen und innovative Konzepte.

- Klären Sie in Ihrer Gemeinde zunächst ab, welche Angebote es gibt und warum und wo eventuell Änderungsbedarf besteht. Im Teampfarramt

ist dies ein Thema für den Konvent. Welche Funktion haben die verschiedenen Angebote der Erwachsenenarbeit für den Gemeindebau bzw. für die Gesamtgemeinde? Bieten Sie nicht einfach aufs Geratewohl etwas an, sondern überlegen Sie sich, warum Sie genau das machen.
- Wofür schlägt Ihr Herz und was können Sie zum Gemeindeleben beitragen? Welche Erfahrungen und Talente bringen Sie bereits mit? Wo können Sie im bestehenden Angebot etwas mittragen und wo können Sie etwas ergänzen?
- Beachten Sie Ihren Stellenbeschrieb: Wie viel Zeit steht Ihnen überhaupt zur Verfügung für diese Bereiche? Was wird von Ihnen erwartet? Was eignet sich für diesen Rahmen und was nicht?

Einige Gedanken und Tipps zu einzelnen bekannteren Angeboten (ohne Anspruch auf Vollständigkeit):

A) Seminare der Erwachsenenbildung

In der Kerngemeinde gibt es viele Menschen, die sich über die Predigt und den Gottesdienst hinaus für Glaubensfragen interessieren und darüber miteinander in einen Austausch kommen wollen. Interessante Themen sprechen jedoch nicht nur die Kerngemeinde an, sondern auch viele Gemeindeglieder, die eher etwas am Rand stehen.

- Klassische Bibel- und Gesprächsabende richten sich eher an ein internes Publikum (vorwiegend Kerngemeinde). Meiner Erfahrung nach ist die Vorbereitung nicht so aufwändig, da es vor allem darum geht, miteinander die Bibel zu lesen und darüber ins Gespräch zu kommen. Wichtig ist ein klar abgegrenztes und interessantes Thema, das innerlich etwas auslöst (z. B. «Die Zehn Gebote» oder «Die Bergpredigt»), während sich unbekanntere Bücher der Bibel weniger eignen (z. B. «Die Klagelieder» oder «Die Chronikbücher»). Einige Beispiele für Bibelabendreihen finden Sie im Anhang unter M34.
- Seminare zu aktuellen Themen stossen auf grosses Interesse auch bei eher am Rand stehenden Gemeindegliedern. In den letzten Jahren führte ich Seminare zu aktuellen oder existenziellen Themen durch wie

«Koran und Bibel» oder «Was kommt nach dem Tod?» Manchmal musste ich das Seminar wegen zu vieler Anmeldungen gleich doppelt führen. Drei Beispiele für Seminare finden Sie ebenfalls im Anhang unter M35.

- Planen Sie eher kürzere Reihen (wenige Abende), um die Hemmschwelle zur Teilnahme zu senken.
- Die Wahl des Wochentags und der Regelmässigkeit ist nicht zu unterschätzen. Bei kurzen Seminaren ist ein Zwei-Wochen-Rhythmus zumutbar, bei etwas mehr Abenden ist eher ein Monatsrhythmus empfehlenswert, da sonst die zeitliche Belastung bald etwas gross wird (und auch Sie mit den Vorbereitungen vielleicht zu viel Stress bekommen).
- Gestalten Sie die Abende möglichst interaktiv, auch wenn Sie Gäste/Referenten einladen. Viele Menschen wollen sich heute aktiv einbringen, Fragen stellen, selber denken und etwas herausfinden. Viele Themen fordern zum Nachdenken und zur Diskussion heraus.
- Überlegen Sie gut, welches Zielpublikum Sie primär ansprechen wollen und welches die geeigneten Werbekanäle dafür sind. Fokussieren Sie sich nicht nur auf die digitale Werbung – es ist erstaunlich, wie genau die Gemeindeseiten im «Kirchenboten» bzw. den entsprechenden Publikationen auch von der Kirche eher ferner stehenden Gemeindegliedern gelesen werden. Nutzen Sie die Kerngemeinde, um weitere Kreise einzuladen – persönliche Werbung ist oft am erfolgreichsten.

B) Hauskreise

Kleingruppen bzw. Hauskreise sind in pietistisch geprägten Gemeinden häufig anzutreffen. Sie sind oft unabhängig vom restlichen Gemeindeleben, haben manchmal sogar eine gewisse anarchische Tendenz. Je nachdem haben Sie als Pfarrerin oder Pfarrer also wenig bis gar nichts damit zu tun, selbst wenn viele Hauskreise in der Gemeinde existieren.

- Klären Sie ab, ob die Kleingruppen/Hauskreise Erwartungen ans Pfarramt haben. Brauchen diese ab und zu oder regelmässig inhaltliche oder organisatorische Unterstützung? Wie stark wollen Hauskreise ins gesamtgemeindliche Leben eingebunden sein? Soll man von ihnen Kenntnis haben? Sind sie offen für neue Gäste? Manchmal sind Hauskreise auch überkonfessionell und fühlen sich kaum (noch) einer bestimmten Gemeinde zugehörig.

- Hauskreisleitungstreffen sind eine bewährte Form, die Zusammengehörigkeit der Hauskreise zu stärken und ihre Integration in die Gemeinde zu gewährleisten. Oft sind Hauskreisleitende auch froh um eine gewisse Schulung.
- Kleingruppen sind ideal, um als Teams in anderen Bereichen der Gemeinde mitzuwirken, z. B. in Teamgottesdiensten oder in verschiedenen Projekten der Erwachsenenarbeit und des Gemeindebaus. Pflegen Sie auch deshalb den Kontakt zu den Hauskreisen und fragen Sie sie für Aufgaben an.

C) Angebote für Paare

Bereits im Kapitel über die kirchliche Trauung wurde angetönt, dass die weitere Begleitung von Ehepaaren nach der Hochzeit schwierig ist.[88] Gerade als Kirche aber können wir versuchen, Partnerschaften zu stärken. Trennungen und Scheidungen innerhalb der Kerngemeinde erschüttern viele Gemeindeglieder – obwohl sie rein statistisch natürlich keine Überraschung sind.

- Angebote für Ehepaare haben eher einen gewissen präventiven und stärkenden Charakter. Wenn es bereits kriselt in einer Partnerschaft, ist vermutlich die Eheseelsorge/Paarberatung der bessere Platz, denn ohne Zusatzausbildung in diesem Bereich sind Sie als Generalist, Generalistin, und ist die Kirchgemeinde als Anbieterin nicht genug kompetent.
- Der jährlich wiederkehrende Valentinstag ist als weltlicher Feiertag eine gute Gelegenheit, ein Angebot für Ehepaare zu machen. Vorstellbar ist ein Valentinsdinner, ein Tanzabend, ein Vortragsabend zu einem Ehe-Thema, ein Ehe-Morgen oder etwas ähnliches. Die eher freikirchlich geprägte Website http://marriageweek.ch/[89] bietet zahlreiche Anregun-

88 Vgl. dazu den Abschnitt «Die weitere Begleitung» und die Gedanken zur Ehevorbereitung im Kapitel 3.3.2.2. «Trauung» in diesem Werkbuch.

89 Abgerufen am 22.4.2022.

gen für Ehe-Anlässe in der Valentinswoche. Einzelne Landeskirchen bieten regionale Angebote an.[90]

- Ehe-Weekends als Gemeindeanlass zum Auftanken und um sich füreinander Zeit zu nehmen, lohnen sich gewiss besonders. Es braucht aber ein bestimmtes Potenzial an teilnehmenden Paaren, damit eine gute Dynamik entsteht.
- Achtung: Viele Paare oder einzelne Ehepartner sind zunächst einmal skeptisch, wenn es um Ehe-Angebote der Kirchgemeinde geht. Eine nicht seltene Reaktion lautet: «Bei uns ist es doch nicht so schlimm!» Mein Pfarrkollege entwickelte dazu den Spruch: «Dein Auto bringst du auch jedes Jahr einmal in den Service! Ist deine Ehe nicht viel wichtiger als dein Auto?»

D) Männer-/Frauenarbeit

Ob spezifische Angebote allein für Männer oder allein für Frauen überhaupt noch zeitgemäss sind, könnte angesichts der Etablierung neuer Geschlechtsidentitäten oder der Überschreitung und Negierung der Geschlechterunterschiede zu Recht gefragt werden.

Allerdings hat die Kirche ohnehin viele zielgruppenorientierte Gefässe. Und die Erfahrung zeigt, dass Frauen und Männer manchmal tatsächlich sehr unterschiedliche Bedürfnisse haben und dass Angebote, in denen sie auch einmal unter sich sind, durchaus gut tun.

Reine Frauenangebote kamen erst im 20. Jahrhundert auf, als die Menschen erstmals überhaupt so etwas wie Freizeit besassen und damit die Möglichkeit bekamen, in der Kirche mitzuwirken. Frauenvereine hatten oft bildenden Charakter und die vielen Missionsvereine bereiteten den Basar vor und prägten das Gemeindeleben. Ebenso waren viele Kirchenchöre weiblich dominiert. Aus dem freikirchlichen Bereich hat sich ausserdem die Mütter-Gebetsbewegung «Moms in Prayer»[91] mittlerweile auch in vielen landeskirchlichen Gemeinden etabliert.

---

90 Z. B. die Reformierte Landeskirche Aargau mit einem jährlichen Ehe-Dinner: www.ref-ag.ch/veranstaltungen/das-abenteuer-ehe-feiern (abgerufen am 22.4.2022).

91 www.momsinprayer.ch/ (abgerufen am 22.4.2022).

Die Männerarbeit dagegen lag lange Zeit brach und ist eher ein neueres Phänomen. Oft liegt das Hauptanliegen darin, kirchliche Angebote mit «männlichem» Charakter zu kreieren: Niederschwellige Zugänge zur Kirche durch Beschäftigung und konkretes Handwerk sowie durch die Beschäftigung mit den Kindern. Männer-Treffs, Männer-Hauskreise, Vater-Kind-Wochenenden oder Arbeitseinsatzwochen für Senioren sind gute Beispiele für diesen Arbeitsbereich.

- Existieren in Ihrer Kirchgemeinde bereits rein geschlechtsspezifische Angebote?
- Wie ist die Resonanz?
- Und wie stehen Sie dazu – als Mann oder Frau?

- Als Mann oder Frau im Pfarramt ist es möglich und legitim, ein geschlechtsspezifisches Angebot aufzubauen oder mitzugestalten. Insbesondere im Pfarrteam kann man dabei ja auch auf die verschiedenen Geschlechter setzen.
- Sprechen Sie sich im Pfarrteam ab, ob solche Angebote «dran» sind oder nicht. Manchmal sind es Freiwillige, die eine Idee für ein neues Angebot einbringen und dieses dann auch mittragen.
- In dieser Nische der kirchlichen Arbeit kann es je nach Konstellation sinnvoll sein, sich überkonfessionell und mit den Nachbargemeinden zu verbinden.

Zwei Beispiele aus meiner Erfahrung mit Männer-Arbeit zeigen die Chancen und Grenzen deutlich auf:

- In meiner ersten Kirchgemeinde existierte bereits ein «Manne-Treff», den zwei kirchlich aktive Männer aus zwei benachbarten Kirchgemeinden gegründet hatten. Während die gemeinschaftlichen Aktivitäten (z. B. der Grillabend) und interessanten Themen (z. B. der Besuch in der Synagoge) für zahlreichen Besuch sorgten, waren die eher theologischen und thematischen Abende meistens nicht so beliebt. Nach dem Tod des einen Gründungsmitglieds wurde der Treff nicht mehr so aktiv gepflegt und schlief bald einmal ein.
- In meiner zweiten Kirchgemeinde schloss ich mich meinem Nachbarkollegen an, der bereits seit vielen Jahren und sehr erfolgreich «Vater-

Kind-Wochenenden» im Zelt auf Campingplätzen organisierte. Mit meinen eigenen Kindern nahm ich teil, half mit und propagierte das Angebot auch in unserer Kirchgemeinde. Die Resonanz blieb in den Folgejahren etwas dürftig: Das Angebot war in der Nachbargemeinde gewachsen und etabliert und sorgte dort auch beständig für Nachwuchs durch Mund-zu-Mund-Propaganda. In meiner eigenen Kirchgemeinde gab es niemanden, der sich dafür engagieren wollte.

In beiden Angeboten war und ist feststellbar: Aktivität und Gemeinschaft kommen gut an, aber inhaltlich darf man sich wohl nicht zu viel vornehmen. Insofern dienen Männer-Angebote im Pfarramt vielleicht primär einmal der Beziehungspflege. Sie hängen zudem stark vom Engagement einzelner Personen ab.

E) Musik, Kunst und Kultur

Die Musik hat in der Kirche traditionell einen hohen Stellenwert. Aber auch andere kulturelle Angebote wie Lesungen, Theater, Tanz, Ausstellungen usw. sind in Kirchen (als Gebäude) und in Kirchgemeinden (als Angebote), vor allem im urbanen Raum, beliebt.

- Die grosse Chance ist die Zusammenarbeit mit lokalen Künstlerinnen und Künstlern sowie die Möglichkeit, über Kultur ein Segment der Gemeindeglieder anzusprechen, die über die traditionellen Angebote der Erwachsenenarbeit nicht erreicht werden können.
- Traditionelle oder moderne Chöre fördern die Gemeinschaft und helfen mit, Gottesdienste lebendig und abwechslungsreich zu gestalten.
- Kulturelle Projekte zur Mitwirkung (z. B. ein Theaterprojekt) sprechen andere Menschen an als die traditionelle Freiwilligenarbeit. Das kann Türöffner für ein Engagement in der Gemeinde sein.
- Zu beachten sind allerdings auch folgende Punkte:
- Kunst ist manchmal in ihrer künstlerischen Freiheit sehr kirchenkritisch. Die inhaltliche Arbeit muss genau angeschaut werden.
- Zumindest ein gewisser Bereich der Kunst (v. a. die klassische Musik) spricht bestimmte Milieus an, die in der Kirche ohnehin schon stark vertreten sind.
- Gute Kunst ist zu Recht teuer.

- Kirchgemeinden mit einer kulturellen Tradition (z. B. mit sehr guten Orgeln in ihren alten Kirchen) tun gut daran, diese Tradition zu pflegen, sie aber immer wieder einmal auch zu überprüfen und gegebenenfalls mit neueren, innovativen Ideen zu kombinieren.
- Einzelne «Events» können sich auch kleinere Kirchgemeinden in regelmässigen Abständen leisten. Für Abendveranstaltungen in Kirchgemeindehäusern eignen sich beispielsweise christliche Musikerinnen und Musiker, Komiker, Kleintheater usw.
- Kunst soll nicht um der Kunst willen gemacht werden. Auch hier gilt es strategisch zu überlegen: Was ist genau unser Ziel? Wen wollen wir warum erreichen? Welches ist der richtige Weg dazu?

In meiner Kirchgemeinde hatten wir rund fünf Jahre lang ein Erwachsenenarbeitsangebot mit dem Titel «Gäste-Forum». Wir luden Gäste ein, die einen Vortrag hielten, Musik machten oder Theater spielten. Das eigentliche Ziel, mit diesem Angebot auch viele Leute am Rand der Kerngemeinde anzusprechen, wurde aber verfehlt. Wir erkannten bald, dass die Anlässe einzelne Events waren ohne messbare Nachwirkung. Genau dies könnte die Problematik künstlerischer Angebote sein: Im ersten Moment begeistern sie, aber langfristig tragen sie nicht unbedingt zum Gemeindeleben bei. Das gilt es bei der Definition der Zielsetzung zu beachten.

F) Diakonische Aktivitäten

Die Diakonie wird in den Kirchgemeinden unterschiedlich gehandhabt. Vieles geht auch in den Bereich der Seelsorge hinein (z. B. Betreuung und Beratung von Sozialhilfeempfängern), anderes gehört eher zu Projekten der Kirchgemeinde (z. B. Mittagstisch für Alleinstehende). Ausserdem sind für die Diakonie gewöhnlich die Sozialdiakoninnen und -diakone zuständig und weniger die Pfarrpersonen. Ich beschränke mich deshalb auf ein paar wenige Hinweise:

- Noch fast alle Pfarrerinnen und Pfarrer kommen mindestens an der Pfarrhaustüre in Berührung mit Sozialhilfeempfängern, Durchreisenden, Bettlern. Es ist weiterhin bekannt, dass man an der Pfarrhaustüre einen gewissen Betrag erwarten kann. Je nach Lage des Pfarrhauses dürften sich diese Besuche häufiger oder weniger häufig ereignen.

- Klären Sie mit allfälligen Kolleginnen und Kollegen oder mit der Kirchenpflege ab, was die bisherige Praxis war. Meistens stellt die Kirchgemeinde eine Kasse mit einem jährlichen Betrag zur Verfügung. Kleinspenden anlässlich von Beerdigungen lasse ich beispielsweise dieser Kasse zufliessen.
- Anstelle von Geld sind Gutscheine eine geeignete Möglichkeit. Wenn Sie Zeit haben, können Sie mit Bedürftigen auch gleich einkaufen gehen – so haben Sie Gewissheit, dass das Geld in Lebensmittel oder andere nötige Artikel investiert wird.
- Ihre Grosszügigkeit oder auch Ihre Zurückhaltung wird sich herumsprechen – je nachdem ob die Besuche abnehmen oder zunehmen, werden Sie merken, wie sich Ihre Praxis im Vergleich zu Ihren Nachbarn verhält …
- Bei Bittstellern aus dem eigenen Dorf muss beachtet werden, dass man das Sozialamt der Gemeinde nicht hintergeht: Manchmal sind diese Menschen in einer Budgetberatung. Gibt man ihnen grössere Beträge, untergräbt man die Bemühungen des Sozialamts. Eine Absprache bei gewissen einheimischen «Kundinnen und Kunden» ist darum trotz des Seelsorgegeheimnisses unabdingbar.
- Als eher mühsam erachte ich den Umgang mit Durchreisenden, die mit teuren Autos unterwegs sind und Geld für Benzin erbetteln. Vielfach werden kleine Kinder mitgenommen, um Mitleid zu erregen. Eine gute Absprache mit den Nachbarn im Pfarramt kann verhindern, dass diese Personen von Pfarrhaus zu Pfarrhaus fahren und überall die gleiche Story erzählen. Lassen Sie sich auch nicht übertölpeln, wenn innert einer halben Stunde scheinbar zufällig drei verschiedene Personen aus demselben Heimatland aufkreuzen und behaupten, sie hätten nichts miteinander zu tun.

- Arbeit mit Flüchtlingen/Migranten: Für die politische Gemeinde ist die Kirchgemeinde eine beliebte Partnerin in der Flüchtlingsbetreuung. Je nach Situation vor Ort können gemeinsame Projekte entwickelt werden. In unserer Kirchgemeinde wuchs so beispielsweise ein integrativer Mit-

tagstisch heran, wo sich alle zwei Wochen einheimische Familien mit Flüchtlingsfamilien zum Mittagessen (als «Teilete» gestaltet) treffen.
- Diakonische Projekte im Dorf/in der Stadt: Für ihre Diakonie wird die Kirche weiterhin sehr geschätzt, obwohl fast die gesamte Sozialhilfe auf andere Institutionen übergegangen ist. Will die Kirchgemeinde deshalb spezifische diakonische Projekte anpacken, gilt es gut zu überlegen, was sich dafür eignet: Welche diakonische Funktion kann die Kirchgemeinde im Dorf übernehmen? Welches ist die richtige Zielgruppe? Mit welchem Projekt erreichen Sie die Menschen und können Gutes tun? Als Pfarrerin oder Pfarrer können Sie hier am ehesten dank Ihrer Kenntnisse im Projektmanagement und dank Ihrer Vernetzung mitwirken.

G) Gemeindetage, -weekends und -ferien

Ausflüge, Weekends und Ferien innerhalb der Kirchgemeinde fördern vor allem die Gemeinschaft. Solche Angebote richten sich insgesamt eher an die Kerngemeinde, die Interesse daran hat, Zeit miteinander zu verbringen und sich näher kennenzulernen. Verschiedene Kirchgemeinden haben eine lange Tradition von Gemeindeferienwochen und ähnlichen Aktivitäten.

Ich erinnere mich gut an mehrere Gemeindeferienwochen, die ich als Kind miterlebt habe. Eine Gruppe junger Eltern war damals sehr aktiv in der Kirchgemeinde und organisierte zusammen mit dem Pfarrer jährlich eine solche Woche. Für uns Kinder waren das tolle Zeiten, da wir eine ganze Horde Mädchen und Buben in ähnlichem Alter waren. Jeweils am Morgen gab es für die Erwachsenen ein geistliches Programm und für die Kinder ein paralleles Kinderprogramm, am Nachmittag und Abend unternahm man gemeinsam Ausflüge oder man machte ein Sportturnier.

- Gerade als Neuling im Pfarramt oder in einer Kirchgemeinde kann ein Gemeindeweekend oder eine Ferienwoche sehr geeignet sein, um die Kerngemeinde besser kennenzulernen und Beziehungen entstehen zu lassen.
- Es ist jedoch – als neues Angebot – nicht einfach, den richtigen Zeitpunkt zu wählen und die Begeisterung dafür zu entfachen. Denn der

zeitliche und finanzielle Aufwand für eine Teilnahme ist gross. Achten Sie deshalb darauf, dass Sie bereits sehr früh in der Planung einige Gemeindeglieder ins Boot holen, welche die Idee mittragen, weiter verbreiten und Sie so in der Werbung, Vorbereitung und Durchführung unterstützen. Insbesondere die Kirchenpflege selber muss von der Idee überzeugt sein. Für finanziell schwächer gestellte Gemeindeglieder kann die Teilnahme vielleicht zusätzlich subventioniert werden.

- In grösseren Kirchgemeinden sind solche Aktivitäten auch in einzelnen Gemeindekreisen eine Möglichkeit. Das vertieft die Beziehungen vor Ort.
- Wie bei vielen kirchlichen Angeboten gilt auch hier als erste Überlegung: Was genau ist mein Ziel, warum will ich das machen? Geht es in erster Linie um Gemeinschaft? Geht es vor allem um Förderung im Glauben? Geht es um einen Gemeindeentwicklungsprozess? Gibt es innerhalb der Kirchgemeinde Zielgruppen, die prioritär sind?

H) Mission, Evangelisation, Glaubenskurse

In den 2000 Jahren Kirchengeschichte gab es verschiedene Formen der Mission. Während dieser Begriff in der zweiten Hälfte des 20. Jahrhunderts eher auf die Auslandmissionen im Zusammenhang mit den Gemeindebasaren bezogen wurde, brachte vor allem der Rückgang der Mitgliederzahlen und die zunehmende Entkirchlichung der Bevölkerung die Idee der Volksmission zurück. Aus theologischen und historischen Gründen ist der Begriff «Mission» innerhalb der Landeskirche immer noch problembeladen. Das Grundanliegen wird hingegen mittlerweile auch in liberaleren Kreisen geteilt: Dass einerseits grundsätzlich viele Menschen vom christlichen Glauben immer weniger Ahnung haben, und dass andererseits selbst innerhalb der Kirchgemeinde und Kerngemeinde sowohl das Wissen als auch die Glaubenspraxis auf dem Rückzug sind. Aus dieser Erkenntnis heraus etablierten sich in den letzten Jahrzehnten unterschiedliche Arten von Glaubenskursen und Evangelisationsveranstaltungen. Die Konzepte sind zwar verschieden, das Grundanliegen jedoch über theologische Unterschiede hinweg ähnlich: Die Menschen sollen mehr über den christlichen Glauben erfahren, Glaubensschritte machen und auch wieder einen Zugang zur Kirche finden.

Insofern ist beispielsweise der Alphalive-Kurs, der aus der anglikanischen Kirche und evangelikal-charismatischen Kreisen stammt, ein grosser Erfolg. Unzählige heutige Kirchenpflegerinnen und Kirchenpfleger und freiwillige Mitarbeitende in den Kirchgemeinden fanden durch Alphalive einen Zugang zum Glauben und eine Beziehung zur Kirchgemeinde vor Ort. Als junger Erwachsener arbeitete ich in meiner Heimatgemeinde in mehreren Alphalive-Kursen mit. Ich erinnere mich an eine Frau, die durch einen solchen Kurs Zugang zur Kirchgemeinde fand, in unserem Hauskreis beheimatet wurde und heute als Katechetin in den christlichen Glauben einführt.

- Es gibt viele verschiedene Kurskonzepte, die unterschiedlichen theologischen Hintergrund haben und unterschiedliche Ziele verfolgen. Erkundigen Sie sich genau darüber und entscheiden Sie, zusammen mit Ihrem Team, welche Inhalte und welche Form für Ihre Kirchgemeinde passen.
- Der Trend im 21. Jahrhundert entwickelt sich aus meiner Sicht eher etwas weg von klassischen Glaubenskursen (Vermittlung von Dogmatik) hin zu Kursen, die bei der persönlichen Erfahrung und beim biografischen Erlebnis ansetzen. Ausserdem ist man vorsichtiger geworden mit zu langen Laufzeiten der Kurse, da kürzere und überschaubarere Engagements und Termine für viele einfacher zu planen sind. Die Herausforderung besteht also darin, in kurzer Zeit das Wesentliche zu verpacken.
- Selbstverständlich ist es auch möglich, eigene Kurse zu entwickeln. Das ist zwar aufwändig, aber durchaus lohnenswert, weil man einen eigenen Kurs viel besser an die gemeindeeigene Situation anpassen kann.
- Methodisch ist sicherlich zentral, dass die Kursbesucherinnen miteinander ins Gespräch kommen. Eine Zeit in Kleingruppen nach einem einführenden Input ist daher in den meisten Kursen fix vorgesehen. Viele Kurse legen auch Wert auf einen gemeinschaftsstiftenden Teil (z. B. ein Nachtessen).

Eine kleine Auswahl an in der Schweiz bewährten und auch in den Landeskirchen vielfach durchgeführten Glaubenskursen:

- Alphalive Schweiz: In der Schweiz der verbreitetste Glaubenskurs der letzten 25 Jahre. Starke Betonung der Glaubenslehre aus evangelikaler Sicht, mit pfingstlerischem Touch.[92]
- Mylife Workshop: Ein Kurs mit Hintergrund in der Missionsarbeit der FEG Schweiz; starke Betonung der Arbeit an der eigenen Biografie; gut umsetzbar auch in landeskirchlichen Verhältnissen.[93]
- D. I. E. N. S. T. Seminar («Dienen im Einklang von Neigungen, Stärken und Talenten»): Dieser Kurs stammt aus der Willow Creek-Bewegung und hilft, die eigene Persönlichkeit und die eigenen Gaben zu entdecken und für den Dienst in der Gemeinde weiterzuentwickeln. Er wird in zahlreichen Landes- und Freikirchen teilweise seit vielen Jahren durchgeführt.[94]
- Stärker landeskirchlich geprägte Glaubenskurse (z. B. «Glauben 12»), die als Reaktion auf die freikirchlich geprägten Kurse entwickelt wurden, konnten sich meines Wissens leider nicht lange halten.
- Mehrere Landeskirchen bieten eigene Theologiekurse an.[95] Diese führen Interessierte in die Bibel, Kirchengeschichte und in die wichtigsten Fragen der Dogmatik, Ethik und Religionswissenschaft ein.

l) Gemeindeentwicklung und Gemeindebau

Zum Abschluss dieses vielschichtigen und je nach Kirchgemeinde sehr unterschiedlichen Arbeitsgebiets «Erwachsenenbildung und Gemeindebau» folgen noch ein paar Hinweise zum grossen Thema «Gemeindeentwicklung und Gemeindebau». Selbstverständlich könnten und müssten solche Grundfragen der Kybernetik auch übergreifend über alle Handlungsfelder angesprochen werden. Sie betreffen aber häufig und im besonderen Masse spezielle Angebote der Gemeinschaft, der Kleingruppenarbeit oder der Glaubensentwicklung – also Bereiche, die vor allem in diesem Kapitel angesprochen wurden.

---

92 alphalive.ch/ (abgerufen am 22.4.2022).

93 express.adobe.com/page/E2m7CDVn9ASPr/ (abgerufen am 22.4.2022).

94 Bruce Bugbee, Don Cousins, Bill Hybels: D. I. E. N. S. T. Entdecke dein Potenzial, Gerth Medien 2005.

95 Zum Beispiel der Evangelische Theologiekurs der Reformierten Landeskirche Aargau: www.ref-ag.ch/bildung-f%c3%bcr-erwachsene/evangelischer-theologiekurs (abgerufen am 22.4.2022).

In meinem Nebenamt als Kirchenrat machte ich im Jahr 2021 zahlreiche Kurzbesuche in Kirchenpflegen. Dabei musste ich neben vielem anderem folgende vorgegebene Frage stellen: «Hat Ihre Kirchgemeinde eine Strategie für die Gemeindeentwicklung erarbeitet?»

- Dass die meisten Kirchenpflegen diese Frage nach längerem Zögern mit «Nein» beantworten, überraschte mich nicht. Eine «Strategie für die Gemeindeentwicklung» ist ein grosses Ziel! Vielleicht macht sich eine Kirchenpflege zwar Gedanken über diesen oder jenen Arbeitsbereich. Für eine umfassende Gesamtstrategie fehlt aber normalerweise nicht nur das Know-how, sondern überhaupt schon die Zeit und Energie. Alltagsgeschäfte nehmen die meisten Kirchenpflegen zu stark in Anspruch. Eigentliche Strategiefragen können allerhöchstens in zeitintensiven Retraiten angegangen werden.

Tatsächlich sind viele Kirchenpflegen schon allein von ihrem Fachwissen und ihrer Erfahrung her kaum in der Lage, sich strategische und umsetzbare Überlegungen zur Gemeindeentwicklung zu machen. Ich denke aus theologischen wie praktischen Gründen, dass die Pfarrerinnen und Pfarrer hier in einer besonderen Verantwortung stehen. Dies aber selbstverständlich in Zusammenarbeit und in Absprache mit der Kirchenpflege – doch vielerorts braucht es den pastoralen Input dazu.

Fragen der Gemeindeentwicklung können sowohl theoretischer wie auch praktischer Natur sein. Sie können sich auf Detailbereiche beschränken oder die ganz grossen Linien der Kirchgemeinde betreffen.
Einige Beispiele für Fragen und Themen finden Sie im Anhang unter M36.

Wenn eine Kirchenpflege ein grosses Thema anpacken will, so braucht es dafür genügende Ressourcen und entsprechende Kompetenzen. Ermutigen Sie Ihre Kirchenpflege darum, folgende Schritte gut zu überlegen:

- Ein genügend grosses Zeitfenster zur Verfügung stellen, beispielsweise im Rahmen einer Retraite nur zu diesem Thema
- Freistellen von einigen Personen zur Bildung einer Kommission, die sich nur mit diesem Thema beschäftigt

- Beiziehen einer externen, erfahrenen und kompetenten Prozessbegleitung. Auch Ihre Landeskirche kann Ihnen Hilfe bieten.

Wenn Sie auf Ihre aktuelle Kirchgemeinde blicken (z. B. als Jungpfarrer, als Vikarin oder als Gemeindeglied Ihrer Heimatgemeinde):

- Welche drei Themen sehen Sie in Bezug auf die Gemeindeentwicklung als die dringendsten an?
- Welches dieser drei könnten Sie prioritär in Ihre Kirchenpflege einbringen?

Sehr aktuell, umfassend, praxisorientiert und ideal auf die schweizerisch-reformierten Verhältnisse abgestützt:

- Marcel Hauser (Hg.), Neues Leben in der Kirche. Impulse für die Gemeindeentwicklung und den Gemeindeaufbau, 2019
- Monika Wilhelm, Matthias Bachmann: Gemeindeentwicklung in sieben Tagen. Geschichten, Tools, Methoden, 2021

3.3.6. Die Seniorenarbeit

In fast allen Kirchgemeinden ist die Seniorenarbeit gut verankert und hat traditionell einen hohen Stellenwert. Vielerorts wird die Seniorenarbeit zudem ökumenisch geführt. Im Unterschied beispielsweise zur Jugendarbeit ist die Seniorenarbeit langlebiger und es herrscht selten akuter Änderungsdruck. Für mich als Pfarrer ist die Seniorenarbeit auch immer wieder ein sehr dankbarer Arbeitsbereich: Denn viele Seniorinnen und Senioren sind treue Gemeindeglieder, die gerne an die Anlässe kommen.

Genau dies kann aber auch eine Gefahr sein: Man degradiert die Seniorenarbeit zu einem Nebengleis der kirchlichen Arbeit, die keine Anstrengung und Mühe erfordert. Man begnügt sich mit gemeinschaftlichen Anlässen ohne grossen Vorbereitungsaufwand.

Die Menschen in der Schweiz werden älter. Viele Seniorinnen und Senioren sind noch lange sehr rüstig und machen ihre eigenen Unternehmungen. Man unterscheidet deshalb zwischen dem vierten und dem fünften Lebensalter[96] und die Seniorenarbeit verlagerte sich mehr und mehr auf die letzte Gruppe (das höhere, passive Alter), die nicht mehr so mobil ist.

Der «Runde Tisch Alter» mit Vertretungen aus mehreren reformierten Landeskirchen formulierte im Mai 2021 Thesen für die kirchliche Altersarbeit in der heutigen Zeit.[97]

3.3.6.1. Seniorenandachten in Heimen

Fast zu jedem pfarramtlichen Stellenprofil gehören Andachten und Gottesdienste in Alters- und Pflegeheimen. Oft sind diese Anlässe ökumenisch und das Pfarrteam der Gemeinde oder der Region ist im Turnus für diese Andachten zuständig.

- Heimandachten sind nichts anderes als Kurz-Gottesdienste für eine bestimmte Zielgruppe – nämlich Heimbewohnerinnen und -bewohner. Insofern gilt für sie vieles, was es auch zu den Gottesdiensten allgemein zu sagen gibt.
- Zum *Zeitrahmen*: An vielen Orten dauern die Seniorenandachten etwa eine halbe Stunde, also rund halb so lange wie ein Sonntagsgottesdienst. Diese Kürze bewährt sich, sie bedingt aber Anpassungen am Ablauf und eine Beschränkung auf das Wesentliche. Ein Beispiel für einen Ablauf für eine Seniorenandacht finden Sie im Anhang unter M37.
- Zum *Raum*: In vielen Heimen gibt es spezielle Andachtsräume, die auch ästhetisch schön gestaltet sind. In anderen muss man mit irgendeinem schlichten Nebenräumchen Vorlieb nehmen. Vielleicht haben Sie aber die Möglichkeit, durch eine Kerze oder etwas liturgische Dekoration dem Raum mehr Atmosphäre zu verleihen.
- Zum *Inhalt*: Die Idee, (gekürzte) Sonntagspredigten für Seniorenandachten zu verwenden, ist meiner Meinung nach keine gute Sache. Ungekürzt sind die Predigten nämlich meistens zu lang. Aber eine Predigt zu

96 Vgl. www.ref-ag.ch/bildung-reformiert/bildung-alter (abgerufen am 22.4.2022).

97 www.ref-ag.ch/downloads/Thesen-kirchliche-Altersarbeit_20210531.pdf (abgerufen am 22.4.2022).

kürzen, ist aufwändig und der Predigt oft abträglich. Sinnvoller ist es, neue Kurzpredigten (z. B. 8–10 Minuten) zu schreiben und diese dafür – wenn vom Stellenprofil her vorgegeben – der Effizienz halber in mehreren Heimen zu halten. Ebenso ist es nicht nötig, ständig an die Zielgruppe «Senioren» zu denken und nur über Themen zu reden, die Seniorinnen und Senioren betreffen.

- Für mich hat es sich bewährt, an regelmässigen Andachtsorten ähnlich einer *lectio continua* längere Zeit über das gleiche Buch der Bibel zu predigen, also beispielsweise ein Jahr lang über das Markusevangelium. In einem Team sind auch aufgeteilte Predigtreihen denkbar. Zwei Beispiele für Predigtreihen aus meinem Fundus finden Sie im Anhang unter M38.
- Neben der *Lesung des Predigttextes* wähle ich im Voraus meistens eine kurze *Psalmlesung*. Dazu kommt ein *Eingangsgebet* und das *Unservater* sowie *zwei Lieder*, wobei ich aus dem ersten Lied meistens zweimal einige Strophen mit den Seniorinnen und Senioren singe.
- Zur *Liedwahl*: Ich beschränke mich auf eine Liste von bekannten Chorälen aus dem Gesangbuch. Eine überblickbare Auswahl steht im Anhang unter M39. In vielen Andachtsräumen ist das Gesangbuch vorhanden, andernorts müssen Liedblätter kopiert werden. Das erste Lied ist ein Morgenlied oder Loblied. Ich lasse mehrere Strophen daraus singen, unterbrochen durch das Eingangsgebet und die Lesung. Das zweite Lied ist entweder ein thematisch passendes Glaubenslied oder ein Schlusslied.
- Zur *Musik*: Die Voraussetzungen sind unterschiedlich. Es gibt Heime mit angestellten Musikerinnen oder Musikern, es gibt Kirchgemeinden, die ihre Musiker auch für Andachten in den Heimen finanzieren. Und es gibt Andachtsorte, wo keine Musiker vorgesehen und finanzierbar sind. Neben der Möglichkeit, selber Musik zu machen, ist heutzutage das Abspielen von Musik sehr gebräuchlich und eine gute Alternative. Bei den Liedern ist es ohne musikalische Begleitung unerlässlich, dass Sie die Lieder sicher anstimmen können. Es macht Sinn, die Lieder ein paar Töne tiefer anzustimmen als im Gesangbuch vorgesehen, da in den vierstimmigen Choralsätzen der Sopran meistens zu hoch ist – insbesondere für Seniorinnen mit schwächeren Stimmen. Wenn Sie die Lieder selber anstimmen, dann probieren Sie das im Voraus aus!

- Noch viel wichtiger als im Sonntagsgottesdienst ist eine klare, deutliche und in der Tendenz auch etwas langsamere *Aussprache*. An den meisten Orten fehlt eine Mikrofonanlage. Überlegen Sie sich gut, wo genau Sie stehen, damit alle Sie gut sehen und hören können.
- Je nach Art des Heims ist der *physische und geistige Gesundheitszustand* der Andachtsbesucher schlecht. Manchmal gibt es Unterbrüche wegen gesundheitlicher Probleme von Besuchern. Es gibt Seniorinnen und Senioren, die während der Predigt einschlafen, oder andere, die apathisch sind. Gleichzeitig bin ich immer wieder erstaunt, dass einzelne Andachtsbesucher sehr viel mitnehmen und mit grosser Dankbarkeit in ihren Alltag zurückgehen.
- Insbesondere vor den Festtagen sind auch Andachten mit *Abendmahl* vielerorts üblich. Neben einer möglichst einfachen und kurzen Abendmahlsliturgie ist dabei dem ökumenischen Charakter Rechnung zu tragen. Das Essen und Trinken des Abendmahls (z. B. Kauen des Brots; Zittern der Hände) ist wiederum je nach Einschränkungen der Besucher eine Herausforderung. Vielleicht kann das Pflegepersonal Hilfe leisten. Ein Pfarrkollege gab mir für ein Pflegeheim folgenden praktischen Tipp: Die länglichen Brotstücke im Traubensaft tunken und den Besucherinnen und Besuchern direkt auf die Zunge legen. Das so aufgeweichte Brot können sie besser beissen und schlucken.

3.3.6.2. Seniorenanlässe, Ausflüge und Ferien

Viele Kirchgemeinden haben ein halbjährliches oder jährliches separates Programm für ihre Seniorinnen und Senioren. Die Anlässe sind vielfach ökumenisch und umfassen gesellige, informative, geistige und geistliche Aktivitäten. Dazu gehören manchmal auch Halbtages- oder Ganztagesausflüge bis hin zu eigentlichen Seniorenferienwochen.

Neben der Pfarrperson wirkt meistens ein gemischtes Team mit, das die Anlässe organisiert und vorbereitet.

Dass dieser Arbeitsbereich unterschiedliche Herausforderungen für den Pfarrer oder die Pfarrerin beinhaltet, belegen folgende zwei Erlebnisse:

- In der Kirchgemeinde gab es ein ökumenisches 60+ Team mit zwei verantwortlichen Frauen, je eine aus der katholischen und eine aus der reformierten Kirche. Doch die Zusammenarbeit dieser beiden Frauen war nicht ganz einfach und führte immer wieder zu Konflikten. Als Pfarrer hatte ich eine Vermittlerrolle und fühlte mich aufgrund der Differenzen gezwungen, die Leitung stärker zu übernehmen, damit sich die beiden Frauen mehr auf die konkrete Durchführung der Anlässe konzentrieren konnten.

- In der nächsten Kirchgemeinde war ebenfalls ein ökumenisches Team am Werk, das seit vielen Jahren das gleiche Programm (mit marginalen Änderungen) anbot. Dieses Programm hatte mit ganz wenigen Ausnahmen kaum geistlich-religiöse Inhalte und hätte genauso gut von der «Pro Senectute» angeboten werden können. Hier versuchte ich, langsam und vorsichtig einzelne inhaltliche Veränderungen einzustreuen. So wurde zum Beispiel eine Andacht in einer Kapelle bald einmal zum fixen Programmpunkt auf dem Ganztagesausflug oder ich schlug auch mal eine Gastreferentin oder einen -referenten vor, die zu einem Thema spezifisch aus christlicher Sicht sprachen.

Wenn Sie an die Seniorenprogramme in Ihrer Kirchgemeinde denken:

- Wie schätzen Sie diese Programme ein?
- Entsprechen sie in etwa dem, was Sie sich wünschen für Ihre Senioren?
- In welchen Bereichen sehen Sie Änderungsbedarf?

- Für klassische Seniorennachmittage (im Kirchgemeindehaus) gibt es in der ganzen Deutschschweiz viele Einzelpersonen oder Gruppen, die sich für humoristische, nachdenkliche, informative oder künstlerische Programme anbieten. Die Qualität und die Preise unterscheiden sich stark. Ein wertvoller Tipp, um in der Vielzahl von möglichen Gästen eine Auswahl treffen zu können, ist das Sammeln von Berichten über Seniorenanlässe in der Regionalzeitung: Gelungene Anlässe in anderen Gemeinden können ja durchaus kopiert werden. Ausserdem kann man die verantwortlichen Personen aus diesen Gemeinden auch gleich noch persönlich um ein Feedback anfragen. Verschiedene Landeskirchen führen zudem eigene Listen mit potenziellen Gästen und Themen für Seniorennachmittage.[98] Fragen Sie bei der entsprechenden Fachstelle Ihrer Landeskirche nach.

- Ebenso eignet sich für Seniorennachmittage die Zusammenarbeit mit Institutionen und Vereinen vor Ort. So könnten zum Beispiel Schulklassen oder die Musikschule eine Seniorenadventsfeier mit Beiträgen umrahmen. Eine gute Vernetzung hilft weiter.
- Für die Organisation von Seniorenausflügen und -ferien können Sie sich ebenfalls von Berichten aus den Medien inspirieren lassen. Zu beachten sind die Barrierefreiheit von Restaurants und Hotels, kurze Wege und bei Ausflügen eine seniorengerechte zeitliche Länge mit regelmässigem WC-Halt. Die zeitliche Länge eines Ausflugs muss sehr grosszügig und mit Reserve berechnet werden! Erfahrene Car-Unternehmen sind in der Vorbereitung eine grosse Hilfe.

3.3.6.3. Neue Wege in der Seniorenarbeit

Neben den geschilderten, eher traditionellen und bewährten Angeboten der kirchlichen Seniorenarbeit könnte es in vielen Kirchgemeinden an der Zeit sein, neue Wege für dieses alte und scheinbar so einfache kirchliche Handlungsfeld einzuschlagen.

Potenzial der Jungsenioren nutzen

Besonders die Aufteilung in ein viertes und fünftes Lebensalter macht es unumgänglich, auch die vierte Generation der «Jungsenioren» in den Blick zu nehmen. Die Generation kurz vor oder nach der Pensionierung fühlt sich oft noch zu jung und ist zu selbstständig, um an Seniorennachmittagen teilzunehmen oder sich mit dem Car durch die Schweiz chauffieren zu lassen. Sie sind noch fit und bringen viele Talente und Ressourcen mit. Sie haben das Potenzial, mitzuarbeiten und die Angestellten zu unterstützen.

Jungsenioren sind vermutlich jetzt schon die grösste Gruppe der Freiwilligen in vielen Kirchgemeinden. Für die Kirchen sind jüngere Pensionierte mit

98 Vgl. z. B. die Liste der Berner Kirche: www.refbejuso.ch/fileadmin/user_upload/Downloads/Gemeindedienste_und_Bildung/Alter/Material___Dokumentationen/Liste_Altersnachmittag2019.pdf (abgerufen am 22.4.2022).

Zeit, Kraft und Begabungen unentbehrlich geworden. Dennoch kommt bisher für die grosse Mehrheit eine Mitarbeit in der Kirche kaum ins Blickfeld. Die Frage ist: Wo möchten und könnten sich Jungsenioren gern engagieren, besonders auch die vielen Männer? Dazu einige Ideen:

- Handwerkliche Aufgaben in und um Kirche, Kirchgemeindehaus, Pfarrhaus
- Besuchs- und Fahrdienste für ältere Senioren
- Mitarbeit und Mitwirkung bei Gottesdiensten und Anlässen
- Einsätze in der Küche bei Lagern und Weekends mit Kindern und Jugendlichen oder bei Anlässen im Kirchgemeindehaus
- Stellvertretungen für Sigristen und Hauswarte in der Ferienzeit
- Unterstützung des Sekretariats bei administrativen Arbeiten
- Spaziergänge kombiniert mit Austragen von Kirchgemeinde-Post
- Betreuung von Homepage oder von technischen Geräten der Kirchgemeinde
- Fotografeneinsätze bei grossen Anlässen wie Konfirmation oder Krippenspiel
- …

Es könnte ein interessantes Projekt sein, einen Pool von (bisher in der Kirchgemeinde nicht als Freiwillige engagierten) Jungseniorinnen und -senioren zu bilden, die für unterschiedlichste Aufgaben spontan angefragt werden können. Viele, auch sogenannte kirchenferne Senioren, freuen sich, wenn sie etwas Sinnvolles und gern auch Konkretes beitragen können.

Generationenübergreifende Angebote

? Überlegen Sie: Wie viele Angebote gibt es in Ihrer Kirchgemeinde, die von allen – wirklich von allen – Gemeindegliedern besucht werden (könnten)? Gemeint ist nicht die Theorie (selbstverständlich *darf* ein Gottesdienst von allen besucht werden), sondern die Praxis: Gibt es bereits Gefässe, in denen die unterschiedlichen Generationen wirklich miteinander in Berührung und Kontakt kommen?

- Auf der einen Seite sind Einzelanlässe denkbar: Also beispielsweise ein Seniorennachmittag, an dem Senioren und Schüler miteinander ins Gespräch kommen. Die Generationen erzählen einander von früher und heute, die Schülerinnen und Schüler erklären den Seniorinnen und Senioren ihr Handy usw.[99]
- Auf der anderen Seite gibt es Kirchgemeinden, die sich bewusst zu einer generationenübergreifenden Gemeinde weiterentwickeln wollen und konkrete, längerfristige Projekte angehen und umsetzen. Das Forum Generationenkirche veranstaltet dazu auch Weiterbildungen in Zusammenarbeit mit a+w.[100]
- Die grosse Herausforderung sind und bleiben aber wohl generationenübergreifende Gottesdienste. Kirchgemeinden, die es schaffen, die verschiedenen Generationen in einem Gottesdienst zu vereinen, in dem sich alle wohl fühlen und etwas mitnehmen, machen sicherlich vieles richtig.

3.3.7. Die Sitzungs- und Gremienarbeit

Viele Neulinge im Pfarramt sind erstaunt und bald einmal auch etwas frustriert über die vielen Sitzungen, die im Berufsalltag anfallen. Noch im Vikariat nahm man vielleicht ausser an den Kirchenpflege- und Konventssitzungen nur sporadisch, zum Reinschauen und Kennenlernen, an weiteren Sitzungen teil. Denn die spärliche Zeit musste für die konkreten Aufgaben genutzt werden, für die Gottesdienste, den Unterricht und die Seelsorge.

Je nach Kirchgemeinde und genauem Stellenbeschrieb variiert die Art und Anzahl der Sitzungen beträchtlich. Tendenziell finden in grösseren Kirchgemeinden mehr interne Sitzungen statt, weil es innerhalb des Teams mehr Absprachen braucht. Im Gegenzug kann man sich für verschiedene Gruppen aufteilen und hat so vielleicht etwas weniger externe Sitzungen.

99 Vgl. dazu auch den Abschnitt «Organisation» im Kapitel 3.3.3.1. «Konfirmandenunterricht» in diesem Werkbuch.

100 www.generationenwelten.ch/forum/ (abgerufen am 22.4.2022).

Arten von Gremien und Sitzungen
Folgende Arten von Sitzungen sind in vielen Kirchgemeinden üblich und verbreitet, wobei sich die genauen Umstände von Landeskirche zu Landeskirche und von Gemeinde zu Gemeinde unterscheiden können.

A) Sitzungen innerhalb der eigenen Kirchgemeinde

- Kirchenpflege (Exekutive der Kirchgemeinde): Teilweise mit, teilweise ohne Stimmrecht der Pfarrperson; in grösseren Kirchgemeinden teilweise nach dem Delegationsprinzip unter den Ordinierten. Meistens ungefähr im Monatsrhythmus.
- Kirchgemeindeversammlung (Legislative der Kirchgemeinde): Meist halbjährlich, teilweise jährlich. Stimmrecht nur bei Wohnsitz innerhalb der Kirchgemeinde – wie alle Gemeindeglieder.
- Konvent/Teamsitzung: Manchmal nur Konvent der Ordinierten (also der Pfarrerinnen und Pfarrer, oft auch mit Sozialdiakonen), manchmal mit weiteren wichtigen Mitarbeitenden (z. B. Sekretärin, Katechetinnen, Sigrist, Organistinnen). Häufigkeit sehr unterschiedlich – zwischen wöchentlich und sporadisch.
- Sitzungen von Gruppen und Teams der Kirchgemeinde: Sehr unterschiedlich in Anzahl und Häufigkeit, teilweise regelmässig, teilweise nur nach Bedarf. Zum Beispiel: Teams für besondere Gottesdienste, für die Seniorenarbeit, für das Konfirmandenlager oder für aktuelle Projekte.
- Gespräche mit Mitarbeitenden für einzelne Anlässe und Themen (z. B. Vorbereitungssitzung mit der Katechetin für einen Gottesdienst im Rahmen des Religionsunterrichts).

B) Sitzungen im Umfeld der eigenen Kirchgemeinde

- Sitzungen der Ökumene und der evangelischen Allianz in der Nachbarschaft: Je nach lokalen Gegebenheiten unterschiedlich oft.
- Sitzungen mit Nachbarpfarrämtern für lokale Absprachen und Zusammenarbeit.
- Sitzungen mit Gruppen, Kommissionen oder Einzelpersonen aus der politischen Gemeinde, aus der Schule, Vereinen und Institutionen.

C) Sitzungen im Rahmen der Landeskirche

- Dekanatskapitel: Treffen der Pfarrerinnen und Pfarrer des Dekanats, ca. 2–4 Mal pro Jahr, zu Weiterbildung und Austausch.
- Pfarrkapitel: Treffen der Pfarrerinnen und Pfarrer der gesamten Landeskirche, ca. 1–2 Mal pro Jahr, zu Weiterbildung und Austausch.

Insgesamt habe ich in den letzten zehn Jahren rund 12–15 % meiner Arbeitszeit in die Teilnahme, Vor- und Nachbereitung von Sitzungen investiert. Das sind gegen 300 Arbeitsstunden pro Jahr oder rund eine pro Arbeitstag. Die grössten Brocken waren klar die Kirchenpflegesitzungen und die wöchentlichen Kurzsitzungen des Mitarbeiterteams. Dieser Arbeitsbereich ist also nicht zu unterschätzen.

In der Arbeitszeitbudgetierung ist die Gefahr gross, dass ein Teil der Sitzungsarbeit vergessen geht oder zu knapp berechnet wird. Hier gilt es, genau hinzuschauen.

Tipps zur Effizienzsteigerung und zum Verhalten in Sitzungen

Viele Kolleginnen und Kollegen finden Sitzungen lästig. Ich finde jedoch gute und effiziente Sitzungen hilfreich für die eigene Arbeit. Wenn beispielsweise in einer regelmässigen Teamsitzung wertvolle Informationen ausgetauscht und Absprachen getroffen werden, so verhindert das zahlreiche Telefonate und E-Mails. Die Frage ist also, wie Sitzungen in der Durchführung sowie in der Vor- und Nachbereitung effizient und ertragreich gestaltet werden können.

- Die Atmosphäre einer Sitzung ist wesentlich geprägt von der Sitzungsleitung. Sitzungen mit guter Leitung sind effizient und machen Freude. Nicht immer hat man eine geeignete Sitzungsleitung. Gibt es aber einen Wechsel in der Leitung, dann setzen Sie sich aktiv für eine gute Nachfolge ein – damit ist allen gedient.
- Eine Sitzung braucht eine Struktur und eine Kultur. Hilfreich ist eine Traktandenliste oder zumindest eine Absprache über die Auswahl und Reihenfolge der Themen, die diskutiert werden. Wirken Sie darauf hin,

dass die Traktanden bereits vor der Sitzung mehr oder weniger klar sind. In Sitzungen mit offiziellem Charakter (z. B. Kirchenpflege) kann die Traktandenliste zu Beginn zur Diskussion gestellt werden. Bei zu vielen Traktanden oder einer unlogischen oder schlecht priorisierten Reihenfolge kann man eine Änderung beantragen. Es ist beispielsweise sinnlos, sich nach vier Stunden Diskussion um Mitternacht noch das voraussichtlich wichtigste und umstrittenste Traktandum vorzunehmen.

- Bereiten Sie sich auf Ihre Sitzungen vor. Überlegen Sie sich, zu welchen Traktanden Sie etwas sagen wollen. Schweigen Sie da, wo Sie nichts beitragen können. Was ist Ihnen echt wichtig? Wo sind Sie voraussichtlich in der Mehrheit, wo in der Minderheit? Wie können Sie argumentieren? Machen Sie sich so viele Notizen wie nötig. Ich habe mir angewöhnt, die Kirchenpflege-Sitzung bereits einige Tage im Voraus vorzubereiten und dann vor der Sitzung das Allerwichtigste nochmals im Kopf durchzugehen.
- Bei umstrittenen Traktanden, die zu heissen Diskussionen führen werden, lohnt es sich, im Voraus «Verbündete» zu suchen und Absprachen zu treffen.
- Bei Traktanden, die Fragen aufwerfen oder bei denen die Unterlagen unklar sind, kann man bereits vor der Sitzung weitere Informationen einholen.
- Je nach Art des Gremiums und der zu erwartenden Diskussionen kann auch die Sitzordnung eine wichtige Rolle spielen. Überlegen Sie sich also, wo Sie sitzen wollen, damit Sie sich wohl fühlen und sich einbringen können (Anordnung der Sitzungsteilnehmenden, Licht, Türe, frische Luft). Ebenso gibt es in manchen Sitzungen einen (unausgesprochenen) Dresscode.[101]
- Notieren Sie sich während der Sitzung Dinge, die Sie im Nachgang zu Hause bearbeiten müssen. Erstellen Sie sich im Anschluss eine To-do-Liste, wenn Sie die Sitzungsunterlagen ablegen.
- Abendsitzungen (insbesondere Kirchenpflegesitzungen) können sehr lange dauern und ermüdend sein. Wenn sie dann auch noch konfliktbe-

101 Vgl. dazu den Abschnitt «Kleidung» im Kapitel 2.3. «Partnerschaft, Familie, Wohnsituation, Freizeit, Kleidung» in diesem Werkbuch.

laden sind, fällt es vielen schwer, zu Hause gleich abzuschalten, obwohl man den Schlaf nötig hätte. Finden Sie heraus, was Ihnen hilft: Ist es ein heisser Tee? Eine ablenkende kurze Netflix-Folge? Ein klassisches Musikstück? Oder noch ein kurzer Spaziergang an der frischen Luft?

In einer Kirchenpflegesitzung brachte die Präsidentin ein ihr sehr wichtiges, persönliches Anliegen ein. Die Kirchenpflege lehnte das Anliegen einstimmig ab. Danach war die Präsidentin für den Rest der Sitzung so frustriert, dass sie kaum mehr klar denken konnte.

- Was könnten Sie in dieser Situation als Pfarrerin bzw. Pfarrer tun? Einige Gedanken dazu stehen im Anhang unter ?8.

Tipps zur Prioritätensetzung

Viele Pfarrerinnen und Pfarrer fragen sich, ob sie sich das tatsächlich antun sollen: So viele Sitzungen in so vielen Gruppen und Gremien? Es fällt im Pfarramt bald auf, dass die einen oder anderen Kolleginnen und Kollegen häufiger fehlen – darf man da nicht auch regelmässig fehlen?

Nicht alle Sitzungen haben hohe Priorität. Es gibt Zeiten im Leben und in der Arbeit, die so intensiv sind, dass weniger Wichtiges gestrichen werden muss. Zum Problem wird es, wenn die Arbeitsbelastung über lange Zeit so hoch ist, dass eigentlich die Zeit für Sitzungen fehlt.

- Die Arbeit sollte grundsätzlich *nie* die allerhöchste Priorität in Ihrem Leben haben. Ihr Partner, Ihr Familie oder Ihre Freunde, aber auch Ihre Gesundheit hat Vorrang. Wenn Sie also einen privaten Notfall haben und es Sie in der Sitzung nicht unbedingt braucht, dann entschuldigen Sie sich ohne schlechtes Gewissen für die Sitzung. Und wenn es Sie unbedingt braucht, dann sagen Sie die Sitzung ab und verschieben Sie sie.
- Versuchen Sie jedoch, solche Absagen nicht zu häufig und nach Möglichkeit frühzeitig zu tätigen. Erweisen Sie sich als zuverlässig. Lassen Sie nicht einfach Termine sausen, sondern kommunizieren Sie rechtzeitig und mit allen Beteiligten.

- Viele halten Sitzungen in übergemeindlichen Gremien für unwichtig und darum verzichtbar. So fehlen beispielsweise in den Sitzungen des Aargauer Pfarrkapitels regelmässig gegen die Hälfte aller Mitglieder.[102] Die Verlockung ist gross, im Stress auf eine halbtägige Sitzung zu verzichten, an der keine für die Kirchgemeinde und die persönliche Arbeit wichtigen Fragen diskutiert werden. Doch Stress beruht häufig auf unvorsichtiger Planung[103] und kann – mit Ausnahmen – vermieden werden. Ich ermutige Sie sehr, auch diese scheinbar weniger wichtigen Sitzungen wahrzunehmen: Den Austausch mit Kolleginnen und Kollegen und die Vernetzung innerhalb des Pfarrkapitels erachte ich beispielsweise als sehr wichtig und zentral und darum als lohnenswert. Wir sind sonst schon genügend oft Einzelkämpfer im Pfarramt.
- Es ist aber auch möglich, dass Ihre Arbeitgeberin, die Kirchenpflege, findet, dass Sie für die Arbeit in der Kirchgemeinde angestellt sind und nicht für Kaffee und Gipfeli am Dekanatstreffen. Weisen Sie darauf hin, dass diese Sitzungen nicht allzu häufig und für Ihre Inspiration und Vernetzung wichtig sind. Teilweise sind die Sitzungen auch obligatorisch für Mitglieder des Ministeriums.[104] Ausserdem kennen Landeskirchen Regelungen, die für solche Treffen einen Teil der Arbeitszeit vorsehen.[105]

---

102 Dies ist eine persönliche Schätzung. Selbstverständlich gibt es in vielen Fällen gute Gründe für die Abwesenheit.

103 Vgl. dazu die Tipps im Kapitel 3.3.8.3. «Planungsaufgaben» in diesem Werkbuch.

104 So zum Beispiel die Teilnahme an den Sitzungen des Aargauer Pfarrkapitels (vgl. Geschäftsordnung des Pfarrkapitels: www.ref-ag.ch/srla/237.300_GO_Pfarrkapitel.html, § 7.1, abgerufen am 22.4.2022: «Die Mitglieder sind verpflichtet, an allen Sitzungen teilzunehmen.»).

105 In diese Richtung würde ich jedenfalls die Regelung im Aargauer Dienst- und Lohnreglement auslegen (vgl. Dienst- und Lohnreglement für die ordinierten Dienste: www.ref-ag.ch/srla/371.300_DLD.html#ue145, § 22, abgerufen am 22.4.2022: «Pfarrerinnen und Pfarrer […] dürfen in Absprache mit der Kirchenpflege bis zu 10 % ihrer Arbeitszeit für kantonale oder regionale kirchliche Tätigkeiten […] einsetzen.»).

3.3.8. Die Administration

Ähnliches wie zur Sitzungsarbeit könnte man auch zur Administration sagen: Sie ist manchmal lästig, scheint viel zu viel Raum und Zeit einzunehmen und hindert einen so an der «eigentlichen» Arbeit in der und für die Gemeinde. Obwohl mittlerweile auch kleine Kirchgemeinden teilweise ein Teilzeitsekretariat führen, bleiben viele administrative Aufgaben beim Pfarramt – insbesondere der ganze E-Mail-Verkehr.

3.3.8.1. Kommunikation nach aussen

Für die wichtige Kommunikation nach aussen (Gemeindeseiten, Homepage, Kirchenzettel, Anschlagkasten, Versände usw.) sind in den allermeisten Kirchgemeinden Sekretariate eingerichtet worden, sodass die Pfarrerinnen und Pfarrer in der Regel damit nicht mehr viel zu tun haben. Da aber insbesondere «Gemeindeblättli» und Homepage die Visitenkarten der Kirchgemeinde sind, ist es nach meiner Erfahrung um der Qualität willen wichtig, mindestens ab und zu ein Auge darauf zu richten, Texte beizusteuern und die Informationen auf Richtigkeit zu prüfen.

Verfügt Ihre Kirchgemeinde über ein qualitativ gutes Sekretariat, ist das für Sie eine grosse Entlastung. Finden Sie heraus, welche Arbeiten die Sekretärin sehr gut macht und wo es allenfalls Verbesserungspotenzial gibt. So können Sie vieles vertrauensvoll delegieren und sich dort gezielt einbringen, wo es sich lohnt, etwas mehr Zeit zu investieren.

- Die Homepage ist der weltweit einsehbare erste Eindruck einer Kirchgemeinde. Die Informationen müssen zuverlässig, korrekt, aktuell und benutzerfreundlich sein. Schauen Sie Ihre Homepage daher regelmässig auch mit den Augen eines Gemeindegliedes durch und geben Sie Rückmeldungen an die verantwortliche Person – oder delegieren Sie diese kleine Aufgabe an ein Gemeindeglied.
- Berichte über gelungene Anlässe sind sympathisch und haben einen gewissen Werbeeffekt. Delegieren Sie diese Aufgabe an Mitarbeitende oder Veranstaltungsteilnehmende: Ein kurzer Bericht über die Konfirmation, die Seniorenferienwoche oder das Kinderlager interessiert die Gemeindeglieder und die Öffentlichkeit.

- Viele regionale Kleinzeitungen freuen sich über Veranstaltungsberichte und -hinweise und drucken diese gratis ab. Nutzen Sie diese Werbemöglichkeiten.
- Beachten Sie die Urheberrechte bei Bildquellen.[106]

3.3.8.2. Pfarramtliche Korrespondenz

Die Korrespondenz kann nie komplett an ein Sekretariat ausgelagert werden. Viele E-Mails, Briefe und Telefonate müssen persönlich beantwortet werden.

Korrespondenz ist nicht Ihre zentrale Aufgabe. Investieren Sie so viel Zeit wie nötig und so wenig wie möglich. Setzen Sie Ihre Arbeitszeit gewissenhaft ein für diejenige Post, die wirklich wichtig ist.

- Gute E-Mail- und Briefvorlagen erleichtern die Korrespondenz erheblich.
- Druck- und Kopieraufträge, Einpacken, Beschriften und Sortieren von Kuverts für Versände und vieles mehr können Sie ans Sekretariat delegieren – sofern es sich nicht um heikle Informationen handelt.
- Im Telefonverkehr stellen Kirchgemeinden teilweise auf Geschäftshandys um. Viele Pfarrämter haben gar kein Festnetz mehr. Hier gilt es zu entscheiden, wie gut erreichbar man sein will, und zu beachten, was die Kirchenpflege wünscht oder vorgibt. Unerlässlich ist eine kurze, klar verständliche Ansage auf dem Telefonbeantworter.
- Im Teampfarramt können Sie viel von der Praxis und der Erfahrung der Kolleginnen und Kollegen profitieren.
- Überlegen Sie, wie schnell Sie auf Anrufe und elektronische Nachrichten reagieren. Nicht immer ist eine sofortige Antwort nötig und sinnvoll.
- Beachten Sie, dass schriftliche Korrespondenz die grössere Gefahr für Missverständnisse beinhaltet als mündliche. Telefongespräche und direkte Begegnungen sind eindeutiger. Bei heiklen Themen und Fragen, bei Unklarheiten, Provokationen und Konflikten ist es ratsam, nicht schriftlich zu antworten, sondern das direkte Gespräch zu suchen.

106 Vgl. dazu die kurze Übersicht der Reformierten Medien: www.ref.ch/wp-content/uploads/2014/06/Bilder-in-kirchlichen-Publikationen.pdf (abgerufen am 22.4.2022).

3.3.8.3. Planungsaufgaben

Eine rechtzeitige und gute Planung erleichtert Ihre konkrete Arbeit im Pfarramt enorm. Ich unterscheide zwischen Jahresplanung, Wochenplanung und Tagesplanung.

Jahresplanung

Bei vielen regelmässigen Terminen im Pfarramt ist es üblich und sinnvoll, das ganze Jahr im Blick zu haben. Im Unterricht orientiert man sich eher am Schuljahr, bei vielen anderen Bereichen (z. B. Gottesdienst) eher am Kalenderjahr.

- Die Jahresplanung muss rechtzeitig und in einer sinnvollen Reihenfolge angegangen werden: Zuoberst stehen übergemeindliche Termine (z. B. ökumenische Gottesdienste, Pfarrkapitelssitzungen oder Weiterbildungen), dann die Termine, die im ganzen Pfarrteam oder Mitarbeiterteam festgelegt und besprochen werden müssen (z. B. Ferien, Freisonntage, Gottesdienstplan, Amtswochen). Auf der untersten Stufe sind Termine, die primär nur Sie selber betreffen. In der Praxis kann diese Reihenfolge längst nicht immer eingehalten werden, weil beispielsweise Skiferien für die ganze Familie teilweise über ein Jahr im Voraus gebucht werden müssen. Es braucht Flexibilität und oft eine «rollende Planung».
- Notieren Sie feststehende Termine sofort in Ihrer Agenda, damit Kollisionen verhindert werden.
- Notieren Sie Aufgaben, die noch weit weg sind, in einem Vormerkkalender.

Wochenplanung

Für den Start in die neue Woche bewährt es sich, alle fixen Termine und zu erledigenden Aufgaben zusammenzutragen. Eine solche To-do-Liste ermöglicht eine gute und effiziente Planung der Woche.

Ich plane die neue Woche jeweils am Samstagmorgen. Der Aufwand ist gering: Zunächst trage ich alle Termine in die Wochenübersicht ein. Dann notiere ich alle weiteren Aufgaben, die nächste Woche erledigt werden müssen. Dazu konsultiere ich meine laufende To-do-Liste, meinen langfristigen Vormerkkalender und die Agenda mit der Übersicht der nächsten

Wochen. So erhalte ich einen Überblick und kann abschätzen, ob die Woche eher streng oder locker wird. Wichtig: Es braucht auch Freiraum für Unerwartetes.

- Haben Sie bisher bereits mit einer Wochenplanung gearbeitet? Sind Sie mit Ihrem System zufrieden? Oder gibt es Schwächen, die Sie verbessern möchten?
- Als Übung können Sie am Wochenende oder zu Wochenbeginn alle Ihre Termine auf einer Wochenübersicht eintragen, danach weitere Aufgaben notieren und auf die Wochenübersicht verteilen. Lassen Sie einigen Platz frei für Unerwartetes. Markieren Sie die Dinge, die absolute Priorität haben und nicht länger warten können.

Tagesplanung

Mit dem Start in den Tag verfeinern Sie Ihre Wochenplanung und nehmen sich für den neuen Tag vor, was Sie wann genau machen möchten. Achten Sie auf Abwechslung. Besonders bei Aufgaben, die Ihnen Mühe bereiten, lassen sich zwischendurch «Zückerchen» einbauen: Dinge, die Ihnen mehr Spass machen. Denken Sie auch an Pausen[107] und bleiben Sie flexibel für Spontanes!

Ein Beispiel für eine einfache Wochenplanung und eine daraus abgeleitete Tagesplanung finden Sie im Anhang unter M40.

Ob Sie analoge oder digitale Hilfsmittel für Ihre Agenda verwenden, ist Geschmackssache. Wichtig: Es muss Ihnen wohl sein dabei und es muss effizient und zuverlässig funktionieren.

3.3.8.4. Kartei- und Archivführung

Da dieser Arbeitsbereich vielerorts hauptsächlich durch das Sekretariat erledigt wird, beschränke ich mich auf einige wenige Hinweise:

- Bei den Mitgliederverzeichnissen (Kartei) gibt es Bestrebungen, diese zu zentralisieren und zu optimieren. In der Reformierten Landeskirche Aar-

107 Vgl. dazu das Kapitel 3.2.2.4. «Strukturierte Pausen machen» in diesem Werkbuch.

gau beispielsweise ist eine gemeinsame Mitgliederdatenbank bereits umgesetzt. Die Pfarrerinnen und Pfarrer können mit einem einfachen Onlinezugang Angaben über ihre Mitglieder erhalten, was die tägliche Arbeit erleichtert.

- Für das Kirchgemeindearchiv ist meistens eine Pfarrperson verantwortlich. Die Aufgabe wird jedoch oft an die Sekretariate delegiert. Aus pfarramtlicher Sicht ist in den Kirchgemeindearchiven vor allem die Führung der Kirchenbücher (auch «Rodel» oder «Pfarramtsregister» genannt) interessant. Darin werden alle Kasualien verzeichnet. Diese Bücher werden regelmässig zur Hand genommen, um beispielsweise auf Anfrage eine Taufbestätigung zu machen. Früher wurden sie häufig von Historikern und für die Familienforschung benutzt.
- Neben dem physischen Archiv wird mehr und mehr Material digital archiviert (z. B. Fotos von Anlässen).

- Auch wenn Sie in Ihrer Kirchgemeinde möglicherweise nichts mit dem Archiv zu tun haben, lohnt sich eine Besichtigung, damit Sie ungefähr wissen, was alles vorhanden ist. Ein Blick in die Kirchenbücher zeigt schön die Entwicklung der Kirchgemeinde (jährliche Zahlen der Taufen, Konfirmationen, Trauungen und Abdankungen) auf.
- Die archivierten Protokolle der Kirchenpflege können hilfreich sein, wenn es darum geht herauszufinden, ob bestimmte Themen schon früher besprochen oder entschieden wurden. Manchmal führt das Sekretariat ein Stichwortverzeichnis, sodass die Suche vereinfacht wird.
- In einzelnen Kirchgemeinden befindet sich das Archiv noch im Pfarrhaus. Hinsichtlich der Datenschutzbestimmungen ist das allerdings nicht mehr sinnvoll. In diesem Fall ist eine bessere Lösung anzustreben.
- Archive bieten manchmal wahre Schätze (z. B. Fotosammlungen aus früheren Zeiten). Bei Jubiläen oder Kirchenfesten macht es Freude, solche Archivperlen auszugraben und der Öffentlichkeit zu präsentieren.
- Die Vorschriften über die Archivführung sind aus einsichtigen Gründen kompliziert.[108]

108 Vgl. beispielsweise die Archivordnung der Reformierten Landeskirche Aargau: www.ref-ag.ch/srla/236.700_Archivordnung.html (abgerufen am 22.4.2022).

3.3.9. Die Weiterbildung

3.3.9.1. Eigentliche Weiterbildung und Weiterbildung in den ersten Amtsjahren

Vom ersten Arbeitstag an gibt es ein Anrecht auf Weiterbildung. Die landeskirchlichen Regelungen dazu sind unterschiedlich. Pfarramtsneulinge haben neben der üblichen Weiterbildung zusätzlich das Recht auf und die Pflicht zur Weiterbildung in den ersten Amtsjahren.

- Ich empfehle zunächst grundsätzlich, unbedingt *das Maximum* der zustehenden Weiterbildung zu beziehen. In meinen drei ersten Amtsjahren waren das je drei Wochen – eine grosszügige Regelung, die in der Kirchgemeinde wegen meiner Abwesenheit in dieser Zeit nicht nur auf Gegenliebe gestossen ist. Aber die Weiterbildung bringt schliesslich nicht nur Ihnen, sondern auch der Kirchgemeinde einen Nutzen. Natürlich muss in den meisten Fällen die Kirchenpflege formell einverstanden sein, doch: Das Anrecht darauf haben Sie!
- Erkundigen Sie sich über die entsprechenden *Reglemente*, wie viel Weiterbildung Ihnen genau zusteht und wie die Entschädigungen geregelt sind. Planen Sie Ihre Weiterbildungen frühzeitig, am besten, wenn Sie die Jahresplanung machen.[109] Kümmern Sie sich um Ihre Stellvertretung, wie wenn Sie Ferien beziehen.
- Viele Weiterbildungskurse sind schon über ein Jahr im Voraus ausgeschrieben. Beliebte Themen und Kurse sind schnell ausgebucht. Es lohnt sich, rechtzeitig zu planen und sich anzumelden.
- Neben dem grossen und vielfältigen Weiterbildungsangebot von *a+w* bzw. *pwb*[110] gibt es auch viele *weitere kompetente Anbieter*. Wichtig ist aber auf jeden Fall, dass die Weiterbildungen anerkannt sind und bestätigt werden (Testat), weil später beispielsweise für lange Weiterbildungen (Sabbaticals) nachgewiesen werden muss, dass man regelmässig Weiterbildungen besucht hat. Im Zweifelsfall ist es wichtig, sich bei der

109 Vgl. dazu das Kapitel 3.3.8.3. «Planungsaufgaben» in diesem Werkbuch.

110 www.bildungkirche.ch/kurse (abgerufen am 22.4.2022).

Landeskirche zu erkundigen, ob eine Weiterbildung bei einem anderen Anbieter anerkannt wird.

- Fokussieren Sie sich nicht gleich in den ersten paar Amtsjahren auf spezielle, langjährige Zusatzausbildungen. Lernen Sie sich zuerst im Pfarramt kennen und besuchen Sie *Kurse für die verschiedenen Arbeitsbereiche*. Fördern Sie Ihre Stärken und arbeiten Sie an Ihren Schwächen.
- Dazu dient in den ersten fünf Amtsjahren vor allem die *Weiterbildung in den ersten Amtsjahren (WeA)*:[111] In den ersten beiden Amtsjahren besuchen Pfarrerinnen und Pfarrer einen WeA-Tag und ein Gespräch zur Weiterbildungsberatung. Daneben sind in den ersten fünf Amtsjahren acht Angebote aus der WeA vorgesehen, nämlich ein individuelles Coaching zur Berufseinführung (insgesamt neun Stunden), ein Seminar zum Thema «Führen und Leiten im Pfarramt», ein WeA-Angebot zur theologischen und persönlichen Schlussreflexion am Ende der WeA-Zeit, sowie fünf weitere Seminare (SeA), Einzelcoachings (CeA) oder Fachcoachings (FeA) nach Wahl. Die WeA-Angebote haben eine hohe Qualität. Die zahlreichen und verschiedenen Angebote ermöglichen Ihnen, sich gerade in den ersten Amtsjahren spezifisch in den Themen weiterzubilden, die Ihnen wichtig und hilfreich scheinen. Die Beauftragte für die WeA berät auch gerne in der Planung der Weiterbildung.
- Sowohl die allgemeinen Weiterbildungskurse von a+w als auch die speziellen WeA-Angebote beruhen auf dem *Kompetenzstrukturmodell*.[112] Dieses bildet die Grundlage für alle Aus- und Weiterbildungsangebote von a+w. Wer sich eingehend mit dem Kompetenzstrukturmodell und seinen zwölf Standards beschäftigt, kann auch seine Weiterbildung sehr gut nach diesem Modell planen. Eine Hilfe dazu bietet der *STEP-Test*.[113] Dieses Förderinstrument ermöglicht, die eigene Ausprägung der zwölf Standards einzuschätzen. Nach dem Test erfolgt ein entwicklungsorientiertes Standortgespräch. Daraus können Hinweise auf zukünftige Weiterbildungsschwerpunkte entstehen. Die Teilnahme an STEP ist freiwillig.

---

111 www.bildungkirche.ch/die-wea (abgerufen am 22.4.2022).

112 www.bildungkirche.ch/kompetenzstrukturmodell (abgerufen am 22.4.2022).

113 www.bildungkirche.ch/step (abgerufen am 22.4.2022).

- Nutzen Sie die Weiterbildungen aber auch zum *Abschalten vom Berufsalltag* und zur *Vernetzung* mit Kolleginnen und Kollegen! Manchmal ist das Thema gar nicht so entscheidend, sondern die Möglichkeit, neue Impulse in ungewohnter Umgebung zu erhalten, ist anregend.
- Viele externe Anbieter, vor allem auch aus dem pietistischen Segment, legen den Schwerpunkt neben der eigentlichen Weiterbildung auch auf die *Gemeinschaft* und auf *spirituelle Impulse*. Genau dies kommt im Pfarramtsalltag manchmal zu kurz und kann darum eine grosse Bereicherung sein.
- Wagen Sie sich auch mal in eine Weiterbildung, die Ihnen auf den ersten Blick theologisch gar nicht entspricht. Ich bin überzeugt, dass Sie auch dort interessante Aspekte lernen und mitnehmen können.

- Die Aus- und Weiterbildungsplattform der reformierten Kirche führt eine Übersicht über alle landeskirchlichen Weiterbildungsreglemente.[114]

- In welchen Arbeitsbereichen möchten Sie sich als nächstes gerne weiterbilden?
- Wie integrieren Sie Ihre Weiterbildungen in die Jahresplanung?

3.3.9.2. Weiterbildende Lektüre

Zur Weiterbildung gehört auch die Lektüre theologischer Literatur. Unabhängig vom Anspruch auf Weiterbildungskurse dürfen Sie sich die Freiheit nehmen, in Ihrer Arbeitszeit regelmässig Bücher zu lesen, die Sie theologisch inspirieren und weiterbringen. Am besten planen Sie sich regelmässige Lektürezeiten ein, sonst werden Sie die Gelegenheit dazu im Pfarramtsalltag kaum finden und nutzen. Ich lese beispielsweise rund zwei Stunden pro Woche theologische Fachliteratur. Meistens ist es die halbe Stunde nach dem Mittagessen, die ich für die Lektüre einsetze.

114 www.bildungkirche.ch/regelungen-und-dokumente-weiterbildung (abgerufen am 22.4.2022)

- Welche Bücher liegen noch ungelesen auf Ihrem Schreibtisch oder sind erst in Ihrer Bestellliste vorgemerkt?
- In welchen Fachbereichen möchten Sie unbedingt mehr lesen?
- Welche theologischen Klassiker wollten Sie schon immer mal lesen und kamen bisher nicht dazu?
- Erstellen Sie sich eine Liste und besorgen Sie sich die entsprechenden Bücher!

Nicht alle Bücher müssen gleich gekauft werden. Neben den Universitätsbibliotheken gibt es auch kantonale Pfarrkapitel, die eine Bibliothek führen. Im Aargau ist dies die in der Kantonsbibliothek integrierte Predigerbibliothek, die von Pfarrerinnen und Pfarrern gratis benutzt werden darf.[115]

3.3.9.3. Supervision

Im Unterschied zur Weiterbildung ist die Supervision nicht so detailliert geregelt. Ein kleiner Minimalanspruch für regelmässige Supervision ist meistens gegeben, in akut schwierigen Situationen kann aber selbstverständlich die Kirchenpflege Supervision bewilligen oder auch anordnen.

- Bei meinem Start ins Pfarramt gab es im Rahmen der Weiterbildung in den ersten Amtsjahren erst Weiterbildungskurse, aber noch keine Super- und Intervision. Ich fragte deshalb einen erfahreneren Kollegen in der Region an, ob ich in den ersten zwei Jahren regelmässig Situationen im Pfarramt mit ihm besprechen könne. Die Kirchenpflege war einverstanden mit der Finanzierung von sechs Treffen pro Jahr.
- Die St. Galler Kirche bot ihren Pfarrerinnen und Pfarrern alle drei Jahre gratis ein Standortbestimmungsgespräch mit einer professionellen Beratung an. Ich nutzte dieses Angebot einmal, um mir über einen möglichen Stellenwechsel Klarheit zu verschaffen. Die Landeskirchen führen Listen von Coaches.

115 www.ref-ag.ch/mitarbeitende-gruppen/pfarrerinnen-pfarrer/die-predigerbibliothek-in-der-aargauer-kantonsbibliothek (abgerufen am 22.4.2022)

In den ersten Amtsjahren ist heute ein Coaching ohnehin fix vorgesehen![116]

3.3.9.4. Auszeiten/Sabbaticals

Die Landeskirchen haben unterschiedliche Regelungen für längere Auszeiten, lange Weiterbildungen und Sabbaticals. Mittlerweile ist es ja anerkannt, dass Kadermitarbeiter ab und zu eine Zeit brauchen, um Abstand zu nehmen, um neue Perspektiven zu gewinnen und um sich zu erholen. Eine solche Auszeit braucht vielleicht nicht jeder Mensch in gleicher Weise. Zweifellos aber ist es im Pfarramt praktisch unmöglich, sich einmal einen längeren Urlaub zu gönnen oder eine zeitintensive Zusatzausbildung zu machen. Dazu soll ein Sabbatical Raum bieten.

Erkundigen Sie sich schon früh, wann und unter welchen Bedingungen Auszeiten in Ihrer Landeskirche möglich sind. Sie müssen frühzeitig planen und das Sabbatical beantragen.

3.3.10. Die Pflege der persönlichen Spiritualität

Die Pflege der persönlichen Spiritualität ist nicht ein frommes Hobby, das in die Freizeit verschoben werden muss. Wenn die Kirchgemeinde von Ihnen – und das mit Recht – erwartet, dass Sie den Gemeindegliedern geistliche Unterstützung bieten, dann sind Sie die erste Person, die selber regelmässig geistlich auftanken muss. Das Kompetenzstrukturmodell nennt das «Leben aus dem Evangelium» an allererster Stelle bei den zwölf Standards für die Aus- und Weiterbildung.[117]

Auch wenn das ungewohnt klingen mag: Die Pflege Ihres geistlichen Lebens ist Teil Ihrer Arbeit! Rechnen Sie sich darum bewusst Arbeitszeit ein, um, auf welche Art auch immer, Ihr geistliches Leben zu praktizieren.

Die einen machen dies mit einem Meditationsritual, andere kennen die pietistische «Stille Zeit», wieder andere suchen eine Viertelstunde Stille in der

---

116 Vgl. www.bildungkirche.ch/wea-kursformate (abgerufen am 22.4.2022).

117 Vgl. www.bildungkirche.ch/sites/default/files/2021–09/KSM%20Kompetenzstrukturmodell%20-%20Brosch%C3%BCre.pdf (abgerufen am 22.4.2022).

Kirche. Sie haben in Ihrer ganzen Biografie sicherlich schon unterschiedliche Formen der Spiritualität kennengelernt. Es geht nicht darum, Formen der Spiritualität auszuüben, die Ihnen nichts sagen, sondern solche, die Sie erfrischen und Ihnen Kraft geben.

Ich habe mir angewöhnt, die erste halbe Stunde jedes Arbeitstags klar strukturiert dafür einzusetzen. Ich lese immer den täglichen Bibelabschnitt gemäss dem Ökumenischen Bibelleseplan in der Ursprache und dann in einer deutschen Übersetzung, mache mir einige Gedanken dazu und lese im Anschluss eine kurze Auslegung aus einer klassischen Bibellesehilfe. Danach schreibe ich einige Zeilen Tagebuch und bete, vor allem im Hinblick auf die Herausforderungen des neuen Tags. Diese halbe Stunde am Morgen ist mir heilig. Selbst wenn ich sehr frühe Termine habe, versuche ich, diese Zeit zuvor einzuhalten. Denn nur die Ritualisierung und Regelmässigkeit führt zur Selbstverständlichkeit.

- Wie gestalten Sie bisher Ihre Spiritualität?
- Was möchten Sie ändern? Was ausprobieren?
- Wie und wann planen Sie bewusst Zeiten dafür ein?

3.4. Synchronschwimmen – Die Zusammenarbeit in der Gemeinde

Die Gefahr der Vereinsamung im Pfarramt ist zwar auch heute noch latent vorhanden. Insgesamt aber sind Pfarrerinnen und Pfarrer durchschnittlich viel stärker in Teams und in die ganze Gemeinde eingegliedert und integriert als früher. Einzelkämpfer gibt es praktisch nicht mehr. Die Bedeutung der Zusammenarbeit im Pfarrteam, im Team der Mitarbeitenden, mit den Freiwilligen, in der Kirchenpflege und mit der ganzen Kirchgemeinde hat enorm zugenommen. Die «Team- und Konfliktfähigkeit» ist deshalb zu Recht eine der 12 Kompetenzen im Kompetenzstrukturmodell.[118]

---

118 Vgl. www.bildungkirche.ch/sites/default/files/2021-09/KSM%20Kompetenzstrukturmodell%20-%20Brosch%C3%BCre.pdf (abgerufen am 22.4.2022).

3.4.1. Die Zusammenarbeit mit den anderen Angestellten

Fast alle Pfarrerinnen und Pfarrer arbeiten heute innerhalb eines grösseren Teams. Die meisten Pfarrämter sind Teampfarrämter, aber auch im Einzelpfarramt gibt es daneben vielleicht einen Sozialdiakon, eine Katechetin, einen Sekretär, eine Sigristin und einen Organisten in der Kirchgemeinde.

Obwohl alle Berufsgruppen angestellt sind und in dieser Kirchgemeinde arbeiten, ist die Zusammenarbeit unter den Ordinierten besonders wichtig.[119] Denn die Ordinierten sind nicht einfach angestellt, sondern sie sind von der Kirchgemeinde gewählt.[120] Als Ordinierte sind Sie ausserdem zusätzlich dem Wort Gottes, dem Evangelium verpflichtet. Sie tragen die Verantwortung für die theologische Arbeit und Entwicklung der Kirchgemeinde. Diese Herausforderung ist gross und darum ist eine gute Zusammenarbeit untereinander unerlässlich. Gerade bei theologischen Differenzen kann diese Verpflichtung eine Last sein, denn wie will man die theologische Verantwortung gemeinsam wahrnehmen, wenn man sich über das Ziel nicht einig ist? Einige Tipps zur Stärkung der Zusammenarbeit im Team:

- Pflegen Sie den theologischen Austausch unter den Theologinnen und Theologen. Auch bei unterschiedlichen theologischen Ansichten ist es wertvoll, die andere Meinung zu hören und verstehen zu lernen.
- Treffen Sie sich regelmässig (z. B. wöchentlich) im Konvent zum kurzen Austausch über das Aktuelle in der Kirchgemeinde: So sind alle gleichberechtigt und up to date.
- Halten Sie ab und zu gemeinsame Gebetszeiten.
- Besuchen Sie Angebote der anderen Teammitglieder (z. B. den Sonntagsgottesdienst der Pfarrkollegin oder das diakonische Projekt des Sozialdiakons).
- Gratulieren Sie dem Kollegen zu einem gelungenen Anlass. Freuen Sie sich gemeinsam an der Entwicklung der Kirchgemeinde.

119 In den meisten Landeskirchen beschränkt sich die Ordination auf den Pfarrberuf.

120 Zumindest im Moment noch in den meisten Landeskirchen. Die Tendenz geht in eine andere Richtung.

- Unternehmen Sie sporadisch einen Teamanlass zur Stärkung der Gemeinschaft: Ein gemeinsames Mittagessen oder einen jährlichen Teamausflug zum Beispiel.
- Feiern Sie Geburtstage der Teammitglieder mit Kuchen und Kaffee.
- Sprechen Sie sich anbahnende Konflikte frühzeitig an und beseitigen Sie sie. Dulden Sie keine Brandherde.
- Vermeiden Sie Gruppenbildung innerhalb des Teams.
- Seien Sie gegenseitig solidarisch: Fallen Sie den anderen nicht in den Rücken und setzen Sie sich in der Kirchenpflege und Kirchgemeinde für die anderen Angestellten ein.

?

Wenn Sie an Ihre aktuelle Gemeinde und Ihr Mitarbeiterteam denken:
- Wie fest ist der Zusammenhalt und wie gut die Zusammenarbeit?
- Wo gibt es Verbesserungspotenzial?
- Was ist eher negativ? Wie gehen Sie damit um?

3.4.2. Die Zusammenarbeit in der Gemeindeleitung

Trotz der Professionalisierungstendenzen insbesondere in grösseren Kirchgemeinden sind die meisten Kirchenpflegemitglieder weiterhin Laien. Sie verfügen über unterschiedlich viel Fachwissen und auch über unterschiedlich viel Know-how in Bezug auf ihre Verantwortung in der Gemeindeleitung. Dieses presbyteriale System hat zwar vieles für sich, es stösst aber in der heutigen Zeit mehr und mehr an Grenzen: Die besten Fachleute für die einzelnen Ressorts sind nicht selten durch Beruf, Familie und andere Ämter stark eingespannt und absorbiert und stellen sich deshalb nicht mehr für ein Amt in der Kirche zur Verfügung. Kirchenpflegemitglieder müssen nicht unbedingt einen Kurs im Voraus besuchen. Wer für ein Amt zusagt, wird ohne Weiteres gewählt, nach der Devise «Hauptsache, wir haben jemanden». Gleichzeitig wird die Amtsführung ständig anspruchsvoller.

Kirchenpflegemitglieder bringen ganz unterschiedliche Voraussetzungen, Ideen und Wünsche mit in ihr Amt in der Gemeindeleitung. Das kann manchmal Bauchschmerzen machen. Denn Kirchenpflegen treffen enorm wichtige Entscheidungen – und in einzelnen Landeskirchen haben die Pfarrerinnen und Pfarrer nur beratende Stimme in der Kirchenpflege, aber kein Stimmrecht.

Erschwerend kommt hinzu, dass die Pfarrpersonen einerseits von der Kirchenpflege angestellt sind, andererseits gemeinsam mit der Kirchenpflege die Kirchgemeinde leiten («Partnerschaftliche Gemeindeleitung»). Dieses Modell wird oft als «Schönwettermodell» bezeichnet: Wenn es gut läuft, ist es ideal; wenn es aber zu Spannungen kommt, ist es alles andere als hilfreich.

Die häufigsten Konflikte in der Kirchgemeinde entstehen zweifellos zwischen Kirchenpflege und einzelnen Pfarrerinnen und Pfarrern. Gründe sind beispielsweise Kompetenzunklarheiten aufgrund der flachen bzw. fehlenden Hierarchie oder unterschiedliche Vorstellungen in Bezug auf die Gemeindeleitung und das Gemeindeleben. Häufig schaukeln sich Konflikte hoch, obwohl die Differenzen ursprünglich gering waren. Folgen sind langwierige und teure Mediationen, Kuratorien, Abwahlverfahren – zurück bleibt oft ein Scherbenhaufen.

Schon allein aus prophylaktischen Gründen ist darum auf eine gute Zusammenarbeit in der Gemeindeleitung zu achten. Denn unter einer schlechten Zusammenarbeit leiden sowohl alle Beteiligten wie auch die Ergebnisse der Arbeit. Einige Tipps für die Zusammenarbeit in der Gemeindeleitung:

- Als Pfarrerin oder Pfarrer haben Sie die höchste theologische Ausbildung. Kirchenpflegemitglieder bringen anderes mit, zum Beispiel Kompetenzen im Bereich Finanzen oder Liegenschaften. Die einzelnen Stärken sollten sich ergänzen und nicht als Konkurrenz betrachtet werden. Greifen Sie niemanden aus der Kirchenpflege in einem Bereich an, von dem Sie selber wenig Ahnung haben! Respektieren Sie Fachwissen und legen Sie Wert darauf, dass umgekehrt Ihre Kompetenzen ebenfalls respektiert werden.
- Wenn sich die Kirchenpflegearbeit nur auf die aktuellen Verwaltungsaufgaben beschränkt, wird sich die Gemeinde nicht entwickeln. Die Kirchenpflege braucht Zeiten, in denen sie sich explizit mit kybernetischen und geistlichen Fragen beschäftigt: Wohin soll es gehen mit unserer Kirchgemeinde? Auch wenn Kirchenpflegen oft genug beschäftigt sind: Stehen Sie dafür ein, dass es Zeit und Raum gibt für grundsätzliche Themen. Eine jährliche Retraite zur Gemeindeentwicklung ist wichtig.
- Auch die Kirchenpflege braucht Gelegenheiten für ein ungezwungenes Zusammensein: Ein Kirchenpflegeabend mit Partnern oder ein jährlicher Ausflug stärken die Gemeinschaft und die Zusammenarbeit.

- Als professionelles und hauptamtliches Mitglied der Kirchenpflege haben Sie als Pfarrerin oder Pfarrer mehr Zeit, die Sie ins Gremium investieren können, als die Ehrenamtlichen. Sehr bald haben Sie auch deutlich mehr Erfahrung und Know-how. Nehmen Sie Ihre Verantwortung wahr: Durchschauen Sie ungute Prozesse, thematisieren Sie atmosphärische Störungen, betonen Sie die geistliche Wichtigkeit der Einheit und Zusammenarbeit!
- Nutzen Sie das regelmässige Mitarbeitergespräch, um auch schwierige Vorgänge anzusprechen.
- Externe Beratung in schwierigen Themen oder bei Konflikten ist zwar teuer, aber unumgänglich.
- Kommen Sie in grosse Schwierigkeiten und Konflikte mit Ihrer Kirchgemeinde, ist die erste Anlaufstelle das Dekanat, die zweite die Landeskirche.

Eine Kirchenpflegerin versteht in einem Traktandum aus dem Ressort Liegenschaften nicht alles genau. Da die Zeit drängt und die meisten sich einig sind, will man darüber abstimmen. Die Kirchenpflegerin fühlt sich übergangen und stimmt deshalb einfach mit Nein. Damit ist sie zwar in der Minderheit und ein Schaden in Bezug auf das Traktandum ist nicht angerichtet. Aber dieses Nein ist einerseits ein Misstrauensvotum gegen den Kirchenpfleger, der die Liegenschaften unter sich hat («Ich vertraue dir nicht, dass du eine gute Vorlage gemacht hast.»), andererseits ein Übergehen eines Mitglieds im Gremium («Wir stimmen trotzdem ab, auch wenn du es nicht verstehst.»).
Wie hätten Sie als Pfarrer, als Pfarrerin, in dieser Situation eingreifen können? Einige Gedanken dazu finden Sie im Anhang unter ?9.

3.4.3. Die Zusammenarbeit mit Freiwilligen

Auch die Zusammenarbeit mit den vielen und unterschiedlichen freiwilligen Mitarbeitenden ist eine Herausforderung. Denn auf der einen Seite ist man sehr froh über sie, man ist auf sie angewiesen und sie sind eine Bereicherung; auf der anderen Seite muss man in Kauf nehmen, dass Freiwillige die Aufgaben oft anders anpacken, als man es selber getan hätte und dass sich dadurch vielleicht auch andere Resultate ergeben. Ausserdem ticken Freiwillige (wie alle Menschen) ganz unterschiedlich: Die einen wünschen sich mehr Anleitung, andere mehr Freiheit; die einen mehr Anerkennung und Dank, die anderen gar nichts; die einen wünschen ein Feedback und sind froh um Verbesserungsvorschläge, andere reagieren verstimmt auf Rückmeldungen.

Auch theologisch ist der Einbezug Freiwilliger ein Knackpunkt: Erzählt beispielsweise die freiwillige Mitarbeiterin im «Fiire mit de Chliine» die biblische Geschichte, könnte es durchaus geschehen, dass sie die Geschichte theologisch anders oder aus Ihrer Sicht sogar problematisch deutet. Einige Tipps für die Zusammenarbeit mit Freiwilligen:

- Die Rekrutierung von Freiwilligen ist eine Aufgabe, die viel Zeit und Sorgfalt erfordert. Überlegen Sie sich gut, welche Gemeindeglieder welche Voraussetzungen mitbringen. Fragen Sie gezielt und nicht wahllos an. Manchmal ist es besser, weniger, aber dafür geeignete Freiwillige für eine Aufgabe einzusetzen. Keinesfalls sollte man Gemeindeglieder «verheizen» in Aufgaben, denen sie nicht gewachsen sind.
- Unterscheiden Sie unbedingt zwischen inhaltlich relevanten und inhaltlich irrelevanten Aufgaben! Die Erzählung einer biblischen Geschichte in der Sonntagschule ist eine Kernaufgabe der christlichen Kirche, während das Servieren von Kaffee zwar auch eine schöne und wichtige Aufgabe ist, aber kein kirchliches Proprium. Dieser Unterschied sagt nichts über den Wert der Aufgabe aus, aber über die Anforderung dafür.
- Setzen Sie sich in der Kirchenpflege und in Teams bei der Freiwilligensuche dafür ein, dass wirklich die richtigen Personen zuerst angefragt werden! Pfarrerinnen und Pfarrer kennen die Gemeinde bald sehr gut.
- Zeigen Sie den Freiwilligen Ihre Wertschätzung durch zuverlässige und rechtzeitige Zustellung von Informationen, durch regelmässigen Dank und durch konstruktives, wohlwollendes Feedback.
- Setzen Sie sich in der Kirchenpflege für eine wertschätzende Kultur ein: Ein jährlicher Anlass zum Dank, regelmässige Verdankungen bei Anlässen oder im «Gemeindeblättli», vor allem aber auch ehrlicher und persönlich ausgesprochener Dank nach einer Mitarbeit oder im Anschluss durch einen Anruf oder eine Karte – all dies fördert den Zusammenhalt und die Motivation.

- Bieten Sie den Freiwilligen Gelegenheit, ihre Kompetenzen zu erweitern! Informieren Sie sie über Schulungen der Landeskirche zu bestimmten Themen. In verschiedenen Arbeitsbereichen sind auch kirchgemeindeintern Weiterbildungen möglich. Besonders Teenager und Jugendliche können durch ältere Vorbilder an Aufgaben herangeführt werden.

Eine besondere Problematik zeigt sich in der Freiwilligenarbeit mit Jugendlichen: Verbindliche Zusagen für Aufgaben und fixe Termine sind für viele Jugendliche eine Hemmschwelle. Es braucht darum enorm viel Verständnis, Geduld und Durchhaltewillen, um Teenager und Jugendliche bei der Stange zu halten. Für jeden Einzelanlass braucht es eine erneute Anfrage und an den Termin muss oft mehrfach erinnert werden. Man hat keine Garantie, dass es funktioniert. Wie können Sie damit umgehen?

- Nehmen Sie die Jugendlichen trotzdem voll und ganz ernst und übertragen Sie ihnen Aufgaben und Verantwortung. Sagen Sie ihnen, dass sie wichtig sind und dass Sie sie brauchen! Pflegen Sie die Beziehung zu ihnen intensiv, damit sie merken und verstehen, dass sie nicht nur als Freiwillige eingesetzt werden sollen, sondern dass sie Ihnen ein echtes Anliegen sind!
- Beachten Sie hier besonders, welcher Person Sie was zutrauen können. Die absolut entscheidende Funktion, an der die Durchführung eines Gottesdiensts unwiderruflich hängt, sollten Sie nicht gleich der unzuverlässigsten Person anvertrauen. Fördern Sie die Jugendlichen, indem Sie ihnen konstant mehr Verantwortung übergeben.
- Versuchen Sie nicht, alles im Griff zu behalten! Auch aus Chaos und Unordnung kann Kreatives und Neues entstehen.

Die Unverbindlichkeit ist nicht nur bei Jugendlichen, sondern mittlerweile auch bei vielen Erwachsenen ein Thema. Für die Planung und die Arbeit mit Freiwilligen in der Kirchgemeinde ist das anspruchsvoll.

- Können Sie gut Freiwillige für die Mitarbeit in der Kirchgemeinde begeistern?
- Welche Erfahrungen haben Sie bisher in der Zusammenarbeit mit Freiwilligen gemacht?
- Was haben Sie daraus gelernt?
- Wo sehen Sie die Chancen für die Zukunft der Kirche?
- Wo sehen Sie die Grenzen der Freiwilligenarbeit?

4. Als Pfarrerin und Pfarrer losschwimmen – Praktisches zum Start

Der Berufsanfang ist ein einschneidendes und prägendes Erlebnis. Nach vielen Jahren Theologiestudium, nach dem Ekklesiologisch-praktischen Semester und einem ganzen Jahr Vikariat wird man ordiniert und hat plötzlich die erste Anstellung als Pfarrer oder Pfarrerin. Auch in vielen anderen Berufsgruppen dürfte die Umstellung von der Ausbildungssituation zur vollen Verantwortung eine grosse Herausforderung sein. Das Pfarramt ist bis heute zusätzlich mit vielen Erwartungen und Vorstellungen verknüpft.[121] Man steht im Rampenlicht und begleitet Menschen in existenziellen Momenten ihres Lebens. Dies kann im Vikariat zwar geübt werden, und doch ist danach jede Situation wieder anders und neu.

Auch für den konkreten Berufseinstieg sind die Unterschiede gross. Für die einen ist es die allererste feste Arbeitsstelle in ihrem Leben, andere haben bereits zwanzig Jahre Berufserfahrung in einer anderen Branche hinter sich. Die einen kommen als 25-jährige Singles in ihr erstes Pfarramt, andere haben bereits vier Kinder aufgezogen.

In meinem eigenen Vikariatskurs war ich der Jüngste. Mit gut 26 Jahren wurde ich damals Pfarrer im Einzelpfarramt (und kurzzeitig jüngster Pfarrer der Schweiz). Die älteste Vikarin in meinem Kursjahrgang war bereits über 50 Jahre alt und hatte einen Sohn mit dem gleichen Jahrgang wie ich. Zweifellos stiegen wir mit unterschiedlichen Voraussetzungen in unsere erste Gemeinde ein.

Nur wenige Wochen nach meiner Installation in meiner ersten Gemeinde klingelte an einem Sonntagmittag das Telefon. Ein mir unbekannter Mann rief an und sagte, er habe gehört, dass ein neuer Pfarrer im Dorf angekom-

121 Vgl. dazu das Kapitel 2.2. «Das Berufsbild der Gemeinde ernst nehmen» in diesem Werkbuch.

men sei. Es gehe ihm schlecht und er spiele mit dem Gedanken, sich umzubringen. Aber er hätte zuvor mit mir Kontakt aufnehmen wollen, vielleicht könne ich ihm ja helfen.
Abgesehen davon, dass ich eigentlich gerade den zweiten Lauf des Skirennens am Fernsehen schauen wollte, war ich mit dieser Situation völlig überfordert. Mit einem Suizid oder auch nur suizidalen Gedanken hatte ich weder in meinem Studium noch in meinem Vikariat je zu tun gehabt. Was sollte ich machen?
Wie hätten Sie reagiert? Welche Schritte hätten Sie unternommen? Einen kurzen Bericht über mein Vorgehen finden Sie unter ?10.

Doch trotz aller Unterschiede an Alter, Erfahrung und jugendlicher Unbekümmertheit: Schwimmen werden am Anfang wohl alle irgendwann einmal. Dementsprechend versuche ich, Ihnen einige Schwimmhilfen speziell für den Start mitzugeben. Der Start beginnt aber nicht erst am ersten Arbeitstag. Gerade im Pfarramt entscheidet sich vieles bereits im Vorfeld: Bei der Bewerbung und Stellenwahl, bei der Vorbereitung auf die Pfarrstelle, bei der Installation und den ersten Begegnungen in der Kirchgemeinde. Darum lohnt es sich, auch darauf noch einen Blick zu werfen.

4.1. Die Bewerbung oder: Wer schwimmt mit wem?

Wenn der gemeinsame Weg einer Pfarrerin oder eines Pfarrers mit der Gemeinde und den verschiedenen Mitarbeitenden ähnlich wie Synchronschwimmen ist,[122] dann wird sich keine gute Vorstellung ergeben, wenn zwei auch noch so gute Schwimmer leider nicht zusammenpassen.

Aus diesem Grund ist bereits das Bewerbungsverfahren nicht zu unterschätzen. Und um es gleich vorwegzunehmen:

122 Vgl. den Titel des Kapitels 3.4. «Synchronschwimmen – Die Zusammenarbeit in der Gemeinde» in diesem Werkbuch.

Eine Bewerbung ist immer eine *gegenseitige* Angelegenheit. Nicht nur Sie als Pfarrerin oder Pfarrer bewerben sich um eine bestimmte Stelle, sondern die Kirchgemeinde bewirbt sich auch um Sie.

- Ein Vikar befürchtete, dass er Mühe haben würde, eine Stelle zu finden. Er bewarb sich deshalb kreuz und quer auf diverse Stellen, obwohl ich ihm davon abriet. Ich sagte ihm ganz klar, welche Art von Pfarrstellen ich denke, passen zu ihm – und welche nicht. Doch die Furcht, nicht rechtzeitig etwas zu bekommen, war gross. Am Schluss klappte es doch: Es war eine Stelle, wie ich sie mir für den Vikar gewünscht hatte, und der Start ins Berufsleben als Pfarrer ging gut vor sich.
- Ich habe schon Pfarrwahlkommissionen erlebt, die betonten: «Nicht nur wir wollen Sie kennenlernen, sondern Sie sollen auch uns kennenlernen und Ihre Fragen stellen können.» Das habe ich immer sehr geschätzt.

Die Bewerbung

Eigentliche Berufungen, die früher gang und gäbe waren, sind heute selten. Natürlich spielen Beziehungen auch immer wieder eine Rolle, wenn es darum geht, eine neue Pfarrperson finden. Dennoch werden die Stellen üblicherweise öffentlich ausgeschrieben.[123]

Pfarrstellen in der Deutschschweiz werden derzeit an folgenden Orten ausgeschrieben:[124]

- reformiert.jobs/: Das Stellenportal der Reformierten Medien. Wichtigstes Stellenportal für reformierte Kirchgemeinden.
- www.mediallegra.ch/stellentheol.htm: Ein privates Stellenportal zweier Pfarrer, die gleichzeitig Kirchgemeinden in ihrer Entwicklung beraten.

123 Dies ist sogar so vorgeschrieben, beispielsweise in der Kirchenordnung der Reformierten Landeskirche Aargau, § 72: «Eine zu besetzende Pfarrstelle ist [...] öffentlich auszuschreiben.», vgl. www.ref-ag.ch/srla/151.100_Kirchenordnung_KO.html (abgerufen am 22.4.2022).

124 Alle abgerufen am 22.4.2022.

- www.christundjob.ch/suchende/branchen/7: Stellenportal des freikirchlichen Magazins «Idea Schweiz», in dem auch viele landeskirchliche Pfarrstellen ausgeschrieben werden.
- Ausserdem führen die Landeskirchen ein Verzeichnis ihrer offenen Stellen.[125]

Neben den üblichen Bewerbungsunterlagen (Curriculum, Wahlfähigkeits- und Ordinationszeugnis, evtl. Arbeitszeugnisse und Referenzen) wird oft ein Motivationsschreiben erwartet, das Auskunft gibt, warum man sich für diese Stelle interessiert. Ein gut formuliertes, spannendes Motivationsschreiben kann sehr wichtig oder sogar ausschlaggebend sein. Es lohnt sich deshalb, sich genau zu überlegen, ob und warum man sich als Idealbesetzung für diese Stelle sieht, und dies sympathisch und klar darzulegen.

Informationen

Holen Sie Informationen über die Kirchgemeinde ein. Dies hilft Ihnen, Ihr Bild der betreffenden Gemeinde zu erweitern.

- Konsultieren Sie die Homepage der Kirchgemeinde und der politischen Gemeinde. Studieren Sie den Ortsplan, die Geografie und die Geschichte der Region. Machen Sie sich ein Bild davon, wie die Gemeinde aussieht.
- Vielleicht haben Sie persönliche Bekannte oder Studienkollegen, die einen Bezug zu dieser Gemeinde haben. Erkundigen Sie sich bei ihnen über die Kirchgemeinde und fragen Sie sie auch, ob sie sich Sie als Pfarrerin oder Pfarrer dort vorstellen könnten.

125 Beispielsweise die Reformierte Landeskirche Aargau: www.ref-ag.ch/mitarbeitende-gruppen/offene-stellen-in-landeskirche-und-gemeinden (abgerufen am 22.4.2022).

Gegenseitige Besuche

Interessieren Sie sich für eine Stelle und rechnen Sie sich realistische Chancen aus, so bietet es sich an, die Gemeinde zu besuchen, um sie besser kennen zu lernen.

- Nehmen Sie Personen mit, die von Ihrer Stelle betroffen wären (Ihre Familie!).
- Sie können den Besuch ankündigen bei der Pfarrwahlkommission und darum bitten, dass Sie die kirchlichen Gebäude besichtigen dürfen. Sie können aber auch inkognito gehen – mit dem Risiko, dass nicht alles offen steht, was Sie interessiert.
- Schauen Sie sich den möglichen Wohn-, Lebens- und Arbeitsort an. Welchen Eindruck hat Ihr Partner, Ihre Familie? Was gefällt Ihnen besonders? Was scheint schwierig?
- Nehmen Sie sich Zeit, Kirche, Kirchgemeindehaus und Pfarrhaus anzusehen (wenn möglich). Notieren Sie Positives und Negatives.

Als ich mich für meine erste Stelle interessierte, waren meine Frau und ich etwas skeptisch, da dieser Ort weit entfernt von unserer Heimat lag. Der dortige Kirchgemeindepräsident und seine Frau empfingen uns an einem schönen Pfingstmontag zu Besuch. Bei Erdbeertörtchen und Kaffee erzählten sie uns von der Kirchgemeinde und mit viel Aufwand zeigten sie uns die Kirche, das Kirchgemeindehaus, das Pfarrhaus und das Städtchen. Wir verliebten uns sofort in diese schöne, uns zuvor völlig unbekannte Region und in diese Kirchgemeinde. Nach diesem Besuch war klar, dass ich die Stelle annehmen würde. Auch die Pfarrwahlkommission liess sich glücklicherweise von mir überzeugen!

Umgekehrt ist es verbreitet, dass eine Delegation der Pfarrwahlkommission Sie (meistens im Rahmen eines Gottesdiensts) besucht. Diese althergebrachte Praxis erachte ich weiterhin als sinnvoll: In einem Gottesdienst erfährt man sehr viel darüber, wie ein Bewerber, eine Bewerberin, denkt, glaubt, auftritt, kommuniziert und wirkt. Pfarrwahlkommissionen, die sich nur auf Bewerbungsgespräche und schriftliche Unterlagen verlassen, verpassen es, ihr Bild bei einem praktischen Einsatz zu ergänzen.

- Solche Gottesdienstbesuche erfolgen manchmal angekündigt, manchmal unangekündigt (da über die Kirchgemeinde-Homepages meistens klar ersichtlich ist, wann Bewerberinnen oder Bewerber wo einen Gottesdienst halten). Sie können in einem Bewerbungsverfahren auch selber offensiv die Pfarrwahlkommission zu einem Besuch einladen.
- Wissen Sie im Voraus, dass Besuch zu erwarten ist, so sollte das keine besonderen Auswirkungen auf Ihre Gottesdienstvorbereitungen haben. Halten Sie den Gottesdienst so, wie Sie ihn immer halten. Seien Sie ehrlich und authentisch.
- Wenn Ihre bisherige Kirchgemeinde nicht weiss, dass Sie auf der Suche sind (also bei einem möglichen Stellenwechsel, nicht bei der ersten Stelle), können solche Besuche in Ihrem Gottesdienst heikel sein. «Fremde» Besucherinnen und Besucher, erst recht ganze Delegationen, werden von der Kerngemeinde als solche identifiziert und es können schwierige Situationen entstehen. Ein Gespräch im Anschluss an den Gottesdienst ist darum manchmal nicht möglich.

- Der Präsident einer Pfarrwahlkommission kam unangemeldet auf Gottesdienstbesuch. Ich sah ihn zufällig aus dem Fenster der Sakristei vor dem Gottesdienst und erkannte sein Gesicht. Da ich in der Predigt ein eher heikles Thema hatte und in der Einleitung eine eigene persönliche Schwäche erwähnen wollte, überlegte ich mir fünf Sekunden lang, ob das jetzt wirklich der richtige Moment dafür ist oder ob ich die Einleitung in die Predigt spontan abändern sollte. Ich entschied mich aber, das nicht zu tun und die Predigt in der geplanten Ehrlichkeit abzuhalten, im Vertrauen darauf, dass es kommen wird, wie es kommen sollte! Und ich erhielt diese Stelle.

Die Bewerbungsgespräche

Wirklich entscheidend für das Gelingen einer Bewerbung sind dann natürlich die Bewerbungsgespräche, die häufig in mehreren Runden stattfinden.

- Vertrauen Sie das Gespräch im Gebet Gott an. Gott weiss am besten, ob die Gemeinde und Sie zusammenpassen, und möge Ihnen (und der Pfarrwahlkommission) eine klare Sicht geben, ob ein gemeinsamer Weg richtig ist.
- Seien Sie pünktlich am rechten Ort! Rechnen Sie genügend Reserve ein. Erkundigen Sie sich genau, wo das Gespräch stattfindet und wie Sie dorthin gelangen.
- Da schwer abschätzbar ist, wie sich die Mitglieder der Pfarrwahlkommission kleiden und welche Kultur man in dieser Kirchgemeinde pflegt, versuchen Sie, weder overdressed noch underdressed aufzutreten. Verzichten Sie auf zu förmliche Kleidung, aber seien Sie gut gekleidet in nicht zu auffälligen Farben – es sei denn, dass genau diese Auffälligkeit Ihr Markenzeichen ist.
- Sorgen Sie dafür, dass Ihre mobilen Geräte abgeschaltet sind und Sie für das Gespräch keine Störungen befürchten müssen.
- Das genaue Setting wird vermutlich durch die Pfarrwahlkommission vorgegeben. Achten Sie darauf, dass Sie an einem übersichtlichen Ort sitzen und alle Gesprächsteilnehmer sehen und verstehen können. Sitzen Sie entspannt da. Wenden Sie sich den jeweiligen Sprechenden direkt zu. Hören Sie aufmerksam zu und lassen Sie sich genug Zeit für Ihre Antworten.
- Rufen Sie sich Ihr Wissen über die Gemeinde in Erinnerung! Wenn Sie bereits einiges gesehen haben und wissen, können Sie damit punkten. Sie können im Gespräch auch nachfragen, um Unklares zu klären. Ebenso wirkt es positiv, wenn Sie einige Namen der Gesprächsteilnehmenden bereits kennen und an ihnen Interesse zeigen.
- Überlegen Sie sich im Voraus kurze Statements zu Grundfragen: Warum möchten Sie gerade diese Stelle? Was bringen Sie dafür mit? Welches sind Ihre theologischen Schwerpunkte? Ihre Stärken im Pfarramt? Was denken Sie, können Sie dieser Kirchgemeinde bieten?
- Treten Sie nicht als unterwürfiger Bittsteller auf, denn die Gemeinde muss auch Sie für sich gewinnen! Stellen Sie darum die Fragen, die Sie beschäftigen, thematisieren Sie auch heiklere Punkte!
- Auch ganz formelle Anliegen haben Platz und müssen – spätestens wenn es langsam um die Wurst geht – angesprochen werden: z. B. die

Wohnsituation, das genaue Funktionsprofil, gemeindeeigene Regelungen usw.

Eine Liste mit einigen Übungsfragen für das Bewerbungsgespräch finden Sie im Anhang unter M41.

Oftmals gibt es zwei oder mehr Gespräche, wobei die Zusammensetzung der Kommission und der Gesprächspartner sich verändern kann.

Ein Pfarrwahlprozess dauert von der Bewerbung bis zur Entscheidung selten länger als zwei bis drei Monate. Hören Sie längere Zeit nichts, ist damit zu rechnen, dass Sie vorerst nicht zur engeren Wahl gehören.

Die Wahl

Nach der Entscheidung durch die Pfarrwahlkommission erfolgt die Wahl durch die Kirchgemeinde. Beim Berufsanfang ist das speziell, da Sie je nach Zeitraum noch im Vikariat sind und noch gar nicht über das Wahlfähigkeitszeugnis und die Ordination verfügen. Manchmal erfolgt deshalb zuerst eine Anstellung als Stellvertretung, bevor die Wahl stattfinden kann. Es gilt mit der entsprechenden Landeskirche genau abzuklären, wie die Regelungen diesbezüglich sind.

- Sollte die Wahl voraussichtlich umstritten sein (umstrittene Entscheidung in der Pfarrwahlkommission; Widerstand in der Gemeinde), müssen Sie sich gut überlegen, ob Sie wirklich zusagen wollen. Gerade für den Berufsanfang wäre das eine herausfordernde Situation. Lassen Sie sich in der Supervision beraten.
- Da bei Berufsanfängern die Wahl manchmal etwas warten muss, müssen klare Abmachungen getroffen werden. Es braucht gegenseitiges Vertrauen zwischen der Pfarrwahlkommission und Ihnen, dass ihr euch wirklich wollt. So ist zum Beispiel gut zu überlegen, ob ein Einzug mit Familie ins Pfarrhaus *vor* der Wahl angebracht ist. Dies könnte als Schaffung von Tatsachen verstanden werden. Wozu noch wählen, wenn jemand schon in die Gemeinde gezogen ist? Auf jeden Fall braucht es eine eindeutige und starke Kommunikation durch die Kirchenpflege.

- Bestrebungen, die Pfarrerinnen und Pfarrer nicht mehr zu wählen, sondern durch die Kirchenpflege anzustellen, würden solche Fragen zwar entschärfen. Faktisch entmachtet man damit aber die Kirchgemeinde. Die Tradition, dass das Kirchenvolk seine Pfarrperson selber wählt (und regelmässig wiederwählt), ist vielerorts noch stark verankert und gehört zur demokratischen DNA der reformierten Kirche in der Schweiz. Sie stärkt auch unseren Berufsstand: Wir sind durch die Wahl der ganzen Kirchgemeinde gegenüber verantwortlich und nicht nur der Kirchenpflege, die sich immer wieder erneuert und verändert.

4.2. Die Vorbereitung oder: Das Aufwärmen

Ist die Entscheidung gefallen und klar, wann die Wahl, der Umzug und der Arbeitsbeginn in Ihrer Kirchgemeinde erfolgen, kann die verbleibende Zeit für Vorbereitungen genutzt werden. Denn auch Schwimmer springen nicht einfach ins kalte Wasser, sondern wärmen sich vor dem Wettkampf auf. Nur dann sind sie beim Startschuss bereit und leistungsfähig!

Besseres Kennenlernen von Kirchgemeinde und Ort

Nutzen Sie die Zeit, um sich noch vertiefter mit Ihrem neuen Arbeitsort auseinanderzusetzen. Dies kann beispielsweise geschehen durch:

- Freizeitausflüge mit Personen aus Ihrem Umfeld (Partner, Familie, Freunde) in Ihre neue Gemeinde
- Lektüre der Dorfchronik oder der Kirchgemeindechronik (erkundigen Sie sich bei der Kirchgemeinde und bei der politischen Gemeinde, ob so etwas existiert)
- Informationen aus dem Internet
- Sporadisch auch durch einen Gottesdienstbesuch vor Ort. Dies ist sorgfältig zu überlegen. Oftmals gibt es vor der Wahl aber ohnehin einen Vorstellungs- und Kennenlerngottesdienst, bei dem der erste Kontakt zwischen der Kirchgemeinde und dem neuen Pfarrer, der neuen Pfarrerin, hergestellt wird.

Vorbereitende Gespräche

Zum Kennenlernen und zur Absprache und Klärung, wie Verschiedenes in Ihrer neuen Kirchgemeinde funktioniert, sind in der Vorbereitung und teilweise dann auch erst in den ersten Arbeitswochen viele Gespräche nötig oder zumindest sinnvoll. Folgende Gesprächspartner sind sicher lohnenswert:

- Der Amtsvorgänger/die Amtsvorgängerin
- Alle wichtigen Angestellten der Kirchgemeinde, insbesondere im Sekretariat und Sigristendienst, und die Pfarrkolleginnen und -kollegen
- Die Mitglieder der Kirchenpflege
- Die Personen, die in der Vergangenheit der Kirchgemeinde eine wichtige Rolle gespielt haben und Sie informieren können
- Die Freiwilligen, die wichtige Gruppen und Arbeitsgebiete der Kirchgemeinde leiten
- Das Kirchenratspräsidium und das theologische Sekretariat der Landeskirche (bei einem Kantonswechsel)
- Das Dekanat (auch für die Vorbereitung der Installation)[126]
- Die reformierten Nachbarpfarrämter
- Die Nachbarpfarrerinnen und -pfarrer der Ökumene und Allianz
- Die Gemeindepräsidentin/Der Stadtpräsident
- Die Ansprechpersonen von Einwohneramt und Bestattungsamt
- Der Friedhofgärtner

Planungsarbeiten

- Vermutlich müssen bereits Termine für die ersten Arbeitsmonate besprochen und fixiert werden: Gottesdiensteinsätze, Amtswochen, Unterrichtsstunden, Ferien und Weiterbildungen. Dies geschieht in Absprache mit allfälligen Pfarrkolleginnen und -kollegen vor Ort, mit

126 Vgl. dazu das Kapitel 4.3. «Die Installation oder: Der Sprung ins kalte Wasser» in diesem Werkbuch.

dem Sekretariat und mit dem personalverantwortlichen Mitglied der Kirchenpflege.
- Beachten Sie, dass Sie sich für die ersten Arbeitswochen nicht zu viel aufbürden. Sie werden Zeit brauchen, um sich einzuleben, die Wohnung fertig einzurichten und Kontakte zu knüpfen.
- Oft werden im Pfarrhaus noch einzelne Renovationen vorgenommen, bei denen Sie mitreden dürfen. Auch die Einrichtung der Wohnung muss überlegt sein. Wenn Sie erstmals in eine grössere Wohnung ziehen, sind vermutlich noch einige Anschaffungen nötig.
- Auch die Einrichtung von Büro und technischen Geräten wird in dieser Zeit besprochen und beschafft.
- Details werden jetzt im Arbeitsvertrag, im Pfarrhaus- und Wohnungsvertrag sowie im Stellenbeschrieb genau geregelt. Dies braucht genug Zeit und Aufmerksamkeit. Wenn Sie sich unsicher fühlen, kann Sie zum Beispiel Ihr Vikariatsleiter, Ihre Vikariatsleiterin, oder die zuständige Person bei der Landeskirche beraten.

Insgesamt ist klar ersichtlich, dass Sie während dieser Übergangszeit vor dem Stellenantritt einiges an Zeit brauchen, um sich seriös auf die neue Herausforderung vorzubereiten. Wenn es Ihre finanziellen Möglichkeiten zulassen, ist deshalb auch eine kurze Pause zwischen Vikariat und erster Stelle (z. B. 1–2 Monate) ernsthaft in Betracht zu ziehen.

4.3. Die Installation oder: Der Sprung ins kalte Wasser

Der Schwimmer, die Schwimmerin stellt sich auf den Startblock und geht in Position. Das Startsignal ertönt und dann erfolgt der Sprung ins Wasser! Im Pfarramt ist die Installation das Startsignal zum Wirken in Ihrer Kirchgemeinde.

Die Installation ins Pfarramt

Der Begriff «Installation» löst bei Gemeindegliedern immer ein amüsiertes Nachfragen aus. Das Wort erinnert vor allem an die Technik – wenn beispielsweise irgendeine Maschine angeschlossen und in Betrieb genommen wird.

Doch so weit weg davon ist die Amtseinsetzung und Inpflichtnahme einer Pfarrerin oder eines Pfarrers ja nicht: Auch diese werden in ein bereits bestehendes System «installiert», angeschlossen und in Betrieb genommen! Interessant ist jedoch, dass der lateinische Begriff *installare* vermutlich sowohl mit dem Wort «Stelle» als auch «Stall» verwandt ist: Die Pfarrperson wird in eine Stelle eingesetzt und sie kommt als Hirte in einen neuen Stall.

Die Installation ist im Unterschied zur Ordination die Inpflichtnahme und Amtseinsetzung in ein *konkretes* Amt und damit die offizielle Ermächtigung zum Wirken in *diesem einen, bestimmten Pfarramt*. Sie wird üblicherweise durch eine Vertretung der Dekanatsleitung vorgenommen. Sie ist ein Festgottesdienst, an dem die Gemeinde und Behördenvertreterinnen und -vertreter zahlreich teilnehmen. Sie ist verbunden mit einem Fest, mit Reden, mit einem ausgiebigen Apéro oder einem Essen.

Die Installation findet möglichst zeitnah zum offiziellen Arbeitsbeginn statt. Selbstverständlich kann die Arbeit bereits vorher beginnen. Während die Ordination für die Wahl verpflichtende Voraussetzung ist, kann die Installation auch etwas später erfolgen.

Im Installationsgottesdienst hält die neue Pfarrperson normalerweise ihre «Antrittspredigt» und der Dekan oder die Dekanin eine Rede zur Amtseinführung. Die Pfarrperson legt ein Gelübde ab.[127] Vertretungen der Kirchgemeinde wirken mit und überbringen ihre Wünsche und Geschenke. Die Freude über den Neuanfang steht im Zentrum.

Als neue Pfarrerin, neuer Pfarrer, sind Ihnen diese vielen Ehrerweise, Wünsche und Hoffnungen vielleicht etwas suspekt. Sie haben Bedenken, dass Sie alle diese grossen Erwartungen erfüllen können. Das grosse Interesse an Ihrer Person ist möglicherweise erstmalig in Ihrem Leben. Alle wollen etwas von Ihnen, wollen mit Ihnen anstossen, Ihnen zur Wahl gratulieren, sich vorstellen, Sie kennenlernen, Ihnen einen Ratschlag geben oder sich auch schon in Stellung bringen für die kommenden Entscheidungen in der Kirchgemeinde.

127 Vgl. als Beispiel das Gelübde der Reformierten Landeskirche Aargau gemäss Kirchenordnung § 134.2, www.ref-ag.ch/srla/151.100_Kirchenordnung_KO.html#ue947 (abgerufen am 22.4.2022).

- Vielleicht haben Sie die Möglichkeit, bereits zuvor die Installation eines Kollegen oder einer Kollegin mitzuerleben. Das hilft Ihnen, sich innerlich auf die eigene Installation vorzubereiten.
- Besprechen Sie den Ablauf des Gottesdienstes mit den Beteiligten minutiös. Es soll ein freudiger, aber auch inhaltlich wertvoller Gottesdienst sein. Die genauen Handlungen und Worte sollen Ihrem Typ entsprechen und Ihnen nicht von aussen aufgezwungen werden.
- Halten Sie eine Predigt, in der Ihre theologischen Schwerpunkte und Anliegen klar zum Ausdruck kommen. Ein bekannter Bibeltext ist sicher einfacher. Halten Sie sich kurz und formulieren Sie prägnant. Es ist kein normaler Sonntagsgottesdienst, sondern es sind auch viele Menschen mit wenig kirchlichem Hintergrund da.
- Nutzen Sie die anschliessende Zeit bei Apéro oder Mittagessen für kurze Begegnungen mit Menschen, die Sie noch nicht kennengelernt haben. Die Chance ist gross, dass es Personen gibt, die die Gelegenheit wahrnehmen wollen, Sie für ihre Anliegen zu gewinnen. Lassen Sie sich nicht auf lange Gespräche ein, sondern schlagen Sie ein separates Treffen zu einem anderen Zeitpunkt vor.

- Stellen Sie sich Ihre Amtseinsetzung vorher vor!
- Was müsste geschehen, damit Sie diese Amtseinsetzung als besonders «schön» erleben?
- Welche Menschen müssten anwesend sein?
- Wie ist die Stimmung, die Musik, das Essen?

Der Sprung ins kalte Wasser

Je nach Jahreszeit und Arbeitsbeginn werden die ersten Arbeitswochen sehr intensiv sein. Trotz Ihrer Vorbereitungen und eines ganzen Jahres Praxis im Vikariat werden Sie sofort merken, dass das selbstständige Wirken im Pfarramt nochmals eine ganz andere Herausforderung ist.

Es gibt verschiedene Möglichkeiten, ins Wasser zu springen. Wer nicht gerade Olympiasieger im Turmspringen ist, wird vermutlich im Schwimmbad eher einen einfacheren Sprung vom Sprungbrett machen. Das gilt auch fürs

Pfarramt: Sie müssen für Ihren Sprung nicht die Maximalnote anstreben. Vor allem aber müssen Sie nicht unnötig einen Absturz riskieren. Gestalten Sie Ihren Sprung schlicht, dafür aber sicher.

Versuchen Sie von Anfang an, eine gute Struktur in Ihre Arbeit zu bringen und einen Rhythmus zu finden![128] Es braucht Selbstdisziplin, sich an seinen Plan zu halten, aber Sie werden einen einfacheren Start haben.

- Setzen Sie klare Prioritäten![129] Nicht alles ist gleich wichtig und am Anfang schon gar nicht. Entscheiden Sie, was sofort erledigt werden muss und was noch Zeit hat.
- Fragen Sie Ihre engsten Mitarbeitenden. Diese können Ihnen bei vielen Startschwierigkeiten behilflich sein.
- Führen Sie vor allem viele Gespräche![130] Es braucht zu Beginn einen Prozess der Vertrauensbildung. Wenn Sie sich den Ehrenamtlichen und den Angestellten öffnen und sie um ihre Meinung fragen, stärkt das die Beziehung.
- Fügen Sie sich zunächst ins System ein und stellen Sie nicht gleich alles auf den Kopf! Innovationen haben Zeit – Sie sind ja bereits selber eine erste Innovation, die von der Gemeinde akzeptiert werden muss. Eine Ausnahme kann ein Arbeitsbereich sein, in dem es ausdrücklich erwünscht ist, möglichst bald ein Projekt oder ein neues Angebot zu starten.
- Scheuen Sie sich nicht, aus Gründen der Effizienz etwas wieder zu verwenden, das Sie im Vikariat erarbeitet haben. Das kann eine Predigt, eine Unterrichtsreihe oder eine Altersheim-Andacht sein. Sie müssen nicht das Gefühl haben, alles ganz neu produzieren zu müssen.
- Finden Sie über die Arbeit hinaus einen guten Lebensrhythmus! Dazu gehören auch Gespräche mit Ihrem Umfeld, Ihrem Partner, den Kindern – für alle ist die Situation neu und dadurch eine Herausforderung. Ihre Familie sollte immer Vorrang vor der Arbeit haben.

---

128 Vgl. dazu das Kapitel 3.2.2. «Den eigenen Arbeitsstil entwickeln» in diesem Werkbuch.

129 Vgl. dazu das Kapitel 3.3.8.3. «Planungsaufgaben» in diesem Werkbuch.

130 Vgl. dazu das Kapitel 4.2. «Die Vorbereitung oder: Das Aufwärmen» in diesem Werkbuch.

- Halten Sie Kontakt zu Ihren Pfarrkolleginnen und -freunden aus dem Vikariatskurs oder von anderswo her! Ein regelmässiger Austausch kann besonders zu Beginn enorm hilfreich sein.[131] Ebenso können Sie sich gute Ideen weitergeben und einander so konkret mit Material unterstützen.
- Nehmen Sie von Beginn weg eine professionelle Supervision in Anspruch![132]

Wenn Sie im Vikariat oder kurz vor Amtsantritt stehen, so überlegen Sie sich:
- Was stellen Sie sich im Moment beim Start besonders schwierig vor?
- Was macht Ihnen Bauchschmerzen?
- Wie können Sie diesen Sorgen begegnen und wo finden Sie Hilfestellungen?
- Sie können in diesem Werkbuch vielleicht auch diejenigen Kapitel nochmals intensiver studieren und bearbeiten, die sich mit Ihrem «Sorgenkind» befassen.

Mein erster Kirchgemeindepräsident war sehr besorgt um mich Jungspund in den ersten Amtswochen und wollte mich keinesfalls verheizen. Darum ordnete er zu Beginn wöchentlich am Samstagmorgen ein kurzes Gespräch zwischen ihm und mir an. Nach der dritten Woche war er sich sicher: Wir sind auf gutem Weg und der Neue hat's im Griff! Die regelmässigen Gespräche wurden gestrichen zugunsten der konkreten Arbeit.

4.4. Hundert Tage im Amt oder: Die ersten Schwimmzüge

Eben noch wurden Sie installiert und jetzt sind bereits hundert Tage vorbei? Vielleicht sind Sie erstaunt, wie schnell Sie Fuss fassen in der Gemeinde und wie sich vieles sofort gut einspielt. Vom Sprung ins kalte Wasser sind Sie längstens wieder aufgetaucht und Sie bewegen sich zielgerichtet mit den ersten

131 Vgl. dazu das Kapitel 4.6. «Die Begleitung und Vernetzung oder: Sie schwimmen nicht allein» in diesem Werkbuch.

132 Vgl. dazu das Kapitel 3.3.9.3. «Supervision» in diesem Werkbuch.

Schwimmzügen vorwärts. Oder ist es anders und Sie strampeln herum und schnappen bereits erschöpft nach Luft?

Die «Hundert-Tage-Bilanz», die manche Politiker öffentlich halten, kann für das Pfarramt ein gewisses Vorbild sein. Hundert Tage sind noch nicht besonders viel, aber sie sind auch nicht nichts. Sie reichen aus, um sich einen Überblick über die neue Lebens- und Arbeitssituation zu verschaffen. Man hat immer noch eine gewisse Aussenperspektive oder ist zumindest noch Neuling. Nach hundert Tagen etwa ist man in der Lage, nicht nur Bestehendes weiter zu pflegen, sondern aufgrund der ersten Eindrücke konkret Neues anzupacken.

Vieles läuft jetzt nämlich bereits regelmässig und automatisiert: Sie halten Ihre Gottesdienste und Andachten, Ihre Unterrichtsstunden und Bibelabende. Sie haben erste Seelsorgebesuche gemacht und bereits erste Abdankungen übernommen. Sie waren an den Kirchenpflegesitzungen und haben daneben viele Gruppen und Einzelpersonen Ihrer Gemeinde kennengelernt. Vielleicht sind auch erste Probleme aufgetaucht. So oder so: Es ist Zeit für eine kleine Zwischenbilanz.

Einige allgemeine Fragen zur «Hundert-Tage-Bilanz» finden Sie im Anhang unter M42.

Je nach Bedarf können Sie Ihre «Hundert-Tage-Bilanz» mit Ihrer Supervision, mit Ihren Pfarrkolleginnen und -kollegen und/oder mit dem personalverantwortlichen Mitglied der Kirchenpflege besprechen. Idealerweise können Sie jetzt, zu einem frühen Zeitpunkt, nötige Korrekturen vornehmen, Unklarheiten ausräumen oder einen ersten Schwerpunkt in Ihrer Arbeit setzen. Das beugt Frustrationen vor und schafft neue Motivation. Denn es soll ja nicht bei einigen wenigen Schwimmzügen bleiben.

4.5. Nach der Starteuphorie oder: Der Boden entschwindet …

Schwimmen im Schwimmbad ist nur halbwegs interessant. Im Meer oder in einem grossen See ist das Freiheitsgefühl wesentlich grösser. Ich geniesse es, mich von den Wellen hin- und hertreiben und den Blick auf die andere Seeseite schweifen zu lassen.

Doch das offene Meer und der See haben ihre Tücken: Irgendwann wird es tiefer und man berührt den Grund nicht mehr mit den Füssen. Jetzt ist definitiv Schwimmen gefragt, nicht nur weil es Spass macht, sondern weil es anders nicht geht.

Auch im Pfarramt kann einem irgendwann der sichere Boden entschwinden. Was gut und übersichtlich beginnt, wird manchmal recht schnell zu einer unsicheren Sache oder zu einer bodenlosen Angelegenheit. Die erste Begeisterung der Gemeinde und die eigene Neugier an der spannenden Aufgabe haben sich gelegt. Die Arbeit wird manchmal eintönig, manchmal frustrierend, manchmal äusserst anstrengend. Es gibt Situationen, die Sie überfordern. Es gibt erste Widerstände gegen Ihre Ideen oder gar gegen Sie als Person. Sie strampeln sich ab und finden keinen sicheren Halt mehr. Auch in Bezug auf den eigenen Glauben hat sich vielleicht eine gewisse Routine eingeschlichen. Die Leidenschaft für das Predigen ist irgendwie verloren gegangen und die persönliche Spiritualität kommt im Alltagsstress zu kurz. Verwaltungsaufgaben nehmen zu viel Zeit in Anspruch. Das Team zieht nicht am selben Strick. Eine Stelle ist lange unbesetzt und muss von den übrigen Angestellten überbrückt werden. Es fehlt Zeit für die eigenen Lieblingsprojekte. Und noch vieles mehr …

Typischerweise zeigen sich nach zwei, drei Jahren erste Ermüdungserscheinungen.[133] Das Schwimmen ist anstrengend geworden und die Freude hält sich in Grenzen. Vieles ist zwar weiterhin gut – aber es stellen sich erste Fragen: Bin ich wirklich am richtigen Ort? Würde ich anderswo meine Gaben nicht besser zur Geltung bringen können? Ist jede Kirchgemeinde derart unbeweglich? Sind viele Personen einfach «schwierig» oder bin ich es womöglich? Warum sinkt der Gottesdienstbesuch plötzlich wieder? Was mache ich falsch?

Aus meiner Sicht können solche Gedanken auch als geistliche Anfechtungen interpretiert werden, die häufig das Gegenteil beweisen: Dass Sie Ihre Arbeit gut machen. In der Bibel werden nämlich auch vor allem gläubige und engagierte Menschen angefochten. Und in der Bibel sind auch erfolgreiche, grosse Gemeinden nicht vor Spannungen sicher. Ja, vielleicht könnte man sogar provozierend sagen: Wer nicht jeden Tag im Pfarramt ein kleines biss-

---

133 Ich beobachte in den letzten Jahren, wie vermehrt Jungpfarrerinnen und -pfarrer nach wenigen Jahren bereits erstmals die Stelle wechseln oder sogar gleich wieder ganz aus dem Pfarramt aussteigen.

chen zweifelt, ob er/sie die richtige Person für diese Gemeinde ist, der/die ist tatsächlich nicht die richtige Person für diese Gemeinde.

Und dennoch: Wir brauchen auch Ideen und Methoden, um mit diesem entschwundenen Boden umzugehen, um aufzutanken und wieder neue Motivation zu holen. Dazu einige Möglichkeiten:

- Erneut steht der kollegiale Austausch, die gegenseitige Beratung und geistliche Begleitung an erster Stelle.[134]
- Pflegen Sie Ihre persönliche Spiritualität[135] und entdecken Sie für sich Formen, mit denen Sie Mut tanken und von denen Sie gestärkt werden.
- Suchen Sie sich auch in Ihrer Kirchgemeinde einige Vertrauenspersonen, denen Sie Ihre Zweifel und Sorgen anvertrauen können, die vielleicht für Sie beten und Sie in Ihrer Arbeit unterstützen.
- Streben Sie nicht nach dem Maximum, sondern nach dem Optimum. In vielen Arbeitsbereichen müssen hochgesteckte Ziele und Ideen später nach unten korrigiert werden. Je nach Ausgangslage einer Kirchgemeinde ist das Optimum vielleicht nur wenig über dem Minimum.
- Arbeiten Sie mit dem Wissen, dass die Zeit nicht immer reif ist. Wie die Natur kennt auch die Kirchgemeinde das Säen, das Ruhen, das Wachsen, das Reifen und das Ernten. Die Erntezeit ist in der Natur nur kurz. Viel häufiger muss gesät und dann auch gewartet und gepflegt werden.
- Strampeln Sie nicht, sondern schwimmen Sie. Wenn der Boden entschwindet, nützt das Treten an Ort nicht viel. Ruhiges Weiterschwimmen ist gefragt. In einer schnelllebigen Zeit kann die Kirche einen Gegenpol bilden gegen überstürztes Handeln und Reagieren in der Welt.

134 Vgl. dazu das Kapitel 4.6. «Die Begleitung und Vernetzung oder: Sie schwimmen nicht allein» in diesem Werkbuch.

135 Vgl. dazu das Kapitel 3.3.10. «Die Pflege der persönlichen Spiritualität» in diesem Werkbuch.

4.6. Die Begleitung und Vernetzung oder: Sie schwimmen nicht allein

Gerade wenn sich erste Schwierigkeiten, Konflikte, Frustrationen und Widerstände abzeichnen, sind Sie froh, wenn Sie nicht allein sind. Und nicht erst dann: Eine gute Vernetzung und ein tragendes Umfeld sind auch schon in guten Zeiten wichtig. Vor allem gilt es, sich in den guten Zeiten vorzubereiten, damit man dann, wenn es härter wird, weiss, an wen man sich wenden kann.

Einige wichtige Möglichkeiten der Begleitung wurden in diesem Werkbuch bereits erwähnt:

- *Partnerschaft und Familie*:[136] Ihre engsten Bezugspersonen werden in vielen Fällen auch Ihre grössten Stützen sein.
- *Ihr Team*:[137] Sofern das Team oder einzelne Mitglieder davon nicht Hauptursache oder Teil des «Problems» sind, werden Sie sich gegenseitig tragen und helfen können.
- *Das Dekanat, das Pfarrkapitel, die Landeskirche*:[138] Als Gremien, die über der Kirchgemeinde stehen, haben sie genügend Distanz zum Geschehen vor Ort.
- *Die Supervision*:[139] Erfahrene Supervisorinnen und Supervisoren kennen fast jede Situation, die Ihnen begegnen und Sie belasten kann.

Daneben gibt es auch verschiedene *Pfarrvereinigungen*, die sich – je nach theologischer Ausrichtung – neben der Weiterbildung und dem Kontakt auch die gegenseitige Unterstützung, Beratung und Seelsorge auf die Fahne geschrieben haben. Viele Zusammenschlüsse sind genau aus dem Anliegen heraus entstanden, dass man sich als Pfarrerin oder Pfarrer nicht allein durch alle hohen Wellen von Beruf und Amt kämpfen wollte. Die folgende Liste ist sicherlich unvollständig:

---

136 Vgl. dazu das Kapitel 2.3. «Partnerschaft, Familie, Wohnsituation, Freizeit, Kleidung» in diesem Werkbuch.

137 Vgl. dazu das Kapitel 3.4. «Synchronschwimmen – Die Zusammenarbeit in der Gemeinde» in diesem Werkbuch.

138 Vgl. dazu das Kapitel 3.3.7. «Die Sitzungs- und Gremienarbeit» in diesem Werkbuch.

139 Vgl. dazu das Kapitel 3.3.9.3. «Supervision» in diesem Werkbuch.

- Der Schweizerische Reformierte Pfarrverein: Gewerkschaftsähnliche Vereinigung sämtlicher Pfarrerinnen und Pfarrer der Schweiz, existiert seit mehr als 180 Jahren, mit kantonalen Sektionen. Kein spezifisches theologisches Profil. Bemüht sich um die Arbeitsbedingungen von Pfarrerinnen und Pfarrern und um die Zukunft des Pfarrberufs.[140]
- Der Evangelisch-theologische Pfarrverein: Entstanden im 19. Jahrhundert als positive Berner Alternative zum Schweizerischen Pfarrverein. Starke Betonung der Arbeit an und mit der Bibel.[141]
- Die Schweizerische Evangelische Pfarrgemeinschaft: Schwerpunkte sind Weiterbildung, Vernetzung, Seelsorge an Seelsorgern. Regionale Pfarrgebetsgruppen sind locker damit verbunden. Pietistischer Hintergrund: Gebet und gemeinsames Bibelgespräch sind zentrale Anliegen seit der Gründung vor über 70 Jahren.[142]
- Die Arbeitsgemeinschaft für biblisch erneuerte Theologie: Ist stärker am theologischen Arbeiten aus konservativer Sicht interessiert, verbindet landeskirchliche und freikirchliche Theologinnen und Theologen.[143]
- Das Landeskirchenforum: Schwerpunkte sind Gemeindebau und Innovation auf biblischer Basis; nicht nur für Pfarrerinnen und Pfarrer interessant, sondern auch für Behördenmitglieder und Freiwillige.[144]
- Verein reformiertbewegt: Anliegen ist vor allem die Gemeindeentwicklung und die theologische Debatte über die gegenwärtige Kirche. Auch hier sind Pfarrpersonen und Behördenmitglieder bzw. Freiwillige genauso willkommen.[145]

Im Weiteren existieren zahlreiche schweizerische und kantonale oder regionale Vereinigungen, Interessengruppen oder Arbeitsgemeinschaften, die vor allem ein bestimmtes Thema bearbeiten und verfolgen. Folgende vier Beispiele aus dem ganzen Spektrum der riesigen theologischen Auswahl zeigen die Vielfalt der möglichen Interessen:

---

140 www.pfarrverein.ch/ (abgerufen am 22.4.2022)

141 www.evangelischerpfarrverein.ch/ (abgerufen am 22.4.2022)

142 www.pfarrgemeinschaft.ch/ (abgerufen am 22.4.2022)

143 www.afbet.ch/ (abgerufen am 22.4.2022)

144 www.landeskirchenforum.ch/ (abgerufen am 22.4.2022)

145 www.reformiertbewegt.ch/ (abgerufen am 22.4.2022)

- Arbeitskreis Kirche und Tiere[146]
- oeku Kirchen für die Umwelt[147]
- Offenes Netzwerk Kreuz und Queer durch Zürich[148]
- Netzwerk Bibel und Bekenntnis[149]

Auch wenn es in diesen ungezählten Gruppen um unterschiedlichste spezifische Anliegen geht, so kann doch eine solche Gruppe vielleicht ein Ort sein, wo Sie sich vernetzen und übergemeindlich theologisch arbeiten und seelsorgerlich austauschen können. Sehen Sie sich um, erkundigen Sie sich bei Pfarrkolleginnen und -kollegen, wagen Sie den Schritt und machen Sie dort mit, wo Ihnen ein Engagement sinnvoll erscheint.

In vielen Regionen der Schweiz gibt es zudem neben den offiziellen Pfarr- und Dekanatskapiteln spontan entstandene Lektüre- oder Gebetskreise. Erkundigen Sie sich in Ihrer Nachbarschaft, ob es in Ihrer Region eine solche Gruppe gibt. Eine gute Möglichkeit ist auch, über den Vikariatskurs hinaus mit ein paar Kolleginnen und Kollegen in engerem Kontakt zu bleiben und sich regelmässig zu Austausch, Intervision, Begleitung und Gebet zu treffen.

146 arbeitskreis-kirche-und-tiere.ch/ (abgerufen am 22.4.2022)

147 oeku.ch/ (abgerufen am 22.4.2022)

148 www.queer-zh.ch/ (abgerufen am 22.4.2022)

149 bibelundbekenntnis.ch/ (abgerufen am 22.4.2022)

Nachwort: Springen Sie!

Ich stehe am Beckenrand im Hallenbad und überlege: Soll ich nun tatsächlich all meinen Mut zusammennehmen und meinen ersten Kopfsprung seit 25 Jahren machen? Weiss mein Körper überhaupt, was er tun muss?

Ich nehme all meinen Mut zusammen und springe … Es funktioniert! Vielleicht war es ästhetisch noch nicht gerade Weltklasse, aber es war ein Kopfsprung. Ich tauche auf und schwimme die nächsten Züge. Was für ein Gefühl!

Im Pfarramt ist es vielleicht nicht gerade die Angst vor einer Bauchlandung, die uns hemmen könnte, sondern eher der Respekt vor der hohen Verantwortung und der grossen Aufgabe, die uns anvertraut ist. Wir haben zwar das Schwimmen gelernt, haben das Wasser gesehen, haben geübt und trainiert … Aber irgendeinmal gilt es dann ernst: Wir müssen springen.

Ich wünsche Ihnen ein richtig gutes Gefühl in diesem Teich der Kirchgemeinde. Mögen Sie energievoll ins Wasser eintauchen, erfrischt werden und andere erfrischen. Mögen Sie schwimmen, manchmal schnell und sportlich und manchmal fröhlich plantschend wie ein Kind, manchmal im Team und manchmal allein, manchmal fokussiert und zielorientiert und manchmal einfach vor sich hin treibend in den Wellen.

Ich wünsche Ihnen viel Vertrauen in den dreieinen Gott, der Sie nicht ungeschützt ins Wasser fallen lassen wird, sondern Sie stärkt und ermutigt, begleitet und führt.

Ich freue mich, Sie als Kollegin oder Kollegen im schönsten und abwechslungsreichsten Beruf der Welt zu haben, und ermutige Sie deshalb: Springen Sie!

Anhang

Auf der Website des Verlags stehen Ihnen Arbeitsmaterial, Vorlagen und Tabellen für die tägliche Arbeit zur Verfügung.

https://bit.ly/materialien_der_sprung_ins_kalte_wasser_

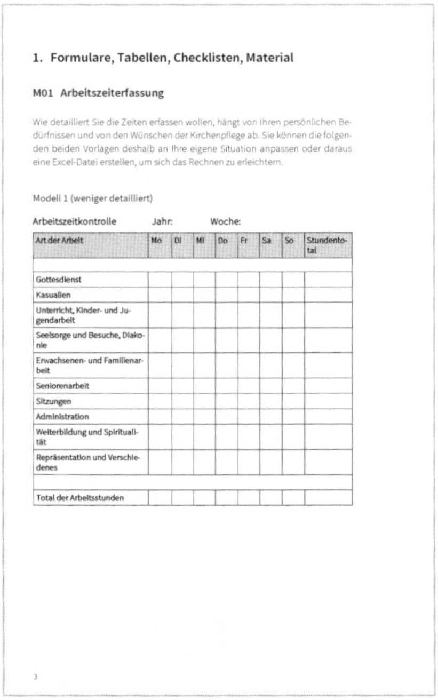

1. Formulare, Tabellen, Checklisten, Material

M01 Arbeitszeiterfassung

Wie detailliert Sie die Zeiten erfassen wollen, hängt von Ihren persönlichen Bedürfnissen und von den Wünschen der Kirchenpflege ab. Sie können die folgenden beiden Vorlagen deshalb an Ihre eigene Situation anpassen oder daraus eine Excel-Datei erstellen, um sich das Rechnen zu erleichtern.

Modell 1 (weniger detailliert)

Arbeitszeitkontrolle Jahr: Woche:

Art der Arbeit	Mo	Di	Mi	Do	Fr	Sa	So	Stundentotal
Gottesdienst								
Kasualien								
Unterricht, Kinder- und Jugendarbeit								
Seelsorge und Besuche, Diakonie								
Erwachsenen- und Familienarbeit								
Seniorenarbeit								
Sitzungen								
Administration								
Weiterbildung und Spiritualität								
Repräsentation und Verschiedenes								
Total der Arbeitsstunden								

3

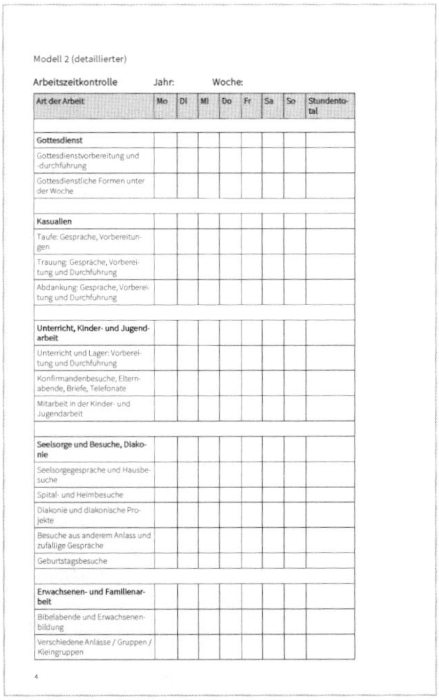

Modell 2 (detaillierter)

Arbeitszeitkontrolle Jahr: Woche:

Art der Arbeit	Mo	Di	Mi	Do	Fr	Sa	So	Stundentotal
Gottesdienst								
Gottesdienstvorbereitung und -durchführung								
Gottesdienstliche Formen unter der Woche								
Kasualien								
Taufe: Gespräche, Vorbereitungen								
Trauung: Gespräche, Vorbereitung und Durchführung								
Abdankung: Gespräche, Vorbereitung und Durchführung								
Unterricht, Kinder- und Jugendarbeit								
Unterricht und Lager: Vorbereitung und Durchführung								
Konfirmandenbesuche, Elternabende, Briefe, Telefonate								
Mitarbeit in der Kinder- und Jugendarbeit								
Seelsorge und Besuche, Diakonie								
Seelsorgegespräche und Hausbesuche								
Spital- und Heimbesuche								
Diakonie und diakonische Projekte								
Besuche aus anderem Anlass und zufällige Gespräche								
Geburtstagsbesuche								
Erwachsenen- und Familienarbeit								
Bibelabende und Erwachsenenbildung								
Verschiedene Anlässe / Gruppen / Kleingruppen								

4

Projekte / Gemeindebau								
Männer- und Frauenarbeit / Eltern- und Familienarbeit								
Seniorenarbeit								
Andachten Heime								
Seniorennachmittag, Seniorenausflug, Anlässe								
Sitzungen								
Kirchenpflege								
Arbeitsbesprechungen mit Angestellten								
Ökumene / Allianz / Dekanat / Region / Landeskirche								
Verschiedene Kommissionen und Teams								
Verschiedene Sitzungen und Gespräche								
Administration								
Kirchliche Medien, Homepage, Anschlagkasten								
Pfarramtliche Korrespondenz								
Einkauf Material, Planung, Organisation								
Verwaltung, Archiv, Aufräumarbeiten								
Weiterbildung und Spiritualität								
Pflege der Spiritualität								
Persönliche Lektüre								
Weiterbildungskurse und Tagungen								
Supervision und Beratung								
Repräsentation und Verschiedenes								
Repräsentation: Anlässe und Medien								
Diverses								
Total der Arbeitsstunden								

M02 Predigtreihen nach lectio continua

Die beiden Beispiele zeigen, wie auch besondere Gottesdienste und kirchliche Feiertage in eine Predigtreihe einbezogen werden können.

Predigtreihe zum 1. Thessalonicherbrief

Sonntag	Text	Besonderes
29. Juli 2018	1Thess 1,1–10	Schulferien
19. August 2018	1Thess 2,1–12	Schulanfangsgottesdienst; Familiengottesdienst mit Kurzpredigt
2. September 2018	1Thess 2,13–20	
7. Oktober 2018	1Thess 3,1–13	Schulferien
4. November 2018	1Thess 4,1–12	Reformationssonntag
25. November 2018	1Thess 4,13–18	Ewigkeitssonntag
2. Dezember 2018	1Thess 5,1–11	1. Advent
9. Dezember 2018	1Thess 5,12–28	2. Advent; moderner Gottesdienst mit Band und «Popcorn»-Predigt (Predigt aus mehreren spontanen Beiträgen aus der Gemeinde)

Predigtreihe über Maria im Dezember («Mit Maria durch die Weihnachtszeit»)

Sonntag	Text	Besonderes
2.12.2012	Lk 1,26–38	1. Advent
23.12.2012	Lk 1,39–56	4. Advent
24.12.2012	Lk 2,7	Christnachtfeier
25.12.2012	Lk 2,19	Weihnachten
30.12.2012	Lk 2,25–32	Sonntag nach Weihnachten

M03 Ideen für besondere Predigtreihen für die ersten Amtsjahre

Symbole und Sprüche in unserer Kirche	Die meisten Kirchen haben Wandsprüche, Symbole, farbige Kirchenfenster oder andere künstlerische Werke. Über diese lokalen Besonderheiten lässt sich hervorragend predigen. Gleich in meinem ersten Amtsjahr machte ich im November und Dezember eine siebenteilige Predigtreihe zum Thema «Motive in der Kirche». Dabei konnten auch die vielen Feiertage (Reformationssonntag, Ewigkeitssonntag, Adventssonntage, Weihnachten) gut eingebaut werden. Eine solche Predigtreihe mit Lokalkolorit schafft viel Goodwill in der Gemeinde und interessiert die Menschen.
Mein Predigttext	Gemeindeglieder können im Voraus «ihren» Text wählen für einen Gottesdienst: Ihren Lieblingstext, einen Vers, zu dem sie eine besondere Beziehung haben (z. B. der Konfirmationsspruch) oder auch einen Text, der ihnen Schwierigkeiten bereitet. Wenn möglich, übernehmen die jeweiligen Gemeindeglieder im Gottesdienst mit ihrem Text dann auch gleich die Lesung und sagen selber etwas dazu, warum ihnen dieser Text wichtig ist.
Unsere Kirchenglocken	Viele Kirchenglocken haben eingravierte Bibelverse oder andere Motive. Eine Reihe mit Glockenpredigten eignet sich besonders bei einem Jubiläum (z. B. 100 Jahre Glockenaufzug).
Was kommt nach dem Tod?	In Verbindung mit einem Seminar in der Erwachsenenbildung gestaltete ich eine Predigtreihe mit unterschiedlichsten Texten zu Tod und Auferstehung.
Unbekannte Gleichnisse	Während die Perikopenreihen vor allem die bekannten Gleichnisse enthalten, gibt es in den Evangelien – vor allem bei Lukas – auch noch zahlreiche weitere, unbekannte und manchmal auch schwer verständliche Gleichnisse.
Mit einer biblischen Person durch die Festtage	Wie das Beispiel «Mit Maria durch die Weihnachtszeit» in M02 ist Ähnliches denkbar z. B. mit Petrus durch Passion, Ostern, Auffahrt und Pfingsten oder mit anderen biblischen Personen, die für einige Predigten im Fokus stehen.
Die Zehn Gebote	Zehn Predigten über jedes einzelne Gebot. Da die Zehn Gebote zu den bekanntesten Texten der Bibel gehören, ist viel Vorwissen vorhanden. Die Predigtreihe kann in der Erwachsenenbildung vertieft werden.
Das Unservater	Das Unservater wird Sonntag für Sonntag, Satz für Satz, ausgelegt. Eventuell kann auch zu jedem Abschnitt ein zusätzlicher Text aus einem anderen Bibelteil ergänzend beigezogen werden.
Starke Frauen im Alten Testament	Bekannt sind in der Bibel mehrheitlich die Männer – gerade im Alten Testament. In dieser Predigtreihe hielt ich je eine Predigt über Tamar, die Töchter Zelofchads, Debora, Rut, Hanna, Chulda, Ester und die «tüchtige Frau» in Sprüche 31.
Messiasverheissungen im Alten Testament	In der Adventszeit werden als Vorbereitung auf Weihnachten klassische messianisch verstandene Texte aus den Propheten ausgelegt.
«Ich bin»-Worte	Die «Ich bin»-Worte im Johannesevangelium werden der Reihe nach Sonntag für Sonntag als Grundlage für die Predigt genommen. Einzelne davon eignen sich auch sehr gut für Feiertage oder spezielle Anlässe.
Sprichwörter	Bekannte Sprichwörter, die auf die Bibel zurückgehen, dienen als Grundlage für die Predigt und werden im gesamtbiblischen Kontext ausgelegt.

M04 Vorlage für den Gottesdienstablauf – traditionell

Gottesdienst vom Sonntag, xx. Monat 20xx, xx Uhr
Ref. Kirche XY
Pfarrerin XY
Mitwirkende:

Sammlung

Eingangsspiel
Grusswort
Lied

Lob und Anbetung

Gebet
evtl. Psalmlesung (im Wechsel)
Psalmlied oder Loblied

Verkündigung

Schriftlesung oder Lesung Predigttext
Lied
Predigt
Zwischenspiel

Fürbitte

evtl. Abkündigungen/Musik
Gebet / Fürbitte / Gebetsstille
evtl. Unservater
Lied

Sendung

Mitteilungen
evtl. Unservater
Schlusslied
Sendung und Segen
Ausgangsspiel

(mehr oder weniger angelehnt an die Vorlage im Reformierten Gesangbuch, Nr. 150; vgl. die Bemerkungen dazu unter 3.3.1.4. «Die gesamte Liturgie», Abschnitt «Einzelfragen zum Gottesdienstablauf»)

M05 Vorlage für den Gottesdienstablauf – mit Abendmahl

Gottesdienst vom Sonntag, xx. Monat 20xx, xx Uhr
Ref. Kirche XY
Pfarrerin XY
mit Abendmahl (wandelnd/sitzend/Kreise)
Mitwirkende:

Sammlung

Eingangsspiel
Grusswort
Lied

Lob und Anbetung

Gebet
evtl. Psalmlesung (im Wechsel) / an Feiertagen: Feiertagslesung
Psalmlied oder Loblied / an Feiertagen: Feiertagslied

Verkündigung

evtl. Schriftlesung oder Lesung Predigttext
evtl. Lied
Predigt
Zwischenspiel

Abendmahl

Einladung zum Abendmahl und Eingangsworte
Gebet oder Schuldbekenntnis mit Gnadenzuspruch
Einsetzungsworte
evtl. Epiklese, Friedensgruss usw.
Unservater
Austeilung (wandelnd/sitzend/Kreise)
Dankgebet

Sendung

evtl. Abkündigungen/Musik
Mitteilungen
Schlusslied
Sendung und Segen
Ausgangsspiel

(mehr oder weniger angelehnt an die Vorlage im Reformierten Gesangbuch, Nr. 153; vgl. die Bemerkungen dazu unter 3.3.1.5 «Das Abendmahl», Abschnitt «Einzelfragen zum Ablauf des Abendmahls»)

9

M06 Vorlage für den Gottesdienstablauf – mit Taufe

Gottesdienst vom Sonntag, xx. Monat 20xx, xx Uhr
Ref. Kirche XY
Pfarrerin XY
mit Taufe von:
Mitwirkende:

Sammlung

Eingangsspiel
Grusswort
Lied

Taufe

Taufansprache
evtl. Glaubensbekenntnis
Tauffrage und Taufe
Taufkerze
Taufgebet
Tauflied oder Loblied

Verkündigung

Schriftlesung oder Lesung Predigttext
Lied
Predigt
Zwischenspiel

Fürbitte

evtl. Abkündigungen/Musik
Gebet / Fürbitte / Gebetsstille
evtl. Unservater
Lied

Sendung
evtl. Abkündigungen/Musik
Mitteilungen
evtl. Unser Vater
Schlusslied
Sendung und Segen
Ausgangsspiel

(mehr oder weniger angelehnt an die Vorlage im Reformierten Gesangbuch, Nr. 151; vgl. die Bemerkungen dazu unter 3.3.2.1. «Taufe und Kindersegnung», Abschnitt «Einzelfragen zum Ablauf der Taufe»)

10

M07 Meine Sendungs- und Segensformulierung (Schweizerdeutsch/Hochdeutsch)

(nach 4. Mose 6,24–26, Aaronitischer Segen)

Mir stöhnd uf zur Sendig und zum Sege.
Lesung des Wochenspruchs
Göhnd im Friede und i de Fröid vom drüeinige Gott, Vater, Sohn und Heilige Geist.
(Arme erheben zur Segensgeste)
Der HERR segne dich und behüte dich.
Der HERR lasse sein Angesicht leuchten über dir und sei dir gnädig.
Der HERR (er)hebe sein Angesicht über dich und gebe dir Frieden.
Amen

Wir stehen auf zur Sendung und zum Segen.
Lesung des Wochenspruchs
Geht hin im Frieden und in der Freude des dreieinigen Gottes,
des Vaters, des Sohnes und des Heiligen Geistes.
(Arme erheben zur Segensgeste)
Der HERR segne dich und behüte dich.
Der HERR lasse sein Angesicht leuchten über dir und sei dir gnädig.
Der HERR (er)hebe sein Angesicht über dich und gebe dir Frieden.
Amen

11

M08 Einsetzungsworte beim Abendmahl

In meinen ersten Pfarramtsjahren verwendete ich immer die Einsetzungsworte nach der Zürcher Liturgie, bis ich mit Erstaunen feststellte, dass diese eine Mischform der verschiedenen Bibeltexte und zusätzlicher frei ergänzter Worte bilden. Und dies, obwohl ich immer überzeugt einleitete: «Mir lose uf d'Wort, wie *Jesus* s'Obemohl iigsetzt het …»

Seither verwende ich die Einsetzungsworte der verschiedenen Abendmahlsberichte des Neuen Testaments nach der Lutherübersetzung im Wechsel und die Mischform der Zürcher Liturgie nur noch selten. Für spezielle Familiengottesdienste mit Abendmahl verwende ich ausserdem den Text der berndeutschen Übersetzung, übertragen in meinen eigenen Dialekt.

Hier finden Sie die entsprechenden Textvorlagen für die Einsetzungsworte (Zürcher Bibel):

Nach Matthäus 26,26–28:
Während sie aber assen, nahm Jesus Brot, sprach den Lobpreis, brach es und gab es den Jüngern und sprach: Nehmt, esst! Das ist mein Leib.
(Austeilung an die Helferinnen und Helfer)
Und er nahm einen Kelch und sprach das Dankgebet, gab ihnen den und sprach: Trinkt alle daraus! Denn das ist mein Blut des Bundes, das für viele vergossen wird zur Vergebung der Sünden.
(Austeilung an die Helferinnen und Helfer)

Nach Matthäus 26,26–28 (Schweizerdeutsch; übertragen von der berndeutschen Übersetzung von Bietenhard):
Wo sie am Esse sind, nimmt Jesus e Bitz Brot, seit de Lobspruch, bricht ihn abenand, git s'Brot de Jünger und seit: «Nähmet, esset, das isch mi Liib.»
(Austeilung an die Helferinnen und Helfer)
Und er nimmt de Becher, seit de Lobspruch und git ihn ihne und seit: «Trinket alli druus, das isch mis Bluet für s'Bündnis. Ich gibe's für vieli, dass ihne d'Sünde vergäh werde.»
(Austeilung an die Helferinnen und Helfer)

Nach Markus 14,22–24:
Und während sie assen, nahm er Brot, sprach den Lobpreis, brach es und gab es ihnen und sprach: Nehmt, das ist mein Leib.
(Austeilung an die Helferinnen und Helfer)
Und er nahm einen Kelch, sprach das Dankgebet und gab ihnen den, und sie tranken alle daraus. Und er sagte zu ihnen: Das ist mein Blut des Bundes, das vergossen wird für viele.
(Austeilung an die Helferinnen und Helfer)

12

Nach Lukas 22,19–20:

Und er nahm Brot, sprach das Dankgebet, brach es und gab es ihnen und sprach: Das ist mein Leib, der für euch gegeben wird. Dies tut zu meinem Gedächtnis.

(Austeilung an die Helferinnen und Helfer)

Und ebenso nahm er den Kelch nach dem Mahl und sprach: Dieser Kelch ist der neue Bund in meinem Blut, das vergossen wird für euch.

(Austeilung an die Helferinnen und Helfer)

Nach 1. Korinther 11,23–26:

Der Herr, Jesus, nahm in der Nacht, da er ausgeliefert wurde, Brot, dankte, brach es und sprach: Dies ist mein Leib für euch. Das tut zu meinem Gedächtnis.

(Austeilung an die Helferinnen und Helfer)

Ebenso nahm er nach dem Essen den Kelch und sprach: Dieser Kelch ist der neue Bund in meinem Blut. Das tut, sooft ihr daraus trinkt, zu meinem Gedächtnis.

(Austeilung an die Helferinnen und Helfer)

Denn sooft ihr dieses Brot esst und den Kelch trinkt, verkündigt ihr den Tod des Herrn, bis dass er kommt.

13

M09 Beispiel für den Ablauf eines «modernen» Gottesdienstes

Diesen Gottesdienst habe ich mit einem Team in dieser Form in meiner Kirchgemeinde vorbereitet und gehalten. Er war Bestandteil einer längeren Predigtreihe über die Josefsgeschichten. Die zeitgenössischen Lieder sind bei uns in einem Liederordner für die Jugendarbeit gesammelt und werden regelmässig im modernen Gottesdienst eingesetzt, sind also grösstenteils recht gut bekannt.

Sammlung		
Eingangslied	«Gott ist Liebe»	Band
Grusswort und Gebet		Person vom Team
Lob und Anbetung	«Herr, du söllsch König sii»	Band
	«Dänk i a di»	Band
	Lesung 1Petr 2,18–25	Person vom Team
	«A miner Stell»	Band
Verkündigung		
Theater Predigttext	Gen 44	ganzes Team
Lied	«Du, Herr, bisch mis Läbe»	Band
Kinder gehen in den Kindergottesdienst		
Predigt	Gen 44	
Lied	«Wenn meine Seele …»	
Einleitung Kreuzverhör		Person vom Team
Instrumentalstück (Fragen aufschreiben)		
Kreuzverhör		Person vom Team mit Pfarrer
Fürbitte		
Gebet		Person vom Team
Lied	«My Jesus, my saviour»	Band
Sendung		
Abkündigungen/Mitteilungen		Pfarrer
Unservater		Pfarrer
Segen und Sendung		Pfarrer
Schlusslied	«All the poeple said Amen»	Band

14

M10 Vorlage: Checkliste fürs Taufgespräch

Bearbeiten Sie diese Checkliste und passen Sie sie für Ihre Situation an!

Checkliste für das Taufgespräch

Material:

- Blatt «Zur Tauffeier» mit Taufsprüchen und Ablauf
- Blatt «Anmeldung zur Taufe»
- Katalog Taufkerzen

1. Kennenlernen der Familie

- Erlebte Taufen / Erinnerungen
- Geschichte des Täuflings und der Familie
- Taufvers: Wahl? Bedeutung? Bedeutung der Taufe?
- Ausfüllen des Anmeldeformulars

2. Gottesdienst

- Ablauf durchgehen
- Taufkerze: Katalog
- Taufgebet – oder andere Mitwirkung durch Familie oder Paten
- Wichtiges: Fotos? / vorderste Reihe sitzen / genügend früh / andere Kinder / Kindergottesdienst / Möglichkeit rauszugehen während Gottesdienst
- Gestaltung der Tauferinnerung
- Für Sigristin: Bleibt die Tauffamilie zum Kirchenkaffee?

15

M11 Anmeldeformular für die Taufe

Anmeldung zur Taufe

Taufdatum: ____________________

Vorname(n): ____________________

Familienname: ____________________

Geburtsdatum: ____________________

Geburtsort: ____________________

Heimatort: ____________________

Namen der Eltern: ____

Vater		Mutter	
Beruf:	____________	Beruf	____________
Konfession:	____________	Konfession	____________
Heimatort:	____________	Heimatort	____________

Wohnadresse: ____

Telefon: ____________________

Pate: ____________________

Wohnort: ____________________

Konfession: ____________________

Patin: ____________________

Wohnort: ____________________

Konfession: ____________________

Taufvers: ____

____

Bei nicht in unserer Kirchgemeinde wohnhaften Tauffamilien

Anschrift des zuständigen Pfarramts:

____

16

M12 Taufansprache über einen Vornamen

D'Familie NN bringt hüt ihri Tochter **Estelle** zur Taufi. **«Estelle»** isch Französisch und bedüütet **«Stern»**. E wunderschöne Name für es Chind, Estelle, e chliine Stern, es Gschenk vom Himmel.

I de Bible isch au vom ne Stern d'Red. Wiit vore i de Bible wird **e Stern aakündiget**, wo einisch wird cho. Es heisst det: *«Es wird ein Stern aus Jakob aufgehen.» (Num 24,17)* Die Bibelstell isch e klari Prophetie gsi ufs Cho vo **Jesus Christus** i die Welt. Erst ungfähr 1400 Jahr später het sie sich erfüllt: Jesus Christus isch gebore worde, als chliises Chind, grad wie d'Estelle. Und mir alli kenne wohl d'Gschicht vo dem berüehmte **«Stern vo Bethlehem»**, dem Stern, wo zur Ziit vo de Geburt vo Jesus glüüchtet het und de drü Weise us em Morgeland de Weg zum nöigeborene Chind zeigt het. De Stern isch darum **es Symbol für Jesus selber**.

Jesus Christus, de wahri Stern, erlüüchtet öise Weg. Und mir hoffe und bätte, dass er au de Estelle **de Weg hell macht**, demit sie ihn cha goh und es guets Lebe cha haa.

Allerdings git's Situatione im Lebe, wo öis **dä Stern wiit weg vorchunnt**. So mag's au Ihne, liebi Familie NN, im Moment goh. Vor emne guete Monat isch nämlich de **Grossvater vo de Estelle gstorbe**. Er het die chlii Estelle zwar no erlebt, aber er fehlt jetz, bi de Taufi. Es sich s'erste Familiefest ohni ihn. Und als zweits isch au **d'Behinderig vo de Estelle** öppis, wo Frage ufwirft und öis vilicht sogar loht loh zwiifle a Gott.

Doch isch es ned au bi de Sterne so: **Je dünkler de Nachthimmel, desto besser gsehnd mir sie?** Am helle Tag gseht me kei Sterne. Erst wenn's dunkel wird, werde sie sichtbar.

Das Erlebnis mache vieli Mensche mit em christliche Glaube. I de Dunkelheit, i de Truur und i de Not erschiint ihne **de hell Stern**. D'Hilf vo Gott. D'Gegewart vo Jesus Christus.

So wünsche mir de Familie NN, dass sie dä hell Stern i de dunkle Ziite chöne gseh. Und mir wünsche de Estelle, dass dä Stern au über ihrem Lebe tuet wache und sie dur ihres gwüss ned eifache, aber trotzdem unendlich wertvolle Lebe füehrt.

Mit de Taufi **vertraue mir d'Estelle Gott aa**. Mir säge ihre zue, was für alli Mensche giltet: Dass Gott sie gschaffe het und dass Gottes Sohn, Jesus Christus, für sie gstorben isch. Dass Gott bedingigslos Ja seit zu ihre. Mir wünsche de Estelle, dass sie das i ihrem Lebe cha erfahre und uf ihri Art und Wiis einisch es **Ja cha gäh dodezue**.

Jetz bitt ich d'Eltere und d'Gotte und de Götti, mit de Estelle vürez'cho.

17

M13 Taufansprache über ein Symbol

D'**NN** wird hüt tauft. Wahrschiinlich chunnt sie dodezue ganz viel Gschenkli über vo ihrere Familie, vo de Verwandte und vo Götti und Gotti. Vilicht wird au der eint oder ander **Geldbetrag** uf ihres junge Bankkonto iigleit, demit d'NN au später mol öppis devo het.

Uf jede Fall schenk ich de NN hüt e **Föifliber**. Das isch zwar ned üblich, dass de Pfarrer am Töifling Geld schenkt. Viel wichtiger isch mir ame d'Chinderbible, wo jedes taufte Chind zur Taufi überchunnt. Aber wil mir hüt ja s'Geld als Gottesdienstthema händ, schenk ich de NN e Föifliber.

Natürlich schenk ich dä Föifliber aber ned kommentarlos. Dä Föifliber het e ganz bestimmte Sinn, wo guet zu de Taufi passt. Uf em Föifliber stoht nämlich e **churze latiinische Satz**. Händ Sie das gwüsst? Luege Sie mol e Föifliber aa – vilicht händ Sie grad eine im Portemonnaie! Uf em Rand vom Föifliber stoht mit Grossbuechstabe: **«Dominus providebit»**.

«Dominus providebit» – Das isch ebe Latiinisch und heisst übersetzt: **«Der Herr wird vorsorgen»**. Erstuunlich, dass e sone Satz uf emne Föifliber stoht, ned? Usgrechnet uf emne Geldstück stoht also, dass ned s'Geld eim das git, wo me bruucht, sondern Gott!

«Der Herr wird vorsorgen» – das giltet hüt Morge i bsonderem Mass für d'NN, wo tauft wird. Mit de Taufi **vertraue mir d'NN Gott aa**. Mir bitte ihn um si Sege und Biistand für das junge Lebe. Mir hoffe, dass d'NN de Weg zu Gott und mit Gott cha finde, dass sie ihm cha lehre vertraue. Und mir verspreche i de Taufi, dass mir öise Teil, nach öisem Chönne und Vermöge dodezue wänd biiträge.

Dodebii wüsse mir, dass vieles ned i öisne Händ liit. Es isch darum richtig, wenn mir bekenne und vertrauensvoll säge: **«Dominus providebit» – «Der Herr wird vorsorgen»**. I de guete wie i de schlechte Täg söll er de NN noch sii, söll er sie bhüete und ihre das gäh, wo sie bruucht. Darum dä **Föifliber**. I de Hoffnig, dass d'NN selber mol daf merke und erkenne, dass es wahr isch: **«Der Herr wird vorsorgen»**.

Für d'Taufi bitt ich jetz d'Eltere und d'Pate, mit de NN vürez'cho.

Dieses Beispiel stammt, leicht überarbeitet, aus:

Hoffsummer Willi, 68 Taufansprachen mit Symbolen. Fur verschiedene Lebensalter, Ostfildern 2009

18

M14 Taufversprechen (Tauffragen an die Eltern, Paten und an die Gemeinde)

Liebi Eltere, liebi Gotte und Götti
Mit de Taufi vo de NN mache dihr dütlich,
dass öich de christlich Glaube und e christlichi Erziehig wichtig isch.
Darum frag ich öich:

Sind Ihr parat,
öichi Tochter im christliche Glaube und Lebe z'erzieh,
dass sie mol selber lehrt glaube und lebe
vo dere grosse Liebi, wo Gott zu öis het?
Wenn dihr das wänd, so säget alli mitenand es ufrichtigs Ja.

Liebi Gmeind
Sind Ihr parat,
das Chind i öiches Gebet iiz'schliesse
und ihm selber es Vorbild im christliche Glaube und Lebe z'sii,
sodass das Chind mol selber lehrt glaube und lebe
vo dere grosse Liebi, wo Gott zu öis het?
Wenn dihr das wänd, so säget alli mitenand es ufrichtigs Ja.

19

M15 Taufgebet (Beispiel)

Vater im Himmel
Mir bitte dich für de NN, wo tauft worden isch,
für sini Eltere, für sini Gotte, für si Götti,
für sini Grosseltere und die übrige Verwandte.
Schenk du ihne di Sege.

Jesus Christus
Mir bitte dich für alli, wo tauft sind und di Name träge.
Loh öis loh lebe und glaube als dini Familie.

Heilige Geist
Mir bitte dich um di Friede für öisi Welt,
um di Friede für alli Mensche,
dass mir Sorg gähnd,
Sorg zunenand und Sorg zu dinere ganze Schöpfig.
Amen

20

M16 Liturgie einer Glaubenstaufe mit Tauffragen und Taufformel im Rahmen eines Kasualgottesdienstes am Fluss

Tauffeier von NN

---

1. Begrüssung, Einleitung, Gebet
2. Lobteil
3. Textlesung
4. Kurzpredigt
5. Taufteil

- Einleitung
- Gebet vor der Taufe
- Lied «Unservater»
- Tauffragen
- Alle stehen auf. NN, Pfarrer und Götti gehen ins Wasser.
- Taufformel («Ich taufe dich»)
- Untertauchen
- Taufvers
- Zurückgehen ans Ufer
- Gebet für NN (Götti) / Gedanken (Gotte)

6. Segen

Detailliert: Tauffragen und Taufformel mit Untertauchen

NN kommt nach vorne.

NN, du bisch da äne cho, wil du wottsch tauft werde und wil du dich dur d'Taufi vor öis als Züüge wottsch bewusst und öffentlich unter d'Herrschaft vo Jesus Christus stelle und dich zu ihm als di Herr und Erlöser bekenne.

I de Bible seit Jesus zu sine Jünger: *«Geht nun hin und macht alle Völker zu Jüngern: Tauft sie auf den Namen des Vaters und des Sohnes und des Heiligen Geistes, und lehrt sie alles halten, was ich euch geboten habe.» (Mt 28,19f)*

I dem Sinn frag ich dich:
Glaubsch du a Gott, de Vater, de Allmächtig,
de Schöpfer vo Himmel und Erde, wo au dich gschaffe het?
So säg: Ja, ich glaube!

Glaubsch du a Jesus Christus, Gottes Sohn,
wo für dich und dini Schuld gstorben isch am Chrüüz,
wo vo Gott uferweckt worden isch vo de Tote,
wo lebt und wird wiedercho?
So säg: Ja, ich glaube!

Glaubsch du a Heilig Geist, wo dich füehrt und leitet?

21

So säg: Ja, ich glaube!

Wottsch du tauft werde?
So säg: Ja, ich wott!

Für d'Taufi stöhnd die, wo möge, uf. D'NN und ihre Götti göhnd mit mir is Wasser. Dihr alli chönet ei oder zwei grossi Halbkreise zum Wasser hii bilde und enand d'Händ gäh. Wer wott und kei Angst vor em nass werde het, cha sogar de Kreis is Wasser ine verlängere. Dä Kreis symbolisiert, dass mir d'NN hüt i d'Gmeinschaft vo de taufte Christe wänd ufnäh.

Kreisbildung und Aufstehen

Taufformel

NN, ich taufe dich uf de Name vom Vater, vom Sohn und vom Heilige Geist.

Untertauchen

22

M17 Vorlage für das erste Traugespräch

Bearbeiten Sie diese Checkliste und passen Sie sie für Ihre Situation an.

1. Vorbereitungsgespräch Trauung

Termin:
Brautpaar:
Datum und Ort der Trauung:

1. Kennenlernen

- Gegenseitige Vorstellung des Brautpaars (jeweils ein Partner stellt den andern vor)
- Wunsch nach Trauung / kirchlicher Trauung
- Bedeutung der kirchlichen Trauung / Erwartungen an mich
- Ausfüllen Anmeldung

2. Gottesdienst

- Was steht schon fest?
- Erklären Ablauf Liturgie in Grundzügen
- Thema/Leitgedanke/Trauvers (evtl. Trauanzeige)
- Einzug
- Musik/Lieder
- 1. Teil (Begrüssung, Lob, Predigt usw.)
- Trauakt: Trauversprechen / Ehesegen / Ringtausch / Kuss
- Fürbitte
- Traubibel
- Kollekte
- Mitteilungen: Wer? Was?
- Auszug
- Wie geht's nachher weiter?

3. Beteiligte Personen

- Musik / Organist
- Sigristin
- Trauzeugen/Brautführer
- Weitere Mitwirkende
- Fotografin

4. Abmachungen

- 2. Vorbereitungsgespräch: Details, ca. 1 Monat vorher
- Aufgaben: Trauversprechen, Klären der offenen Fragen

23

M18 Vorlage für das zweite Traugespräch

Bearbeiten Sie diese Checkliste und passen Sie sie für Ihre Situation an.

2. Vorbereitungsgespräch Trauung

Termin:
Brautpaar:
Datum und Ort der Trauung:

1. Einstieg / Fragebogen für Brautpaare

- Wie geht es Ihnen ca. 1 Monat vor der Hochzeit?
- Stand der Vorbereitungen?
- Fragebogen für Brautpaare: Erklären
- *Einzelarbeit (ca. 10–15 Minuten)*
- *Gemeinsamer Austausch (ca. 15 Minuten)*
- Kurze Textlesung aus Hohelied

2. Gottesdienst

- Trauversprechen gemeinsam ansehen
- Ganzen Trauakt durchgehen: Einleitung / Trauversprechen / Ehesegen / Ringtausch / Kuss
- Noch offene Fragen zum Gottesdienst nach dem ersten Vorbereitungsgespräch:

3. Diverses

- Fotograf/Fotografin
- Kopie Familienbüchlein nach ziviler Trauung

4. Abmachungen

-

24

M19 Anmeldeformular für die kirchliche Trauung

Anmeldung zur Trauung

Ort: ________

Kirchliche Trauung am: ________ Zeit: ________

Zivile Trauung am: ________ in: ________

Wohnadresse der Eheleute: ________

Telefon: ________ E-Mail: ________

Bräutigam

Vor- und Zuname: ________

Geboren am: ________ Heimatort: ________

Konfession: ________ Beruf: ________

Wohnadresse: ________

Eltern: ________

Zivilstand vor der Trauung: ________ Kinder: ________

Braut

Vor- und Zuname: ________

Geboren am: ________ Heimatort: ________

Konfession: ________ Beruf: ________

Wohnadresse: ________

Eltern: ________

Zivilstand vor der Trauung: ________ Kinder: ________

Trauvers: ________

Trauzeugen: ________

25

M20 Fragebogen für Brautpaare

Fragebogen für Brautpaare

Denkanstösse zum Weiterdenken

Meine Stärken:	Meine Schwächen:
Die Stärken meines Partners:	Die Schwächen meines Partners:

Für unsere Ehe ist Folgendes absolut wichtig:

Wenn ich an ein gemeinsames Leben mit dir denke, dann habe ich folgende Hoffnungen: Befürchtungen:

Was bedeutet mir der christliche Glaube?	Wie soll sich der Glaube in unserem Leben als Ehepaar / Familie auswirken?

Was bedeutet mir die kirchliche Trauung?

26

M21 Beispiel für den Ehesegen (Schweizerdeutsch / Hochdeutsch)

Gähnd enand die recht Hand:
(Brautpaar gibt sich die Hand; Pfarrperson legt ihre Hand darüber)
De HERR, öise Gott, mög öichi Ehe segne.
Er mög öich bhüete vor allem Böse
und öich en erfüllti Ehe schenke. Amen

Geben Sie einander die rechte Hand:
(Brautpaar gibt sich die Hand; Pfarrperson legt ihre Hand darüber)
Der HERR, unser Gott, segne Ihre Ehe.
Er behüte Sie vor allem Bösen
und schenke Ihnen eine erfüllte Ehe. Amen

27

M22 Vorlage für den Ablauf einer Trauung

TRAUUNG

Dd und Ss X x x x – Yyyy
Trauung am Samstag, XX, XX.00 Uhr
Kirche/Kapelle

Musik und Einzug

Grusswort
Gebet
Lesung
Lied

Predigt
Lied

Trauversprechen
Ehesegen
Ringtausch und Kuss
Musik

Fürbitte
Übergabe Traubibel

Dank und Mitteilungen
Unservater
Schlusslied
Segen

Musik und Auszug

28

M23 Vorlage und Beispiel Fürbitte Trauung (mit Angehörigen)

Person 1

Vater im Himmel
Mir danke dir für dä hütig Tag, wo de X und d'Y hürote.
Danke, dass du sie beidi so gmacht hesch, wie sie sind.
Danke für ihri gegesiitigi Liebi.
Mir bitte dich: Stoh du ihne bii uf ihrem gmeinsame Lebensweg.

Person 2

Mir bitte dich, dass ihri Liebi zunenand cha wachse.
Hilf ihne, gmeinsam dur die liechte und dur die schwierige Ziite z'goh.
Gib ihne Chraft, dass sie enand tröi sind, dass sie sich gegesiitig verstöhnd,
und dass sie über Problem chöne rede.

Person 3

Mir bitte dich aber au für öis, die Verwandte und d'Fründe vom X und de Y:
Hilf au öis, dass mir für s'Bruutpaar chöne da sii, wenn sie öis bruuche.
Hilf öis, dass mir die beide chöne unterstütze uf ihrem Weg durs Ehelebe.

(evtl. 4. Person)

Mir bitte dich für öisi Welt:
Vieles macht öis Angst, vieli Frage bliibe unbeantwortet.
Wie söll das wiitergoh mit all dene Chriege, Katastrophe, mit Hunger und Not?
Herr, hilf öis, dass mir im Chliine und Grosse
öises Vertraue und öisi Zueversicht uf dich chöne setze,
und ned verzwiifle, sondern muetig öisi Ufgabe aapacke.)

Pfarrer/Pfarrerin

Vater im Himmel
I allem Schöne und i allem Schwierige vom Lebe bisch du öis tröi.
So bitte mir dich: Chumm du mit öis is Schöne vo dem Hochziitstag,
i all das, wo hüt no uf öis wartet.
Chumm du aber au mit öis wiiter, au i öise Alltag, wo ned immer alles so schön isch.
Bis du öis und bsonders am Bruutpaar au denn noch.
Mir danke dir defür.
Amen

29

M24 Checkliste für das Trauergespräch

Bearbeiten Sie diese Checkliste und passen Sie sie für Ihre Situation an.

Checkliste für das Trauergespräch

Umstände des Todesfalls

- Vorhergehendes (Krankheit, Unfall usw.)
- Erwartet/Unerwartet
- Ort/Zeit
- Beisein von Angehörigen?
- Letzte Eindrücke der Angehörigen vom Verstorbenen

Kennenlernen des/der Verstorbenen und der Angehörigen

- Wichtige Stationen aus dem Leben (Lebenslauf)
- Familie
- Freundschaften
- Integration im Dorf (Vereine usw.)
- *Evtl. Konsequenzen für den GD*

Art und Weise der Bestattung

- Beisetzung vor/nach GD? Nur Beisetzung?
- Datum/Zeit/genaue Abmachungen
- Publikumsaufmarsch (Erwartung)

Gottesdienst

- Lebenslauf:
  a) selbstgeschrieben / von Familie / von Pfr. geschrieben?
  b) von Familie / von Pfr. vorgetragen?
  c) selbstständiges Element / in Predigt integriert (kurz!) / «stiller Lebenslauf»?
  Ich muss ein Exemplar vorher haben!
- Thema / Leitgedanke / Leitvers (Todesanzeige?)
- Liederwünsche / -vorschläge
- Kollekte (Bezug des Verstorbenen dazu?)
- Mitteilungen:
  a) Einladung für Beisetzung (Falls nachher)?
  b) Einladung für Imbiss (Wer? Wo?)
  c) Dank an wen?
  Auf genaue Formulierungen achten!

Seelsorge

- Gebet / Textlesung am Schluss
- Notwendigkeit eines Trauernachgesprächs

30

M25 Möglicher Ablauf der Beisetzung auf dem Friedhof

A) Beisetzung vor Gottesdienst (Mein Richtwert: 10 Minuten)

- Eingangsvers und Begrüssung
- Bibelvers
- Gebet
- (evtl. kurze Besinnung auf das Leben der verstorbenen Person und Stille)
- (evtl. Liedvers und Gang ans Grab)
- Lesung
- eigentliche Beisetzung
- Vers und Überleitung zum Trauergottesdienst / Segen

B) Beisetzung nach Gottesdienst (Mein Richtwert: 10 Minuten)

- Eingangsvers und Begrüssung
- Bibelvers
- Gebet
- (evtl. Liedvers und Gang ans Grab)
- Lesung
- eigentliche Beisetzung
- Leitvers aus dem Trauergottesdienst und Unservater
- Segen

C) Beisetzung ohne Gottesdienst (Mein Richtwert: 20 Minuten)

- Eingangsvers, Begrüssung und Abkündigung
- Bibelvers
- Gebet
- kurze Besinnung aufs Leben der verstorbenen Person und Stille oder Lebenslauf
- (evtl. Liedvers und Gang ans Grab)
- Kurzandacht
- eigentliche Beisetzung
- Vers und Unservater
- Mitteilungen
- Segen

31

M26 Ausgearbeitetes Beispiel für eine Beisetzung auf dem Friedhof VOR dem Trauergottesdienst (Variante A in M25)

Eingangsvers und Begrüssung

Unsere Hilfe steht im Namen des Herrn, der Himmel und Erde gemacht hat, der ewig Treue hält und nicht fahren lässt das Werk seiner Hände. Amen

Liebi Leidtragendi,
Mir nähme hüt Nomittag da uf em Friedhof XY (im engste Familiechreis) Abschied vom NN.

Bibelvers

Dodebii stöhnd mir *ned* da als Mensche, wo kei Hoffnig händ. De Apostel Paulus schriibt nämlich:
Leben wir, so leben wir dem Herrn; sterben wir, so sterben wir dem Herrn.
Ob wir nun leben oder sterben, wir gehören dem Herrn.
Denn dazu ist Christus gestorben und wieder lebendig geworden,
dass er über Tote und Lebende Herr sei.
Mir sind also i sine Händ – im Lebe wie im Sterbe!

Gebet

Mir bätte:
Öise Gott
Mir stöhnd da und chöne's no gar ned fasse: Dass de NN nümm unter öis isch.
Mir händ sini Stimm no im Ohr, mir händ sis Bild no vor Auge,
mir gspüre sini Nöchi no fasch körperlich.
Und doch müend mir ab jetz demit lebe, dass e Platz i öisere Mitti leer isch.

So, bitte mir dich, Gott:
So wie mir d'Schmerze vo de Trennig gspüre,
so loh öis au gspüre, dass du öis i öisem Leid noch bisch.
Hilf öis, druf z'vertraue, dass du öisi Zuekunft bisch:
Jetz i dem Lebe, aber au einisch i der Ewigkeit.
Stand du öis jetz bii:
Hüt bim Abschiednäh, aber au morn, übermorn und wiit drüber us.
Denn du hesch s'Lebe gäh und du hesch s'Lebe gnoh.
Alles isch i dine Händ. Mir wänd uf dini Hilf und di Trost hoffe. Amen

Kurze Besinnung aufs Leben der verstorbenen Person und Stille

Mir werde es paar Augeblick still und denke, jedes für sich, a NN zrugg, a gmeinsami Erlebniss und Begegnige, a das, wo mir vo ihm i gueter Erinnerig wänd bhalte.
Stille

32

Liedvers

De dutsch Pfarrer und Dichter Arno Pötzsch schriibt 1941

Du kannst nicht tiefer fallen als nur in Gottes Hand,
die er zum Heil uns allen barmherzig ausgespannt.
Es münden alle Pfade durch Schicksal, Schuld und Tod
doch ein in Gottes Gnade trotz aller unsrer Not.
Wir sind von Gott umgeben auch hier in Raum und Zeit
und werden in ihm leben und sein in Ewigkeit. Amen

Lesung

Da, am Grab vom NN lose mir uf d'Wort, wo de Psalmdichter Asaf im Psalm 73 schriibt:

Dennoch bleibe ich stets an dir; denn du hältst mich bei meiner rechten Hand,
du leitest mich nach deinem Rat und nimmst mich am Ende mit Ehren an.
Wenn ich nur dich habe, so frage ich nichts nach Himmel und Erde.
Wenn mir gleich Leib und Seele verschmachtet, so bist du doch, Gott,
allezeit meines Herzens Trost und mein Teil.
Aber das ist meine Freude, dass ich mich zu Gott halte
und meine Zuversicht setze auf Gott, den Herrn, dass ich verkündige dein Tun.

I allem Schwere vom Tod und vo de Truur döfe mir öisi Hoffnig und öises Vertraue ganz uf Gott setze. Er isch dä, wo bliibt, wenn au alles vergoht. Au jetz, bim Abschied vom NN döfe mir gwüss sii: Gott isch öis tröi, er het öis fest a sinere Hand.

Eigentliche Beisetzung

Mir händ vorher zruggdenkt / -gluegt ufs Lebe vom NN.
Gott isch debii gsi, wo de NN gebore worden isch.
Gott isch debii gsi, wo de NN ufgwachsen isch, wo er gschaffet, glebt und gliebt het.
Gott isch debii gsi, wo de NN gstorben isch.

Bliib bi öis, Gott, wenn mir jetz Abschied nähme vom NN
und der Erde zrugggähnd, was der Erde ghört.
Öis söll d'Gwüssheit stärche, dass de NN i Gottes Hand guet ufghoben isch.
Als lebige Mensch isch er nümm unter öis, aber i öisne Gedanke und öisne Gfüehl
wänd mir ihn ned loh sterbe.
So übergähnd mir:
Erde der Erde
Asche der Asche
und Staub am Staub
de NN aber befehle mir de Gnad und de Barmherzigkeit vom ewige Gott aa –
im Glaube a Jesus Christus, wo am Tod d'Macht gnoh het
und Lebe und Unvergänglichkeit as Liecht brocht het.

33

Vers und Überleitung zum Trauergottesdienst / Segen

Es wird gesät verweslich und wird auferstehen unverweslich.
Es wird gesät in Niedrigkeit und wird auferstehen in Herrlichkeit.
Es wird gesät in Armseligkeit und wird auferstehen in Kraft.

Wer am Grab no mit emne stille Gedenke e churzi Ziit möcht verwiile, isch dezue iiglade.
Mir göhnd denn wiiter i d'Chile.
Im Gottesdienst luege mir zrugg ufs Lebe vom NN,
uf das, wo öis mit ihm verbunde het.
Und mir luege vüre ufs Lebe, wo vor öis liit, ohni NN
Uf dem Weg, wo vor öis liit, göhnd mir ned eleigge.
Mir bitte Gott um sini Begleitig und sini Chraft:

Bewahre uns, Gott, behüte uns, Gott,
sei mit uns in allem Leiden.
Voll Wärme und Licht dein Angesicht,
sei nahe in schweren Zeiten. Amen

34

M27 Vorlage für den Ablauf eines Trauergottesdienstes

ABDANKUNG

von Xxxx Y y y y

Abdankung am xtag, XX. Monat 20XX, XX Uhr
Reformierte Kirche XY

Eingangsspiel

Grusswort und Abkündigung
Gebet
Lesung
Lied

Lebenslauf
kurzes Zwischenspiel

Predigt
Zwischenspiel

Gebet
Lied

Dank und Mitteilungen
Unservater
Segen

Ausgangsspiel

35

M28 Lieder für den Trauergottesdienst

Diese Liste umfasst nur eine kleine Auswahl von Liedern, die sich eignen und die auch einigermassen bekannt sind.

Es lohnt sich aber, auch mal ein etwas unbekannteres Lied zu wählen, vor allem wenn damit zu rechnen ist, dass eine grosse Gemeinde mit vielen regelmässigen Gottesdienstbesuchern anwesend ist.

Nummer	Titel	Teil des Trauergottesdienstes
162	Gott ist gegenwärtig	1. Teil
233	Nun danket alle Gott	1. oder 2. Teil
235	Nun danket all und bringet Ehr	1. Teil
242	Lobe den Herren, den mächtigen König	1. Teil
247	Grosser Gott, wir loben dich	1. Teil
334	Dona nobis pacem	2. Teil
349	Segne und behüte	2. Teil
353	Von guten Mächten	2. Teil; auch in der Version von Siegfried Fietz
652	In dir ist Freude	1. oder 2. Teil
680	Befiehl du deine Wege	2. Teil
681	Wer nur den lieben Gott lässt walten	2. Teil
690	Jesu, geh voran	2. Teil
694	Harre, meine Seele	2. Teil
695	So nimm denn meine Hände	2. Teil
702	Kum ba yah	1. oder 2. Teil
704	Meine Hoffnung und meine Freude	2. Teil
724	Sollt ich meinem Gott nicht singen?	1. Teil
753	Ich bin ein Gast auf Erden	1. Teil

Hilfreich ist auch das Songtool der Liturgie- und Gesangbuchkommission (https://songtool.gottesdienst-ref.ch/#/). Dort können die Lieder nach Kasualien/Trauerfeier gefiltert werden.

36

M29 Predigttextvorschläge für Trauergottesdienste

A) Einige Textvorschläge für Abdankungspredigten zu bestimmten *Lebensthemen* (Starker Bezug zur Biografie in der Predigt)

Text	Beschreibung	Lebensthema
Gen 1,27	Gott schuf den Menschen als sein Bild	Kunst, Kunsthandwerk, Malen als Beruf oder Hobby
Gen 2,8.15	Garten, Verantwortung zur Lebensgestaltung; letzte Grenze; Ostern	Garten als Hobby
Gen 24,56	Gott hat Gnade zur Reise gegeben, hat die Reise gelingen lassen	Reisen als Hobby und Lebensthema
Ps 68,20	Gott loben trotz der täglichen Lasten	Singen als Hobby und/oder schweres Leben
Ps 121,1f	Ich hebe meine Augen auf zu den Bergen	Berge als Lebensthema, Ferien, Hobby und Zufluchtsort
Joh 6,35	Brot des Lebens	Beruf Bäcker
Apg 1,9–11	Himmelfahrt – Fahrt mit bestimmtem oder unbestimmtem Ziel?	Beruf Eisenbahner
1Kor 3,10–17	Fundament Christus	Beruf im Baugewerbe
1Kor 15,53–55.57	Der grosse Kleiderwechsel	Beruf Schneiderin, Verkauf
2Kor 1,1–4	Briefe	Beruf Postbeamter
2Kor 12,9	Stärke und Schwäche – stark sein in Gott	Mensch musste sich in seinem Leben oft gegen Widerstände durchsetzen
Off 21,3–5a	Zelt Gottes – Gott wohnt bei uns	Campieren als Hobby

B) Einige Textvorschläge zu eher *allgemeiner* gehaltenen Abdankungspredigten

Text	Beschreibung	Lebenssituation
Hiob 1,21b	Hiobsbotschaft: «Der HERR hat genommen»	Plötzlicher und unerwarteter Tod
Ps 4,9	In Frieden einschlafen können	Tod in hohem Alter
Ps 23,1	Uns fehlt etwas – «mir mangelt nichts»	Passt in fast jeder Situation
Ps 23,4	Durch das finstere Tal gehen	Grosse Trauer und Not durch den Tod
Ps 31,16a	Unsere Zeit steht in Gottes Händen	Passt in fast jeder Situation
Koh 3,22	Fröhlich sein in der Arbeit	Arbeitsreiches Leben
Jes 46,4	Alter, Veränderungen; Gott bleibt treu	Tod in hohem Alter
Mt 27,46	Frage und Anklage an Gott	Plötzlicher und unerwarteter Tod; theologische Fragen
Lk 2,29–30	In Frieden gehen können	Friedvoller Tod in hohem Alter
1Kor 13,13	Was bleibt nach dem Tod? Glaube, Hoffnung und Liebe	Passt in fast jeder Situation

M30 Beispiel für den Aufbau und die Themen im Konfirmandenunterricht

Ziel	Die Konfirmanden sollen die wesentlichen Inhalte des christlichen Glaubens kennen und darüber urteilen können. Sie sollen unsere Kirchgemeinde in den Grundzügen kennen. Sie sollen formulieren können, was sie glauben, und in der Lage sein, als mündige Kirchgemeindeglieder zu leben.	
Hauptthema	**Unterthema**	**Anzahl Doppellektionen**
Einführung –	• Elternabend • Vorstellungsgottesdienst vorbereiten	2
Jesus Christus – Grund und Ziel unseres Glaubens	• Sein Leben • Seine erstaunliche Botschaft – Die Bergpredigt • Das Beten – Das Unservater • Seine erstaunlichen Taten – Die Wunder • Seine Kreuzigung • Seine Auferstehung	ca. 4–6
Identität	• Wer bin ich? • Wer bin ich in den Augen Gottes? • Wer sind die anderen?	ca. 2–3
Wahlthemen (u. a. ethische Themen)	z. B.: • Besuch im Drogenrehabilitationszentrum • Sex and Crime in der Bibel • Christsein und Sport • Warum lässt Gott das zu? • Was kommt nach dem Tod? • Bewahrung der Schöpfung • Islam Etc.	ca. 5 (je nach Möglichkeiten, evtl. auch mit Exkursionen)
«Ganz schön heilig» – Unser Glaube	• Entstehung und Aufbau der Bibel • Das Kirchenjahr • Die Zehn Gebote • Das Glaubensbekenntnis • Die Taufe • Das Abendmahl	ca. 6
Konf-Weekend Lager	Die Grundlagen unseres Glaubens / Wo stehe ich mit meinem Glauben?	Ein Weekend
Unsere Kirche	• Die Geschichte unserer Kirchgemeinde • Unsere Kirche und ihre Geheimnisse • Unsere Kirchgemeinde heute • Kirchgemeinde kennenlernen, z. B. durch Besuch in einzelnen Angeboten oder Sozialeinsätze	ca. 3
Konfirmation	• Bedeutung der Konfirmation • Konfirmationsvorbereitung	ca. 5–6

M31 Mögliche Themen für Konfirmationen mit Ideen zur Umsetzung

Alle Vorschläge gehen auf von mir durchgeführte Konfirmationen zurück. Das Thema wurde in allen Fällen von den Konfirmandinnen und Konfirmanden ausgedacht und in einer Abstimmung ausgewählt. Den jeweiligen Predigttext wählte ich dann passend dazu.

Thema	Predigttext	Umsetzung / Ideen
Black or white (Rassismus)	3. Mose 19,33–34	• Porträt Martin Luther King • Interview mit schwarzem Kommunalpolitiker im Gottesdienst • Sketch «Rassismus gestern und heute»
Reach the goal (Ziele)	Philipper 3,13–14	• Sketch «Der beste Sport» • Input über christliche Sportler • Interview mit einer christlichen Sportlerin
Make peace not war	Matthäus 5,9	• Sketch «Wie entstehen Kriege?» • Porträt Mahatma Gandhi • Vorstellung von Friedenssymbolen
Talente	Lukas 19,11–26	• Talente der Gottesdienstbesucher und Konfirmandinnen und Konfirmanden (Wettbewerb und Umfrage) • Gleichnis modernisiert als Sketch
Pokerface (Masken)	Lukas 19,1–10	• Gipsmasken • Theater • Song von Lady Gaga
Idole (Vorbilder)	Hebräer 12,2	• Eigene Vorbilder im Leben vorstellen • Umfrage im Dorf
Miracles	Markus 2,1–12	• Sketch «Wunderbox» • Filminterview über «Wunder»
Glücklich ist …	Psalm 1	• Input Glückssymbole • Sketch «Verlosung» • Szenen zum Thema Glück
Treasure hunters (Schätze)	Matthäus 6,19–21	• Film-Umfrage «Schätze» • Sketch «Vergänglicher Reichtum»
Illusion or reality	Markus 6,45–52	• Optische Täuschungen • Sketch zu digitalen Medien
Unstoppable (Hindernisse)	Diverse biblische Bezüge	• Zwei Konfirmanden hatten körperliche Behinderungen – Interview über Einschränkungen und Hilfen
Back to the future	1. Mose 12,1–6	• Sketch mit Zeitmaschine • Konfirmanden berichten aus ihrer Zukunft

M32 Mögliche Mitwirkung der Gottesdienstgemeinde bei der Fürbitte an der Konfirmation

Folgende Fürbitte in mehreren Abschnitten betete die Gemeinde bzw. die einzelnen Gruppen der Besucherinnen und Besucher.

Gemeinsame Fürbitte (nach der Konfirmation)

Pfarrperson:

Vater im Himmel
Wir danken dir für den Segen und den Reichtum,
den du in unsere *(Anzahl)* Konfirmierten gelegt hast.
Wir bitten dich: Lass sie mutig die nächsten Schritte
in ihre Zukunft gehen.
Begleite du sie beim Übergang von der Kindheit
ins Erwachsenenleben.

Alle Eltern:

Wir bitten dich als Eltern:
Behüte unsere Kinder auf ihrem Weg.
Hilf uns, dass wir dann da sind,
wenn sie uns brauchen,
dass wir aber auch lernen können,
unsere Kinder loszulassen.
Schenke uns Mut, uns nicht an sie zu klammern,
sondern dir, Gott, zu vertrauen.

Alle Paten (Gotti/Götti):

Wir Paten danken dir, Gott,
dass wir unser Patenkind
über all diese Jahre begleiten durften.
Wir freuten uns an vielen Begegnungen und an der grossen Entwicklung während dieser Zeit.
Wir bitten dich, dass unser Kontakt
auch über die Konfirmation hinaus bleiben darf,
auch wenn unsere Aufgabe
nun nicht mehr dieselbe ist wie zuvor.

Alle Grosseltern:

Wir danken dir, Gott, für unsere Grosskinder.
Danke, dass wir an ihnen sehen dürfen,
dass das Leben
auch über unser eigenes Leben hinaus weitergeht.

Wir danken dir für all die frohen Momente mit ihnen
und bitten dich um deinen Schutz für sie
auf den neuen Wegen, die sie gehen werden.

Alle:
Wir bitten dich für (*an dieser Stelle Namen der Konfirmierten einzeln aufsagen*):

Gott, sei du ihnen nahe:
Heute, morgen und auch in Zukunft,
dass sie nahe bei dir bleiben
und ein sinnerfülltes Leben finden.
Amen

41

M33 Mögliche Themen für Treffen des Teams Besuchsdienst

Allgemeine Themen für den Besuchsdienst:

- Gespräche mit sprechbehinderten Menschen
- Gebete im Besuchsdienst
- Psalmen im Besuchsdienst
- Kirchennähe – Kirchenferne: Was ändert das auf unseren Besuchen?
- Das Gesangbuch als Hilfe im Besuchsdienst
- Biblische Geschichten über das Alter
- Gespräche mit geistig verwirrten Menschen
- Gespräche über Sterben und Tod
- Körperliche Berührungen im Besuchsdienst
- Gottesbilder
- Konfliktsituationen
- Die Theodizee-Frage
- Vom Smalltalk zum tiefen Gespräch
- Vorbereitung auf einen Besuch
- Besprechung eines kurzen Gesprächsprotokolls
- …

Inputs zu biblischen Geschichten:

- Die Heilung des Bartimäus (Mk 10,46ff)
- Jesus und die Samaritanerin (Joh 4,13ff)
- Die Stillung des Sturms (Mk 4,35ff)
- Die Heilung der Frau mit den Blutungen (Mk 5,24ff)
- Zachäus (Lk 19,1ff)
- Elija und Elischa (2Kön 2,1ff)
- …

42

M34 Vier Beispiele für Bibelabend-Reihen, die sich bewährt haben

Titel der Reihe	Einzelne Abende
Die Urgeschichte	1. Schöpfung aus dem Nichts? – Gen 1,1–2,3 2. Paradiesische Zustände – Gen 2,4–25 3. Der verhängnisvolle Biss – Gen 3,1–24 4. Gewalt, Mord und Totschlag – Gen 4,1–26 5. Die Titanic der Bibel – Gen 5,1–6,22 6. Mit Gott auf hoher See – Gen 7,1–8,22 7. Kompletter Neubeginn – Gen 9,1–29 8. Das kommt mir spanisch vor – Gen 10,1–11,9
Auf dem Weg zum Messias – Das Buch Rut[1]	1. Verbotene Flucht aus der Katastrophe in die Katastrophe – Rut 1 2. Und zufällig ereignete sich der Zufall … – Rut 2 3. Rut – Moabiterin durch und durch – Rut 3 4. Advent – Der Messias kommt – Rut 4
Gleichnisse aus dem Lukasevangelium	1. Das Gleichnis vom barmherzigen Samariter – Lk 10,25–37 2. Das Gleichnis vom reichen Kornbauern – Lk 12,13–21 3. Das Gleichnis vom unehrlichen Verwalter – Lk 16,1–13 4. Das Gleichnis vom reichen Mann und vom armen Lazarus – Lk 16,19–31 5. Das Gleichnis vom grossen Festmahl – Lk 14,15–24 6. Die Gleichnisse vom verlorenen Schaf und Groschen – Lk 15,1–10 7. Das Gleichnis vom verlorenen Sohn – Lk 15,11–32 8. Das Gleichnis von der bittenden Witwe – Lk 18,1–18 9. Das Gleichnis vom Pharisäer und vom Zöllner – Lk 18,9–14
Das Buch mit den sieben Siegeln – Die Offenbarung	1. Die Enthüllung – Offenbarung 1 2. Sieben Briefe an sieben Gemeinden – Offenbarung 2–3 3. Gott auf dem Thron – Offenbarung 4–5 4. Die sieben Siegel – Offenbarung 6–7 5. Die sieben Posaunen – Offenbarung 8–9 6. Überbordende Symbolik – Offenbarung 10–11 7. Die Horrorshow – Offenbarung 12–13 8. Die Zorngerichte – Offenbarung 14–16 (Auswahl) 9. Die finale Entscheidung – Offenbarung 19,17–20,15 10. Alles wird gut – Offenbarung 21–22

Daneben eignen sich selbstverständlich die meisten biblischen Bücher – gerade auch kürzere Bücher – um kapitelweise in der Gruppe gelesen und durchbesprochen zu werden.

Eine interessante Möglichkeit ist die Verbindung einer Bibelabend-Reihe mit einer Predigtreihe im Gottesdienst. Wenn die Predigt vorausgeht, kann sie anschliessend am Bibelabend unter der Woche vertieft, ergänzt und diskutiert werden.

[1] Diese Bibelabend-Reihe war inspiriert von einer Weiterbildung mit Neutestamentler Prof. Dr. Peter Wick, Bochum.

43

M35 Drei Beispiele für Seminarreihen der Erwachsenenbildung

Die folgenden drei Beispiele haben sich in dieser Form in der Praxis bewährt und stiessen auf grosses Interesse.

Titel der Reihe	Einzelne Abende
Der Koran und die Bibel – Ein Seminar für Christinnen und Christen ohne Berührungsängste	1. Entstehung und Selbstverständnis des Koran 2. Abraham im Koran 3. Josef im Koran 4. Mose und die Thora im Koran 5. Jesus Christus im Koran 6. Mohammed in der Bibel?
Christliche Ethik	1. Quellen und Prinzipien ethischer Urteilsbildung 2. Angewandte Ethik Teil 1: Leben und sterben (lassen) 3. Angewandte Ethik Teil 2: Unser Umgang mit dem Nächsten
Was kommt nach dem Tod? – Biblische, theologische und zeitgenössische Vorstellungen. Praktische Fragen rund um Tod und Bestattung[2]	1. «Jetzt ist alles gut» – Beruhigende Nahtoderlebnisse? 2. «Vom Paradies zum himmlischen Jerusalem» – Ein Schnelldurchlauf durch die Bibel 3. «Unsterblichkeit der Seele oder Auferstehung der Toten?» – Was sagt der christliche Glaube? 4. «Ruhe sanft …» – Die unzähligen (Un)möglichkeiten bei meiner Bestattung (mit Gast: Mitarbeiterin Bestattungsamt)

[2] Einzelne Abende dieser Reihe waren inspiriert von einer Weiterbildung mit Neutestamentler Prof. Dr. Christian Stettler.

44

M36 Einige Beispiele für Fragen der Gemeindeentwicklung und des Gemeindebaus

Diese Tabelle enthält nur einige wenige Beispiele. Natürlich sind die Themen und Fragen abhängig von der konkreten Gemeindesituation. Daher könnte diese Liste mit vielen weiteren Ideen ergänzt werden.

Oberthema	Fragen
Funktion unserer Kirchgemeinde im Dorf	• Welche Funktion hat unsere Kirchgemeinde innerhalb unseres Dorfs? Woher kommt das? • Was sind unsere spezifischen Gaben und Aufgaben innerhalb unseres Dorfs? • Was sind unsere Stärken, was unsere Schwächen? • Wo könnten wir uns vermehrt einbringen? Wollen wir das? Was wäre ein erster Schritt?
Gottesdienstformen	• Welche Gottesdienstformen pflegen wir in unserer Kirchgemeinde und woher kommt das? Welche Gruppen der Kirchgemeinde sprechen wir damit an, welche nicht? • Möchten wir das Spektrum der Gottesdienstbesucherinnen erweitern? Welche Gruppen möchten wir zusätzlich ansprechen? • Wie ist es möglich, diese Menschen anzusprechen? Was ziehen wir für Folgerungen in Bezug auf Inhalt, Form, Ort und Zeit des Gottesdienstes? • Was wären die ersten Schritte? Welche Personen können diese Schritte vollziehen? Was sind die Chancen und Gefahren?
Verbindung der Generationen	• In welchen Gefässen unserer Kirchgemeinde kommen bisher die Generationen miteinander ins Gespräch? Was funktioniert gut, was weniger? • Welche bestehenden Gefässe können gefördert werden? Welche bestehenden Gefässe müssen vielleicht aufgegeben werden? Welche neuen Gefässe könnten entwickelt werden? • Welche Projekte möchten wir als ersten Schritt ausprobieren? Wer übernimmt die Verantwortung?
Nach-Konfirmationsarbeit	• Welche Angebote für Jugendliche nach der Konfirmation existieren bereits? Wie sind sie besucht? Wie viele junge Erwachsene sind mehr oder weniger aktiv in unserer Kirchgemeinde? Warum und in welchen Bereichen? Wer sind die Schlüsselpersonen? • Mit welchen Gefässen kann die Beziehung über die Konfirmation hinaus weitergeführt werden? Wer ist geeignet dafür und kann Zeit und Energie in diesen Bereich investieren?
Schwerpunkte	• Welche Schwerpunkte will unsere Kirchenpflege in der nächsten Amtsperiode besonders bearbeiten? Warum? Was sind die Ziele? • Welche Personen sind verantwortlich dafür? Wie erhalten sie genügend Zeit und Ressourcen für diese Aufgabe? Wie werden sie unterstützt?
Mitarbeiterschaft	• In welchen Arbeitsbereichen braucht es Ehrenamtliche / Freiwillige? • Wie können wir Freiwillige rekrutieren und schulen? • Wie pflegen wir den Kontakt zu den Freiwilligen? Wie bringen wir ihnen Wertschätzung entgegen?
Regionale Zusammenarbeit	• In welchen Arbeitsbereichen arbeiten wir mit den Nachbargemeinden zusammen? Warum? Was funktioniert gut, was weniger? • Aus welchen Gründen wünschen wir mehr Zusammenarbeit? Was ist das Ziel? • In welchen Bereichen könnten Schritte getan werden? Wer ist dafür zuständig? • Wo liegen Stolpersteine? Wie können diese vermieden werden?

45

46

M37 Vorlage für die Seniorenandacht

Seniorenandacht

Altersheim XY: Tag und Zeit

Eingangsspiel

Begrüssung
Lied

Gebet
Lesung
Lied

Lesung Andachtstext
Andacht
Zwischenspiel

(Gebet und) Unservater
Schlusslied
Segen

Ausgangsspiel

47

M38 Zwei Ideen für längere Predigtreihen (lectio continua) für die Seniorenandacht

Reihe	Einzeltexte
Mose und der Exodus	1. Exodus 1,1–22 2. Exodus 2,1–10 3. Exodus 2,11–25 4. Exodus 3,1–15 5. Exodus 4,1–17 6. Exodus 4,18–21.27–31 7. Exodus 5,1–9 8. Exodus 7,14–25 9. Exodus 11,1–10;12,29–33 10. Exodus 13,17–22 11. Exodus 14,5–14.21–29 12. Exodus 17,1–7 13. Exodus 17,8–16 14. Exodus 18,1–12 15. Exodus 18,13–27 16. Exodus 19,1–8 17. Exodus 20,1–17
Das Markusevangelium	1. Markus 1,1–13 2. Markus 2,1–12 3. Markus 2,23–3,6 4. Markus 3,13–21.31–35 5. Markus 4,1–9.13–20 6. Markus 4,35–41 7. Markus 5,1–20 8. Markus 6,1–6 9. Markus 7,1–23 10. Markus 7,24–30 11. Markus 8,27–33 12. Markus 9,2–13 13. Markus 9,14–29 14. Markus 9,33–37 15. Markus 10,17–27 16. Markus 10,46–52 17. Markus 12,1–12 18. Markus 12,28–34 19. Markus 13,28–37 20. Markus 14,3–9 21. Markus 16,1–8 (Osterandacht)

Zu beachten ist, dass die einzelnen Abschnitte nicht zu lange sein dürfen. Ausserdem müssen die Andachten – wie Sonntagspredigten – in sich so abgeschlossen sein, dass auch diejenigen folgen können, die nicht regelmässig teilnehmen.

48

M39 Lieder für die Seniorenandacht

Diese Liste umfasst nur eine kleine Auswahl, die sich für Seniorenandachten bewährt hat. Diese Lieder sind in der älteren Generation grösstenteils gut bekannt und sind daher «sichere Werte».

Nummer	Titel	Teil der Andacht
18	Der Herr, meine Hirte, führet mich	1. oder 2. Teil
57	Nun jauchzt dem Herren, alle Welt	1. Teil
98	Du, meine Seele, singe	1. Teil
162	Gott ist gegenwärtig	1. Teil
209	Mir ist Erbarmung widerfahren	2. Teil
221	Allein Gott in der Höh sei Ehr	1. Teil
233	Nun danket alle Gott	1. oder 2. Teil
235	Nun danket all und bringet Ehr	1. Teil
239	Gelobet sei der Herr	1. Teil
242	Lobe den Herren, den mächtigen König	1. Teil
247	Grosser Gott, wir loben dich	1. Teil
276	Such, wer da will, ein ander Ziel	2. Teil
349	Segne und behüte	2. Teil
350	Es segne uns der Herr	2. Teil
537	Geh aus, mein Herz, und suche Freud	1. Teil
570	Lobet den Herren alle, die ihn ehren	1. Teil
571	Die güldne Sonne	1. Teil
572	Morgenglanz der Ewigkeit	1. Teil
662	Ich bete an die Macht der Liebe	2. Teil
680	Befiehl du deine Wege	2. Teil
689	Gott ist getreu	2. Teil
690	Jesu, geh voran	2. Teil
693	Bei dir, Jesu, will ich bleiben	2. Teil
694	Harre, meine Seele	2. Teil
723	Ich singe dir mit Herz und Mund	1. Teil
853	Wir warten dein, o Gottes Sohn	2. Teil

Dazu kommen die Festtagslieder zu Andachten anlässlich der kirchlichen Feiertage und Festzeiten (insbesondere Advent, Weihnachten, Passion, Karfreitag, Ostern und Pfingsten).

49

M40 Beispiel Wochenplanung / Tagesplanung

Termine und Aufgaben diese Woche

Terminiert	Nicht terminiert Hohe Priorität / *Niedrige Priorität*
• Teambesprechung: Di, 8.30 Uhr • Konfunti: Di, 18.00 Uhr • Andacht Altersheim: Mi, 9.30 Uhr • Kirchenpflegesitzung: Mi, 19.00 Uhr • Sitzung Team Ökumene: Fr, 10.00 Uhr • Fiire mit de Chliine: Fr, 16.00 Uhr	• **Gottesdienst übernächster Sonntag vorbereiten: Predigt und Liturgie** • **Jubilarenbesuch Herr B.** • **Trauernachgespräch Frau W.** • *nächster Bibelabend vorbereiten* • **Anfragen Helfer Konflager** • *Spitalbesuche* • **Telefonische Nachfrage Frau M. / Herr W. / Frau P.** • *Flyer und Ausschreibung Seniorenferien entwerfen*

Planung Dienstag

7.30: Persönliche Andacht mit Bibellese
8.00: Teambesprechung vorbereiten
8.30: Teambesprechung, anschl. Pause
10.30: Telefonate: Jubilarenbesuch Herr B. und Trauernachgespräch Frau W. abmachen; Nachfrage Frau M., Herr W., Frau P.
11.30: Post und Mailverkehr
Mittagspause
13.15: Lektüre
13.45: Konfunti: Lektion fertig vorbereiten und nächste Lektion in Grundzügen ausarbeiten
15.00: Mail/Whatsapp-Anfragen Helfer Konflager oder Unvorhergesehenes
15.30: Andacht für Mittwochmorgen durchgehen und Material parat machen
16.00: Zvieri und Sport
17.30: Einrichten Konfunti
18.00: Konfunti
19.30: Aufräumen Konfunti
Znacht und Feierabend

50

M41 Übungsfragen fürs Bewerbungsgespräch

Überlegen Sie sich in der Vorbereitung auf das Bewerbungsgespräch zu folgenden Fragen kurze Statements.

- Mit welchen fünf Eigenschaften würden Sie sich beschreiben?
- Warum haben Sie sich auf unsere Stelle beworben?
- Was gefällt Ihnen an unserer Stelle?
- Wo haben Sie Ihre grössten Stärken?
- Was sind Ihre Schwächen?
- Warum sind Sie Pfarrer, Pfarrerin geworden? Was lieben Sie an Ihrem Beruf? Haben Sie eine Berufung dafür?
- Wo stehen Sie theologisch?
- Wie haben sich Ihr Glaube und Ihre Theologie entwickelt?
- Welches ist Ihr liebster Bibelvers?
- Wie pflegen Sie Ihren persönlichen Glauben?
- Wo tanken Sie auf?
- Was machen Sie in Ihrer Freizeit?
- Wie gehen Sie mit der grossen Breite und Vielfalt in unserer Landeskirche um?
- Wie gehen Sie mit Stress und hoher Arbeitsbelastung um?
- Worauf freuen Sie sich, wenn Sie an diese Stelle bei uns denken?
- Was macht Ihnen eher Angst/Sorge/Respekt?
- Wie steht Ihr Partner / Ihre Familie zu einem Wechsel zu uns?
- Wo sehen Sie in unserer Gemeinde Entwicklungsbedarf?
- Wofür schlägt Ihr Herz?
- Sehen Sie Ihre Bewerbung bei uns als langfristiges Projekt?
- (Bei explizit erwähnten Schwerpunkten im Inserat:) Wie gehen Sie an die Schwerpunkte im Stellenprofil heran? Was ist Ihnen wichtig dabei? Welche Erfahrungen bringen Sie mit?
- Sind Sie ein Teamplayer? Wie zeigt sich das?
- Welche Ihrer Eigenschaften und Fähigkeiten ergänzen unser Team besonders gut?
- Wie verstehen Sie Ihre Funktion innerhalb der Gemeindeleitung?
- Wie stark möchten Sie sich in unsere Gemeinde / unser Dorf integrieren?
- Würden Sie im Pfarrhaus / in der Pfarrwohnung wohnen?

Sehen Sie auch das konkrete Stelleninserat nochmals genau durch und reflektieren Sie die dort speziell genannten Punkte.

51

M42 «Hundert-Tage-Bilanz»

1. Gesamturteil: Wie fühlen Sie sich in Ihrer neuen Aufgabe?
2. Was haben Sie in den ersten hundert Tagen als besonders positiv erlebt?
3. Was haben Sie in den ersten hundert Tagen eher als negativ erlebt?
4. Was stimmte mit Ihren Erwartungen überein? Was nicht?
5. Wie gut stimmen Stellenprozente und Funktionsbeschrieb bisher mit Ihrer Arbeit überein? Gibt es Handlungsbedarf?
6. Wie erleben Sie die Zusammenarbeit mit den anderen Angestellten, mit der Kirchenpflege und mit den Freiwilligen?
7. Wenn Sie nochmals anfangen könnten: Was würden Sie anders machen?
8. Welche Aufgaben erachten Sie als dringlich für die nächste Zeit? Was davon können und wollen Sie anpacken?
9. Mit wem wollen Sie Ihre «Hundert-Tage-Bilanz» besprechen?

52

2. Antworten zu Reflexionsfragen

?1 (S. 29)	Zur Zeit der Abfassung dieses Werkbuchs wurde genau dieses Problem im Rahmen der Abstimmung über die «Ehe für alle» diskutiert: Dass die eingetragene Partnerschaft je nach Situation Nachteile mit sich bringen kann. Offiziell ist das selbstverständlich nicht möglich, aber inoffiziell sind Reaktionen wie die geschilderte von meiner Kirchenpflegerin durchaus vorstellbar. Zunächst ist seelsorgerlich festzuhalten, dass die Kirchenpflegerin im Vertrauen zu mir kommt und sich offenbar gedanklich stark mit dieser aus ihrer Sicht problematischen Bewerbung auseinandergesetzt hat. Es ist zu würdigen, dass sie in ihrer Unsicherheit nachfragt. Auf der anderen Seite ist die schroffe und prinzipielle Ablehnung eines homosexuellen Bewerbers natürlich klar als diskriminierend zurückzuweisen. Sie können die Frau ermutigen, dass sie als Mitglied der Pfarrwahlkommission den Bewerber ganz unabhängig von dessen Lebensform prüft. Lassen sich ihre Bedenken nicht ausräumen, so soll sie diese in der Kommission zum Thema machen. Denn ihre Bedenken könnten andere, konservativ eingestellte Gemeindeglieder teilen. Darum ist es wichtig, dass die Pfarrwahlkommission sich gut überlegt, wie sie mit solchen Bedenken umgeht.
?2 (S. 32)	1. Obwohl diese Berührung kaum sexuell konnotiert ist, stellt sie eine klare Grenzüberschreitung dar. In der konkreten Situation war ich so überrumpelt, dass ich nicht reagieren konnte. Die richtige Reaktion wäre ein eindeutiges: «Stopp! Das geht zu weit. Ich möchte nicht, dass du mich anfasst.» 2. Auch diese Situation hatte damals eindeutig keine erotische Komponente. Es war eher eine theologisch-persönliche Schwärmerei für mich. Insofern konnte ich darauf humorvoll reagieren: «Du hast keinen Konfirmandenunterricht bei mir mehr nötig, du weisst genug über Gott!» 3. Die Schwierigkeit in dieser Situation ist, dass die Konfirmandinnen sich dieser Problematik vielleicht gar nicht bewusst sind (es sei denn, sie wollen mich absichtlich provozieren) und eine Reaktion darauf, insbesondere im Klassenverband, die Sache viel peinlicher machen könnte. Darum dürfte es am besten sein, betreffende Schülerinnen, bzw. auch Schüler mit unpassender Kleidung, einzeln darauf anzusprechen, dass sie sich anders anziehen sollen für den Unterricht. Existieren klare Richtlinien, kann man sich darauf berufen: Ich weise jeweils in den Unterlagen zum Konfirmandenunterricht auf die Regeln der Schulordnung hin. Sind die Schülerinnen uneinsichtig, braucht es ein Gespräch mit den Eltern. In meiner Praxis habe ich das Problem unterschiedlich angepackt. 4. Auch in dieser Situation war ich derart überrumpelt, dass ich nicht angemessen reagieren konnte und tatsächlich auf ihren Wunsch einging, wobei ich die Möglichkeit hatte, mit einem Stuhl auf Abstand zu gehen. Heute würde ich es nicht mehr machen und die Frau stattdessen bitten, das Gespräch am Tisch im Wohnzimmer führen zu können. 5. In dieser Situation reagierte ich richtig und zog professionelle Hilfe bei. Die Äusserung war für mich einerseits völlig überraschend und enthielt zudem eine Suiziddrohung. Um hier keinen schwerwiegenden Fehler zu machen, nahm ich mit dem Dekanat Kontakt auf und sicherte mich ebenso über die entsprechende Fachstelle der Landeskirche ab, wie ich vorgehen solle. Glücklicherweise entschärfte sich die Lage dann ein bisschen.
?3 (S. 43)	Die drei Beispiele sind in ihrer Verbindlichkeit total unterschiedlich. Der Besuch eines Fussballspiels ist sicher am wenigsten problematisch. Es ist eine einfache und vorerst einmalige Freizeitaktivität mit einigen anderen Gemeindegliedern. Zwar besteht die Möglichkeit, bei diesem Match auch über die Kirchgemeinde zu sprechen, die Gefahr für «heikle Themen» ist aber nicht grösser als am Kirchenkaffee selbst. Die Chancen überwiegen deutlich: Die Beziehung zu diesen Personen wird gestärkt. Eine ganze Ferienwoche mit einer anderen Familie aus der Gemeinde zu verbringen, ist deutlich verbindlicher (und auch etwas anderes als eine

	Gemeindeferienwoche). Man lernt sich privat kennen und im beschriebenen Beispiel ist es noch problematischer, weil die Anfrage von einer Kirchenpflegerin kam. Ich persönlich würde das nicht machen. Die Anfrage für die Übernahme eines Patenamts hat den höchsten Grad an Verbindlichkeit. Denn es geht um eine jahrelange Beziehung zu einem freiwilligen Mitarbeiter, die damit konstituiert wird. Diese Beziehung müsste – wegen des Kindes – unbedingt bestehen bleiben, und zwar in einem positiven Sinn. Doch kann man das in einer Kirchgemeinde voraussehen und sogar garantieren? Die Gefahr ist gross, dass mich diese private persönliche Beziehung in bestimmten Situationen im Pfarramt einschränkt und umgekehrt die pfarramtliche Arbeit die Beziehung irgendeinmal belastet.
?4 (S. 47)	Ich war auf diesen Vorwurf nicht vorbereitet. Ich versuchte, rational zu argumentieren und sagte, dass auch ein Hirte seine Pause braucht und diese Pause auch der Gemeinde guttut. Im Nachhinein habe ich mir überlegt, dass ich einen Besuch zum Kennenlernen hätte anbieten können. Das hätte uns beiden die Chance gegeben, über Erwartungen und Wünsche an mich als den neuen Pfarrer ins Gespräch zu kommen. Damals nach dem Gottesdienst war die Situation dafür zu emotional. Ich erfuhr ausserdem bald von Gemeindegliedern, dass dieser Mann öfters mal unangenehm im Umgang ist.
?5 (S. 103)	Ich fand diese Idee der Tauffrage an die Gemeinde damals ziemlich clever, weil sie die Eltern enorm entlastet und einbindet in die christliche Gemeinschaft: Sie müssen nicht alles selber schaffen, sondern da sind andere, die sie dabei begleiten. Ein aktives Gemeindeglied meldete mir einmal zurück, dass ihm diese Tauffrage Mühe mache. Er kenne ja dieses Kind und die Familie nicht. Wie sollte er da ein Versprechen abgeben können? Ich entgegnete, dass dieses Versprechen ein Kollektivversprechen der ganzen Gemeinde sei. Wir lösen dieses Versprechen nicht einzeln ein, sondern gemeinsam, indem wir immer wieder Kinder und Familien in unser Gebet einschliessen und indem wir als Kirchgemeinde Angebote für Kinder und ihre Eltern zur Verfügung stellen, in denen sie den christlichen Glauben kennenlernen.
?6 (S. 176)	Rein fachlich überforderte mich dieses Thema. Ich kann als Pfarrer nicht beurteilen, wie der Stellenmarkt in seiner Branche aussieht und wie leicht und in welcher Frist er voraussichtlich eine neue, passende Stelle finden wird. Was ich aber tun kann: Zuhören, sein Problem ernst nehmen, ihm helfen, selber Gewissheit über sein Vorgehen zu erhalten, für ihn beten und ihn segnen für die Entscheidungen und Schritte, die er treffen muss. Der Kirchenpfleger kündigte die Stelle tatsächlich. Er fand rechtzeitig einen guten neuen Job mit niedrigerer Entlöhnung, aber mehr Arbeitszufriedenheit.
?7 (S. 177)	Bis dahin hatte ich mich noch nie mit der Frage auseinandergesetzt, was mit vorgeburtlich verstorbenen Kindern passiert. Das sagte ich dem Konfirmanden offen. Ich zeigte Verständnis für seine Not und dass ihn diese schwierige Frage umtreibt und manchmal plagt. Vielleicht steckt dahinter ja auch ein unbewusstes Schuldgefühl: «Warum habe ich es ins Leben geschafft, der andere aber nicht? Womit habe ich das verdient?» Solche Gefühle und Fragen gilt es ernst zu nehmen, auch wenn sie aus unserer Sicht vielleicht unbegründet sind. Ich sagte dem Konfirmanden, dass ich auch nicht genau wisse, wo sein Geschwisterchen jetzt «sei», dass ich das aber auch bei allen anderen Menschen, die gelebt hätten und gestorben seien, nicht einfach so wisse. Aber dass Gott auf jeden Fall gnädiger sei, als wir uns vorstellen könnten. Und dass ich keinen Grund zur Annahme sehe, weshalb es seinem zu früh verstorbenen Geschwisterchen jetzt nicht gut gehen sollte. Ich fände es schön, dass er ab und zu an dieses Geschwisterchen denke. Wenn ihn die Gedanken plagen würden, dann dürfe er vielleicht einmal innerlich mit seinem Geschwisterchen reden oder ihm einen Brief schreiben. Auch dürfe er seine Gedanken Gott anvertrauen. Ich betete mit ihm.

	Im Abschlussgespräch kurz vor der Konfirmation, rund vier Monate später, fragte ich nochmals nach, ob ihn die Gedanken immer noch beschäftigten. Sie waren mittlerweile kein Thema mehr für ihn.
?8 (S. 210)	Unausgesprochen hing das Vorgefallene die folgenden zwei Stunden im Raum. Niemand getraute sich jedoch, etwas zu unternehmen. Die weiteren Traktanden wurden durchbesprochen, obwohl die Präsidentin abwesend wirkte. Ich fühlte mich in dieser Situation hilflos und konnte mich nicht überwinden, einzugreifen. Im Nachhinein habe ich mir überlegt, dass ich spontan für einen Sitzungsabbruch hätte plädieren sollen, um das Vorgefallene zunächst offen besprechen und dann aufarbeiten zu können.
?9 (S. 226)	In jeder Sitzung haben die Kirchenpflegerinnen und Kirchenpfleger das Recht auf einen Ordnungsantrag. So könnte man vor der Abstimmung beispielsweise beantragen, die Abstimmung auf die nächste Sitzung zu verschieben. Wenn dies aus zeitlichen Gründen nicht sinnvoll ist (vielleicht braucht es eine zeitnahe Entscheidung), könnte man mindestens fordern, dass das Thema noch einmal kurz und knapp in den Grundzügen erklärt wird, sodass sich die Kirchenpflegerin nicht übergangen fühlt. Auf der anderen Seite ist zu sagen, dass es in der Kirchenpflege auch immer wieder Fragen und Anträge gibt, die nicht jedes Mitglied bis ins Detail verstehen kann und muss, und dass es bei so vielen Menschen immer auch unterschiedlichen Diskussionsbedarf gibt. Die einen brauchen längere Diskussionen, die anderen wollen Sitzungen lieber zügig abhalten. Gerade Finanzfragen sind teilweise so kompliziert, dass es Fachwissen braucht, um alles zu durchschauen. Deshalb wäre in dieser Situation zu fragen, ob die Zusammenarbeit in der Kirchenpflege nicht einmal grundsätzlich thematisiert werden muss: Vertrauen wir einander? Könnten wir so einen gut vorbereiteten Antrag gutheissen, auch wenn wir nicht jedes Detail selber verstehen? Ich habe damals nicht eingegriffen, da die Präsidentin sehr forsch und deutlich weitermachen wollte. Im Nachhinein stellte sich dies als Fehler heraus, da die weitere Zusammenarbeit nun belastet war.
?10 (S. 232)	Ich habe damals diesem Mann zugesichert, sofort vorbeizukommen. Fünfzehn Minuten später stand ich in einer Wohnung, die verdunkelt und verraucht war. Der Mann erzählte mir, was alles schief lief in seinem Leben und warum er keinen Sinn mehr darin sehe, sein Leben fortzusetzen. Als unerfahrener, 26-jähriger Pfarrer, der gesund und voller Tatendrang war, fiel es mir schwer, mich in seine Situation hineinzuversetzen. Natürlich versuchte ich, ihm das Positive in seinem Leben aufzuzeigen. Doch als ich ihn wieder verliess, wusste ich nicht, ob dies der richtige Ansatz und ob mein Besuch «erfolgreich» gewesen war. Einige Tage später rief ich ihn nochmals an. Rund vier Monate später trat er aus der Kirche aus. Danach hörte ich nie mehr etwas von ihm. Heute würde ich externe Hilfe beiziehen. Einerseits für mich, da ich mit dieser Situation überfordert war. Ich würde mich also nach dem ersten Besuch, der ja sofort geschehen musste, beraten lassen. Es wäre ein Thema für die Supervision oder auch für eine Intervision. Andererseits würde ich auch dem Mann während des Besuchs unbedingt professionelle Hilfe vermitteln. Als «Generalist» ohne Zusatzausbildung und Erfahrung war ich damals vielleicht die richtige Person für einen akuten Besuch, nicht aber für die weitere Begleitung.

3. Die Detailergebnisse der Umfrage unter Pfarramtsanfängern

Bei jeder Frage (ausser der letzten) gab es vorgegebene Antworten, die angekreuzt werden konnten, sowie die Möglichkeit, eigene Antworten zu formulieren. 26 Jungpfarrerinnen und -pfarrer haben die Umfrage ausgefüllt. Ich präsentiere hier die Ergebnisse der Umfrage im Detail und kommentiere jede Frage kurz.

1. Frage: Für welche Arbeitsbereiche hast du dich beim Start ins Pfarramt gut vorbereitet gefühlt?

Vorgegebene mögliche Antworten	Angekreuzt
Gottesdienst	25
Kasualien	21
Unterricht	13
Seelsorge	12
Gemeindebau	10
Spiritualität und Selbstmanagement	10
Arbeit im Pfarrteam und in übergeordneten Strukturen (z. B. Landeskirche, Ökumene)	7
Administration	4

Weitere einzelne Antworten und Bemerkungen (total 5):

- 2x zum Thema Unterricht: kam im Vikariat zu kurz; insbesondere, weil dieser Bereich sehr anspruchsvoll ist.
- 1x zum Thema Gemeindebau: Im Vikariatskurs zu stark nur unter «FreshX» besprochen.
- 1x zum Thema interreligiöser Dialog, gesellschaftliche Partner
- 1x zum Thema Gemeindebau, Administration, Arbeit im Team, Spiritualität und Selbstmanagement: v. a. durch vorhergehende Arbeits- und Berufserfahrung angeeignet.

Kommentar:

Die Zahlen sind insgesamt einleuchtend und waren etwa so zu erwarten. Gottesdienst und Kasualien spielen im Vikariat eine wichtige Rolle, zudem bringen viele Vikarinnen und Vikare bereits Erfahrungen im gottesdienstlichen Bereich mit. Dass sich hingegen nur die Hälfte ausreichend vorbereitet fühlt für den wichtigen Bereich Unterricht, überrascht etwas, da der Unterricht im Vikariatsjahr ebenso zentral ist und geprüft wird. Offenbar ist dieser Arbeitsbereich mit grossem Respekt verbunden. Seelsorge und Gemeindebau kommen tendenziell eher etwas zu kurz im Vikariatsjahr. Das deckt sich mit meiner Erfahrung. Fragen des Selbstmanagements, der Teamarbeit, oder der Administration waren jahrzehntelang kaum ein Thema in der Ausbildung. Nun werden sie vermehrt zur Sprache gebracht. Dass dies ein Bedürfnis ist, bestätigt die Umfrage. Es erstaunt zum Beispiel nicht, dass sich nur wenige gut vorbereitet fühlen auf administrative Aufgaben. Denn damit kommt man während eines einzigen Jahres kaum bis gar nicht in Kontakt.

2. Frage: Für welche Arbeitsbereiche hast du dich nicht ausreichend vorbereitet gefühlt?

Vorgegebene mögliche Antworten	Angekreuzt
Gottesdienst	1
Kasualien	4
Unterricht	11
Seelsorge	8
Gemeindebau	13
Spiritualität und Selbstmanagement	7
Arbeit im Pfarrteam und in übergeordneten Strukuren (z. B. Landeskirche, Ökumene)	12
Administration	13

Weitere einzelne Antworten und Bemerkungen (total 4):

- kaum Zeitfenster für Seelsorge im Vikariat – wenig Praxis!
- Kinder- und Jugendtheologie als riesige Lücke in der Ausbildung
- interreligiöser Dialog, gesellschaftliche Partner
- Unterricht

Kommentar:

Natürlich sind bei der zweiten Frage im Vergleich zur ersten tendenziell die umgekehrten Antworten zu erwarten gewesen. Allgemein erreichen die Lücken in der Ausbildung aber etwas weniger hohe Werte als die gut vorbereiteten Arbeitsgebiete, was erfreulich ist. Bei den einzelnen Antworten fällt auf, dass besonders Nebenthemen wie der interreligiöse Dialog im Vikariat oft keine Rolle spielen, aber dann in einer konkreten ersten Anstellung sehr wichtig sein können. Für solche Fragen kann aber auch die Weiterbildung in den ersten Amtsjahren eine gute Hilfe sein, wo man stärker Schwerpunkte setzen kann als im Vikariat, das weiterhin versucht, in der ganzen Bandbreite des Pfarramts auszubilden.

3. Frage: Wovon hast du von deinem Vikariatsleiter / deiner Vikariatsleiterin besonders profitiert?

Vorgegebene mögliche Antworten	Angekreuzt
Von seiner/ihrer Erfahrung	21
Von der gemeinsamen Reflexion über Arbeitsschritte	17
Von den Feedbacks auf meine Arbeit	14
Von seiner/ihrer Art, ein Pfarramt zu führen	13
Vom Abgucken und Nachmachen	13
Von schriftlichen Unterlagen wie Checklisten oder Ähnlichem	12

57

Weitere einzelne Antworten und Bemerkungen (total 2):

- In der Vikariatszeit habe ich am meisten von meiner VL gelernt.
- Vom Abarbeiten am Modell: Abgucken und anders machen.

Kommentar:

Die Zahlen bei den einzelnen Antworten sind recht hoch. Das zeigt, dass die Vikariatsleitung weiterhin und wohl auch in Zukunft die zentrale Figur ist in der Pfarramtsausbildung. Die Beziehung zwischen Vikarin/Vikar und Vikariatsleiterin/Vikariatsleiter ist enorm wichtig. Viele Vikare profitieren von der grossen Erfahrung ihrer Vikariatsleitung und haben viel Freiraum, um selber Erfahrungen zu sammeln in diesem Jahr. Schriftliche Unterlagen haben zwar nicht wenig, aber am wenigsten Stimmen erhalten. Auch in Gesprächen mit Vikaren zeigte sich, dass viele froh wären, mehr Vorlagen und Material zu erhalten. Dies geschieht vorwiegend da, wo Vikariatsleiterinnen und -leiter ihr Material pflegen, sammeln und bereit sind, ihre Unterlagen auch weiterzugeben. Hingegen wird es mit diesem Wunsch schwierig bei Ausbildungspfarrpersonen, die eher spontan arbeiten, frei sprechen und wenig schriftlich notieren und aufbewahren. Für die Berufspraxis ist nicht das eine besser als das andere – aber für Vikarinnen und Vikare ist es einfacher, wenn sie auch auf schriftliches Material zurückgreifen können.

4. Frage: Was hast du bei deinem Vikariatsleiter / deiner Vikariatsleiterin vermisst? Was war schwierig?

Vorgegebene mögliche Antworten	Angekreuzt
Er/sie konnte mir zu wenig (schriftliches) Material zur Verfügung stellen.	3
Er/sie hatte nicht wirklich die Qualifikation für die Begleitung eines Vikariats.	2
Er/sie hatte zu wenig Zeit für mich.	1
Er/sie hatte noch zu wenig Erfahrung.	1
Er/sie zeigte zu wenig Bereitschaft, sich über die Schulter gucken zu lassen.	1
Er/sie zeigte zu wenig Bereitschaft, sich auf eine andere Person/Theologie usw. einzulassen.	1
Er/sie gab mir zu wenig Gelegenheiten für das Sammeln eigener Erfahrungen.	1
Die Kirchgemeinde war nicht geeignet für ein Vikariat.	0

Weitere einzelne Antworten und Bemerkungen (total 9):

- 3 Personen schreiben, sie hätten nichts vermisst.
- 2 Personen betonen, dass ihr Vikariatsleiter ein Volltreffer war
- 1 Person sagt: Mein VL und ich waren das im ganzen Kurs bekannte Dream-Team.

58

- 1 Person sagt dagegen: Mein Pfarrer war nicht einer, wie ich es mir für mich wünsche, kein Vorbild für mich.
- 1 Person meint: Wir hatten verschiedene Theologien, konnten aber miteinander darüber reden.
- 1 Person antwortet: Auch wenn es mal schwierig war, insgesamt positiv!

Kommentar:

Nur 16 Teilnehmer haben überhaupt etwas zu dieser Frage geantwortet, die anderen zehn haben sie gleich von Beginn weg übersprungen. Offenbar wählen Vikarinnen und Vikare ihre Vikariatsleitung in den allermeisten Fällen sehr bewusst und gezielt aus; die Beziehung gestaltet sich zu 80–90 % völlig unproblematisch und positiv. Auf diesen Lorbeeren sollten sich die Ausbildungsverantwortlichen jedoch nicht ausruhen. Viele Kolleginnen und Kollegen machen derzeit die CAS-Ausbildung zum Ausbildungspfarrer und es ist darauf zu achten, dass insbesondere diese Personen auch als Vikariatsleitende engagiert werden, damit die Qualität der Ausbildung hoch bleibt.

5. Frage: Was würdest du dir von einem praxisorientierten Werkbuch für Pfarramtseinsteigerinnen und -einsteiger erhoffen? Was hättest du bei deinem Einstieg brauchen können?

Vorgegebene mögliche Antworten	Angekreuzt
Checklisten für einzelne Arbeitsbereiche (z. B. Checkliste fürs Trauergespräch)	20
Ideen für den Einstieg ins Pfarramt (z. B. Welche Kontakte sind zu knüpfen?)	18
Ideensammlung für das erste Jahr im Pfarramt (z. B. Vorschläge für Predigtreihen; Konfunterrichtsthemen)	17
Praktische Hinweise für Bewerbung und Stellensuche (z. B. Wie finde ich heraus, ob ich zu dieser Kirchgemeinde passe?)	14
Arbeitsvorlagen für einzelne Arbeitsbereiche (z. B. Taufliturgie; Gerüst für die Altersheimandacht)	14
Organisatorische Hilfsmittel (z. B. Arbeitszeiterfassungs-Systeme; Planungshilfen)	14
Praktische Tipps für den Umgang im Team, mit Mitarbeitern, Behörden, Gemeindegliedern	14
Praktische Hinweise für das Leben im Pfarramt, Pfarrhaus, Pfarrehe/-familie, in der Kirchgemeinde, im Dorf oder Quartier	13
Sammlung bewährter liturgischer Texte für verschiedene Situationen (z. B. Gebete für Abdankungen; Kurzgeschichten für den Spitalbesuch; Texte zum Abendmahl)	12
Reflexionen über Rolle, Identität, Amtsverständnis usw.	11
Ideen für das Gestalten der persönlichen Spiritualität im Berufsalltag	9

59

Weitere einzelne Antworten und Bemerkungen (total 7):

- Hatte als Quersteigerin nicht so Probleme, Kollegen allerdings schon, gerade mit Stellensuche, Bewerbung, Ideen für den Einstieg. Mühe habe ich mit Kinder- und Jugendarbeit.
- Tipps für Umgang mit Gruppen und Freiwilligen
- Kurzgeschichten
- Habe eine Checkliste für den Start erhalten
- Es gibt einen «Knigge für LandpfarrerInnen» der evang. Landeskirche Baden
- Bei mir im Moment im Vordergrund: Leben im Pfarrhaus, Auswirkungen auf die Beziehung
- Vielleicht muss man den Einstieg einfach mal ohne «Schulbuch» erfahren und daraus lernen

Kommentar:

Insgesamt ist ersichtlich, dass das Bedürfnis nach Ideen, Hinweisen und nach praktischem Material recht gross ist. Dass die Bedürfnisse aber auch sehr unterschiedlich sind, war zu erwarten. Gerade deshalb ist ein Werkbuch sinnvoll, aus dem man herausziehen kann, was man möchte, und weiterbearbeiten, was einem nur teilweise entspricht.

6. Frage: Welche weiteren Themen erachtest du als wichtig für den Pfarramtseinstieg? Was sollte unbedingt auch noch angesprochen werden?

- Verhandlung bei Einstellung (z. B. freie Tage, Amtswochen, Equipment)
- Ökumene kommt sowohl im Studium als auch im Vikariat zu kurz! Eine lebensnahe Auseinandersetzung mit der Praxis der Katholiken. Wir sind völlig in (gern gepflegten) reformierten Klischees verhaftet.
- Allgemein sollte die Vikariatsausbildung viel praktischer ausgerichtet, die Schulungsmethoden sollten der Gruppengrösse und Gruppenzusammensetzung angepasst sein. Statt stunde- und tagelangem Ausfüllen von Formularen sollte Raum geschaffen werden, damit man sich dem persönlichen Lernbedürfnissen widmen könnte.
- Umgang mit dem Vorgänger und seiner Arbeit / Umgang mit älteren Pfarrkolleginnen, die schon länger vor Ort sind / Umgang mit anderen Mitarbeiterinnen und Mitarbeitern der Kirchgemeinde (insbesondere Stichwort Demut)
- Tipps, wie man die Bedürfnisse der Gemeinde wahrnehmen/erfassen und daraus folgend evtl. eigene Projekte/Ideen entwickeln und umsetzen kann.
- Professionalität (z. B. beim Thema Outlook: Reaktionszeiten bei E-Mails, Gestaltung CI/CD, Verwaltung von Kalendern. Oder z. B. Grundregeln der Höflichkeit, Kleidung u. ä.). Dann finde ich, dass Leute mit Theologiemaster einer Schweizer Uni oft nicht bibelfest sind. Weiter: Man sollte schon einige Dinge auswendig können vor dem Einstieg ins Pfarramt, wie z. B. Segensformeln (Sterbesegen z. B.), gewisse Lieder.
- Durch vorhergehende Berufs- und Leitungserfahrung bin ich für viele Themen gerüstet (nicht Quest): Wichtig finde ich das Thema Teambildung, was kann ich dafür tun: Pfarrteams, KG-Teams usw. Weiter spirituelle/geistliche Begleitung, Arbeitsplanung. In der Seelsorge, Gesprächsführung wurden wir im Vikariat ungenügend ausgebildet.

60

- Wie mit aufgeblasenen Strukturen und Administrationen umzugehen ist …
- Die gesellschaftlichen Veränderungen; Resignationsgefahr im Pfarramt; Geschlechterrollen
- Das Vikariat war m. E. die schlechteste Ausbildung, die ich je gemacht habe. Ich finde, man sollte alles von Grund auf ändern.
- Der Hinweis, dass man einen Tag nach dem anderen nehmen soll und viel Geduld mit sich haben soll, zumindest die ersten 2–3 Jahre! Nicht von Anfang an meinen, das Feld umpflügen zu müssen …
- Einsamkeit im Pfarralltag
- Kircheneintritte und Unterweisung Erwachsener
- Für mich waren und sind besonders strukturelle Fragen wichtig. Was sind die formellen Schritte, die ich z. B. bei einem Konflikt gehen muss. Wie viel soll, darf die Kirchenpflege uns Pfarrpersonen vorschreiben usw.
- Hilfe bei Bewerbungsgesprächen, Lohnverhandlungen, rechtliche Absicherung bei Schwierigkeiten/Konflikten
- Rollenverständnis klären / Ankommen und Zusammenarbeit im Pfarrteam / Umgang mit der Vorgeschichte der Gemeinde
- Was m. E. zu Beginn massiv fehlt: Der Austausch (Intervision) mit anderen neuen Pfarrkolleg:innen.

Kommentar:

Es ist sehr erfreulich, dass sich bei dieser letzten Frage viele die Zeit genommen haben, viele weitere eigene Themen und Gedanken einzubringen. Aus verschiedenen Aussagen spricht die Erfahrung der ersten Zeit im Pfarramt – bzw. eben die zuvor noch fehlende Erfahrung, die einen in Schwierigkeiten gebracht hat. Vieles davon kann im Werkbuch aufgegriffen werden.

61